KB275074

누구나 쉽게 배울 수 있는
어린이 바둑③
땅은 이렇게 만든다
〈바둑 첫걸음〉

프로바둑연구회 편

太乙出版社

머 리 말

　바둑을 두는 가장 큰 목적은 인생의 재조명입니다. 한 판 승부를 가리는 바둑의 이면에는 우리 인간의 삶의 희노애락이 다 들어 있읍니다. 바둑의 한 판 대국은 바로 인생의 한 판 승부와도 다를 바 없읍니다. 말하자면 바둑의 한 판 대국은 바로 인생의 축소판이라고 할 수 있는 것입니다.

　우리는 돈을 많이 벌어서 행복하게 잘 살기를 염원합니다. 이러한 인간의 꿈은 바둑에서도 그대로 나타납니다. 인생의 경쟁이 곧 바둑의 대결에서도 나타난다는 것입니다.

　바둑을 둘 때에는 어떻게 해서든지 상대방보다 더 많은 땅을 확보하기 위해 노력합니다. 여기에서 빼앗고 빼앗기는 치열한 쟁탈전이 벌어집니다.

　그렇다고 해서 무조건 남의 땅을 빼앗을 수는 없읍니다. 우리의 삶 속에서도 법이 있듯이 바둑에 있어서도 하나의 법칙이 있읍니다. 이 법에 어긋나지 않게 상대방의 돌을 잡고, 때로는 비어있는 땅을 자기의 것으로 확보하지 않으면 안됩니다. 이것은 상대방도 마찬가지 입니다. 그래서 서로의 돌이 마주치는 곳에서는 전투가 벌어지기도 합니다.

　그러면 어떻게 해야만 상대방보다 더 많은 땅을 확

보하여 바둑에서 이기게 될까요?

이 책은 바로 바둑에 있어서 땅을 확보하는 방법을 알기쉽게 설명한 어린이 바둑 첫걸음입니다. 아주 쉽게 쓰여졌으므로 누구나 다 효율적으로 배워서 편리하게 활용할 수 있으리라 믿습니다. 그럼 이 책으로 인하여 어린이 여러분의 바둑 실력이 한결 높아지기를 빕니다.

지은이 씀.

제 1 장

집을 둘러싼다

처음에는 집을 둘러쌀 생각이라도 실제는 둘러싸여져 있지 않읍니다. 또는 둘러쌌다고 해도 상당히 효율이 나쁜 방법으로 둘러싸고·있읍니다. 그런 경우가 자주 있읍니다.

이 장에서는 효율이 좋은 집 둘러싸는 방법의 **가나다**를 쉽게 설명합니다.

1. 둘러싸는 장소

귀가 효율 최고

적은 돌수로 큰 집을 만든다. 그것이 효율이 좋은 것.

1도

6개의 돌로 9집의 집이 만들어졌읍니다.

2도

변을 둘러싸는 경우는 마찬가지, 9집의 집을 만드는데 9개의 돌이 필요합니다.

3도

중앙에서는 12개의 돌이 필요하게 됩니다.

같은 9집의 집을 만드는 데도 귀는 6개, 변은 9개, 중앙은 12개의 돌이 필요한 것입니다.

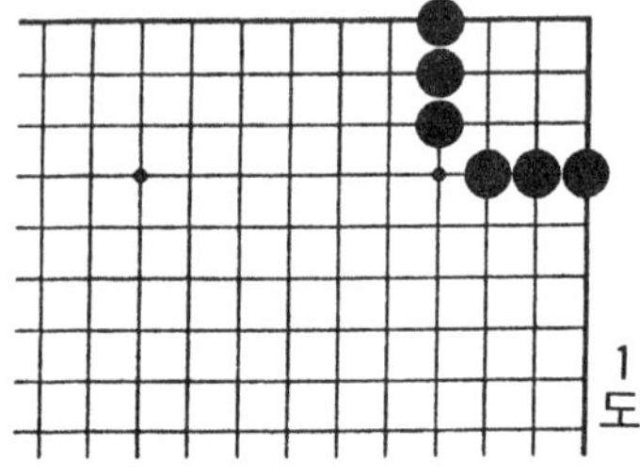

1도

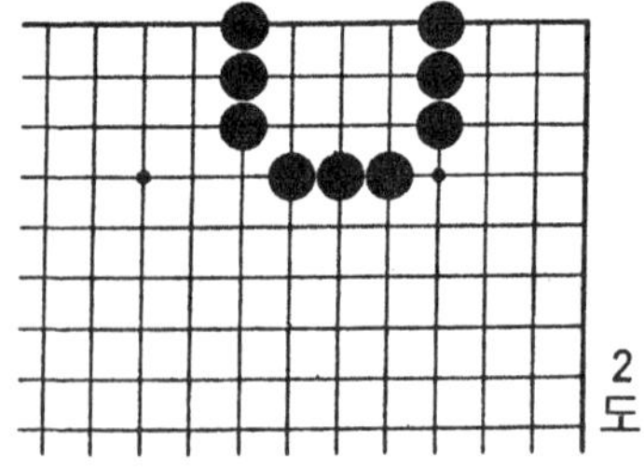

2도

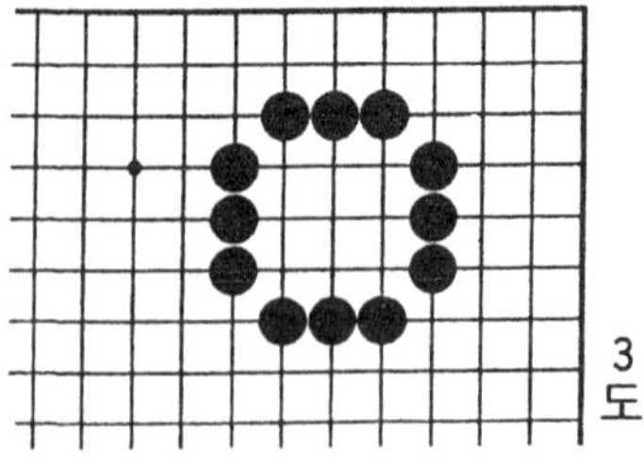

3도

같은 돌수로 배의 집이 된다

4도

혹은 우상과 좌하에 각각 9집의 집이 만들어져 있읍니다. 그리고, 거기에 사용되고 있는 돌수는 각각 6개. 즉 12개의 돌로 계 18집의 집이 만들어져 있읍니다.

한편, 중앙의 백은 12개의 돌을 사용하여 9집.

같은 12개의 돌을 사용하여 혹은 18집, 백은 9집. 귀를 이용하는 것에 의해 배의 집이 만들어집니다.

집을 만들기(둘러싼다) 위해서는 귀가 상당히 효율이 좋다는 것을 알았읍니다.

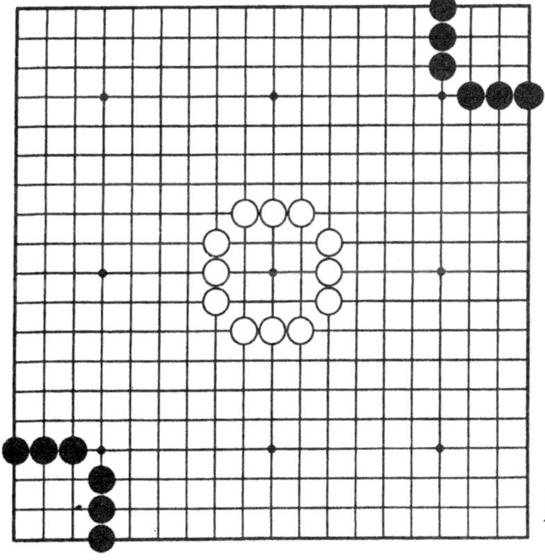

2. 실제의 진행

집을 만드는 데는 귀가 가장 효율이 좋고, 다음이 변, 그리고 중앙이라는 것을 알았읍니다.

그것이 실전에서는 어떤 식으로 진행되어 가는가?

우선 귀에서부터

1도

흑1·3, 백2·4로 서로 효율이 좋은 귀를 점령하고 있읍니다. 이것은 단순히 귀를 둘러싼다는 목적만이 아니고, 유기적인 관련성을 갖고 있다는 것은 말할 필요도 없는데, 그것에 대해서는 여기에서 언급하지는 않읍니다.

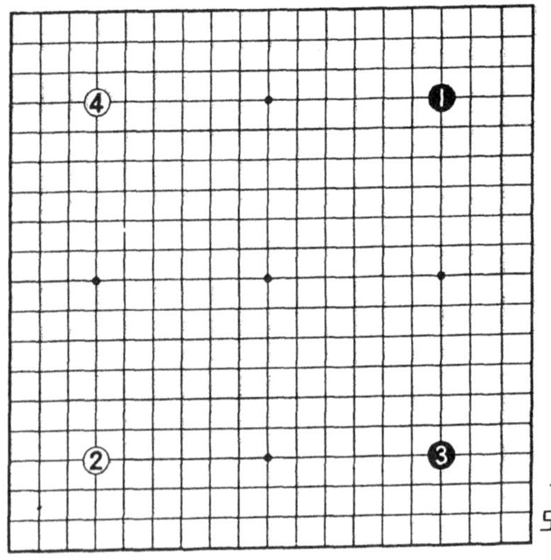

변으로의 전개

2도

귀는 없어졌읍니다.

그래서 이번에는 다음으로 효율이 좋은 변으로 전개하게 됩니다.

흑5에는 백6. 흑7에는 백8이라는 형편입니다.

각각 집을 넓히려 하고 있다는 것을 알 수 있을 것입니다.

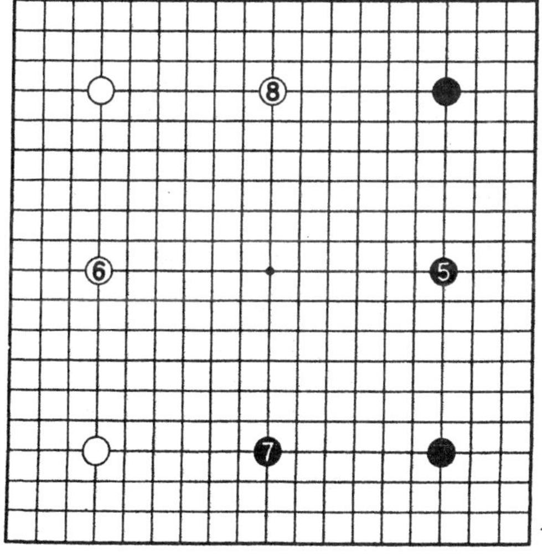

중앙으로

3도

집을 만드는데 가장 효율이 좋은 귀, 다음으로 효율이 좋은 변으로 전진, 귀도 변도 없어졌읍니다. 남은것은 중앙입니다.

흑9로 중앙을 점령합니다.

이 흑9는 단순히 집을 넓힌다는 목적이 아닌 여러 가지 작용을 하고 있다는 것은 말할 필요도 없읍니다.

그러나, 집을 만들기 위해서는 효율이 나쁘므로 최후로 놓여집니다.

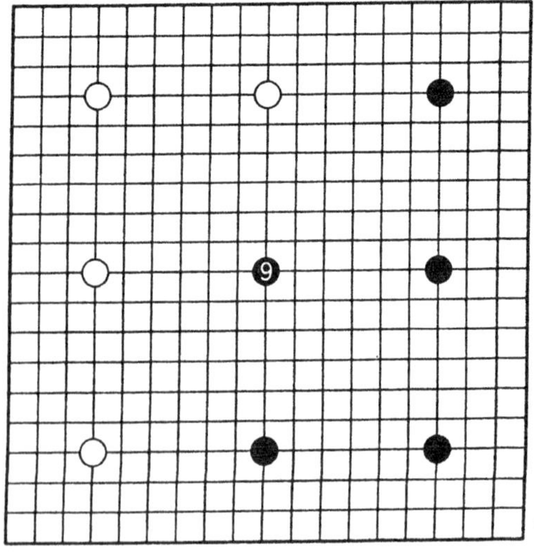

프로의 실전례

실전에서는 양자의 사고가 부딪쳐, 복잡한 전개가 된다.

귀에서부터 치기 시작, 변, 중앙으로 전진해 가는 것이 효율이 좋은 치기라는 것을 말해 왔읍니다.

그러면, 실제로 프로의 실전례를 보기로 합시다. 여기에서는 이런 것이 있다는 것을 보기만 할 뿐 해설은 하지 않읍니다.

흑1, 백2, 흑3, 백4로 귀에서부터 놓기 시작합니다. 흑11로 드디어 변으로 전개합니다. 아직 중앙으로는 향해 있지 않지만, 이제부터입니다.

대개 이런 풍으로 전개해 가는 것입니다.

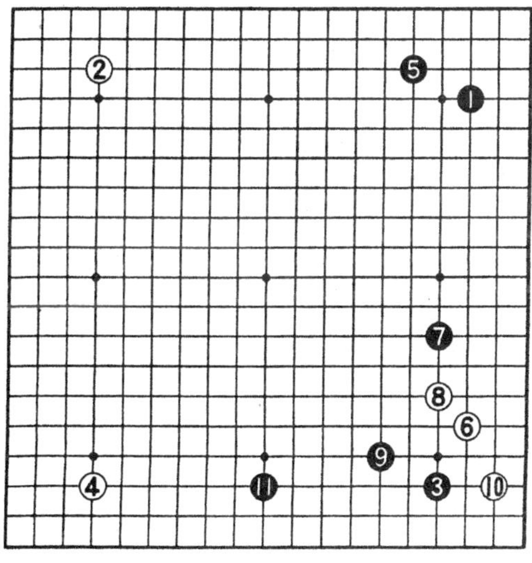

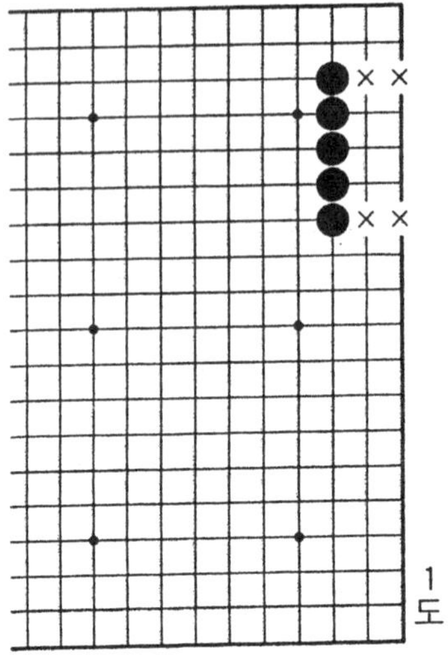

3. 효율이 좋게 둘러싸는 방법

제3선의 둘러싸기

둘러싸는 방법에도 효율이 좋은 둘러싸기 방법과 효율이 나쁜 둘러싸기 방법이 있다.

1도

이 그림은 ×표시의 가운데를 집으로 전망합니다.

2도

돌수는 상도도 5개, 본도도 5개입니다. 그런데 같은 집이 만들어지지 않는다면 계산이 맞지 않습니다.

그러나 본도는 ×표시의 가운데를 집으로 하면, 상도의 반밖에 되지 않습니다.

효율이 나쁘다는 것을 알 수 있습니다.

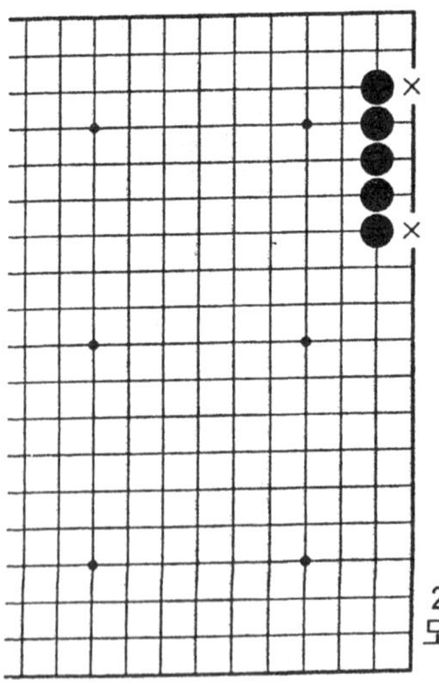

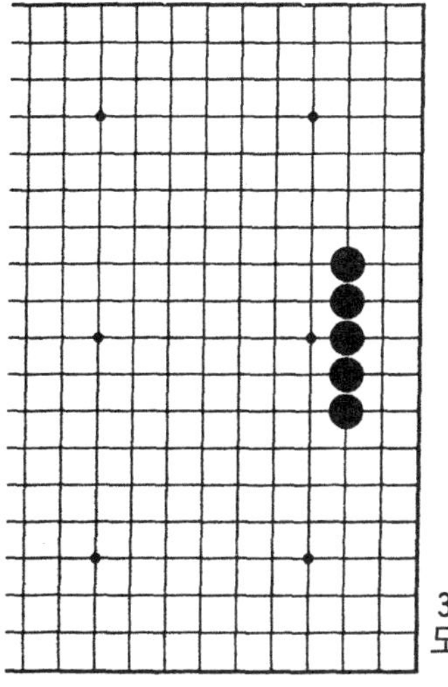

3도

3도

장소가 변으로 옮겨져도 같습니다. 본도는 좋은 둘러싸기 방법입니다.

보기만 해도, 웬지 집이 될 듯한 기분이 듭니다. 대개의 경우에 있어서, 집을 둘러싸기 위해서는 제3선이 형편이 좋다는 것을 알 수 있읍니다. 제2선으로는 효율이 나쁜 것입니다.

4도

같은 5개의 돌이지만 중앙으로 놓아 봅시다. 이것으로는 둘러싸기가 되지 않읍니다. 보기에도 집이 될 것 같지 않읍니다.

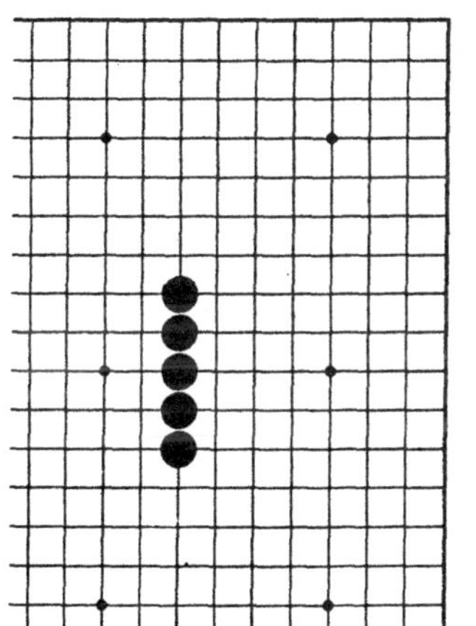

4도

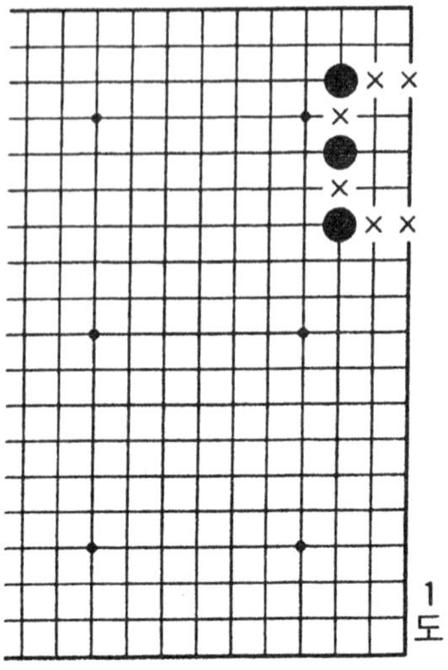

1도

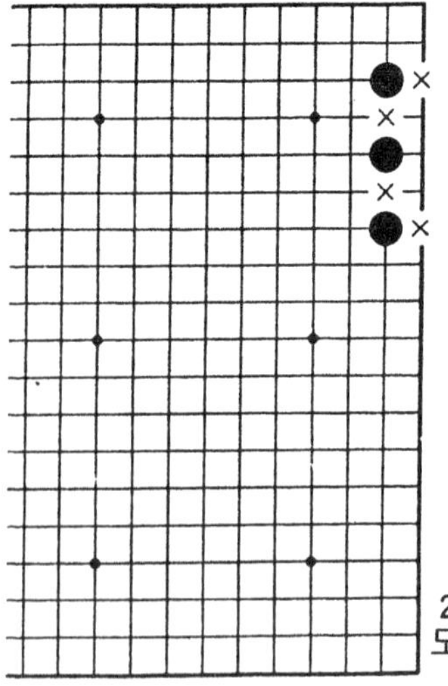

2도

떨어져 둘러싼다

같은 둘러싸기라도, 돌을 붙여 포위하는 것보다는 떨어지는 편이 효율이 좋다.

1도

좋은 둘러싸기 방법입니다. 앞에서 본 1도를 떠올립니다. ×표시의 안을 집이라고 생각하면, 3개로 같은 집이 만들어졌습니다.

2도

떨어뜨린 것은 좋은데, 이것으로는 효율이 나쁩니다.

×표시의 안을 집으로 보면, 같은 돌수로 상도의 반의 집밖에 만들어지지 않는다는 것을 알 수 있습니다.

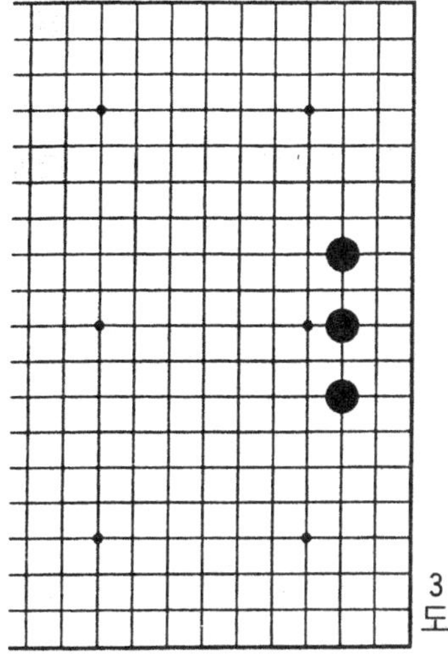

3 도

변에서도 마찬가지.
본도는 대단히 단단한
좋은 둘러싸기입니다.

보기에도 안정감을
느낄 수 있을 것입니다.

대개의 경우에 있어
서, 집을 둘러싸기에는
이와 같이 제3선에 사
이를 두고 치는 것이
효율이 좋다는 것을 알
았읍니다.

4 도

중앙으로 쳐 보았읍
니다. 웬지 모습이 좋
읍니다.

그러나, 이것으로는
둘러싸기가 되지 않읍
니다. 물론 작용이 없
다는 것은 아니고, 세
력으로써 싸움이 된경
우 등은 세력을 발휘
하지만, 그것은 다른이
야기.

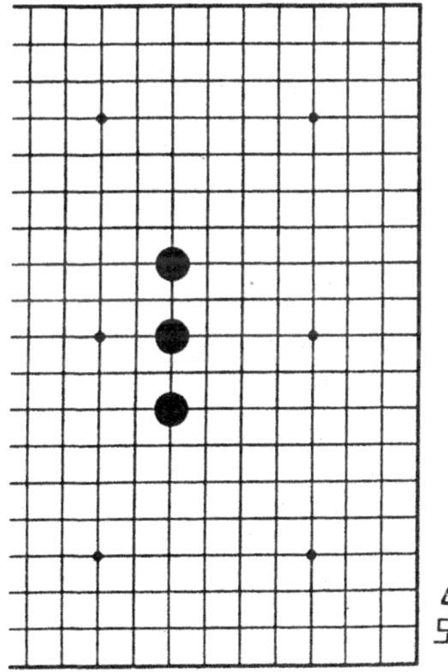

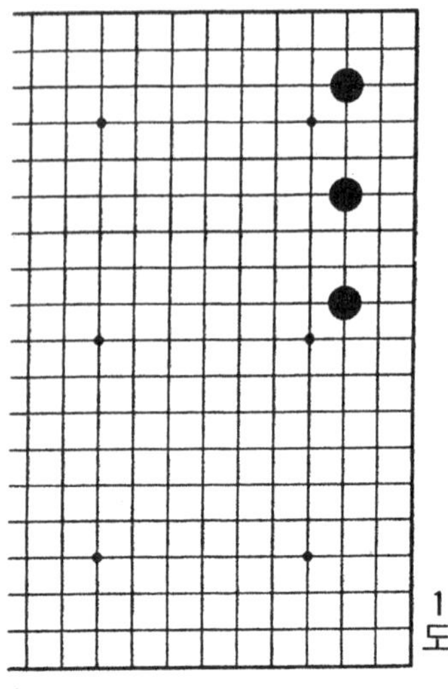

사이를 두는 한도

사이를 떼어 두는 것이 좋다고 해도 그것에는 한도가 있다.

1도

사이를 떼는 것은 이 두 칸 벌리기가 한도입니다. 이것이라면 일단 연락을 유지하고 있어 가장 좋은 둘러싸기 방법이라고 할 수 있읍니다.

2도

이것은 좋지 않은둘러싸기 방법입니다. 두 칸에 벌려 둔 것은 좋지만, 제2선에서는 효율이 나쁜 것입니다.

일단, 집을 둘러싸기 위해서는 제3선에 두 칸으로 벌리는 것이 제일 효율이 좋다고 기억해 두면 좋은 것입니다.

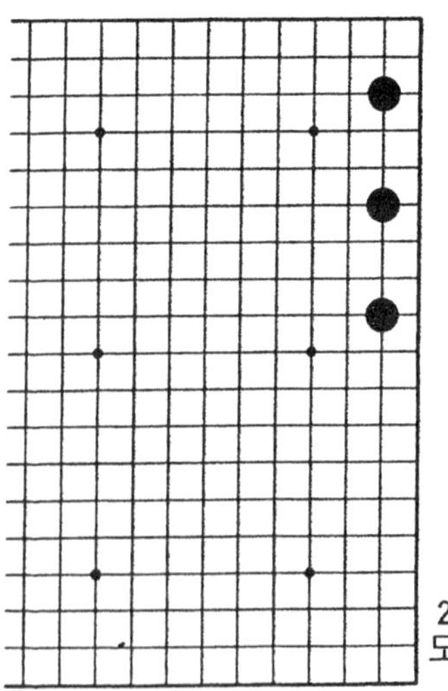

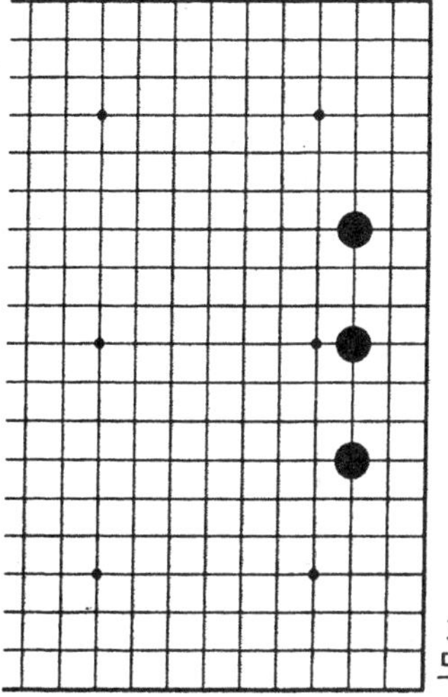

3 도

본도는 보기에는 납작합니다.

3 도

이것도 좋은 둘러싸기 방법입니다. 적은돌 수로 많은 집을 만들어, 이것이 가장 좋다는 것은 말할 필요도 없읍니다. 그러기 위해서는 돌을 적당하게 떼어 치는 것이 좋읍니다. 그러나 떼어 둔 돌이 연결되어 있지 않으면 안됩니다. 두 칸 벌리기라면 일단 연결되어 있읍니다.

4 도

공중에 뜬 돌 셋, 이것으로는 집을 둘러쌀 수가 없읍니다. 도대체 어디에 집을 만들려고 하는 것인지 짐작도 가지 않읍니다.

4 도

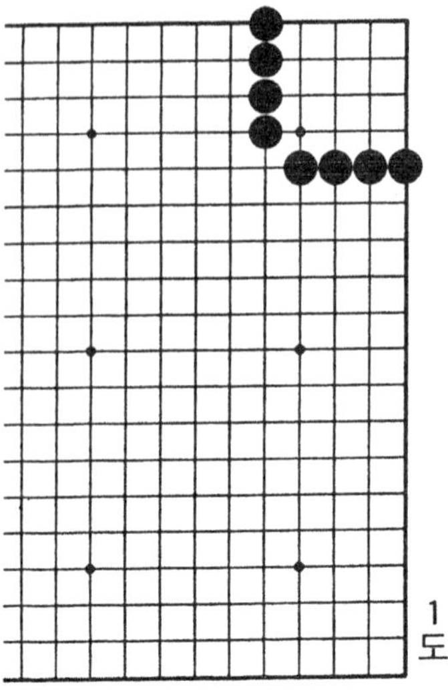

매듭

집을 둘러싸기 위해서
는 돌을 적당하게 사이
를 두고 둘러싸는 것이
가장 효율이 좋다.

1 도

꼭 붙여 둘러싸 보았
읍니다. 8 개의 돌을
사용하여 16 집의 집을
만들었는데, 이것은 효
율이 나쁜 둘러싸기 방
법입니다.

2 도

이번에는 사이를 두
고 둘러싸 보았읍니다.
아직 틈은 있지만,
그래도 ×표시 안은 집
으로 전망됩니다.
이것은 4 개의 돌로
상도와 같은 집을 만들
수 있게 됩니다. 즉, 효
율이 2 배가 되는 것
입니다.

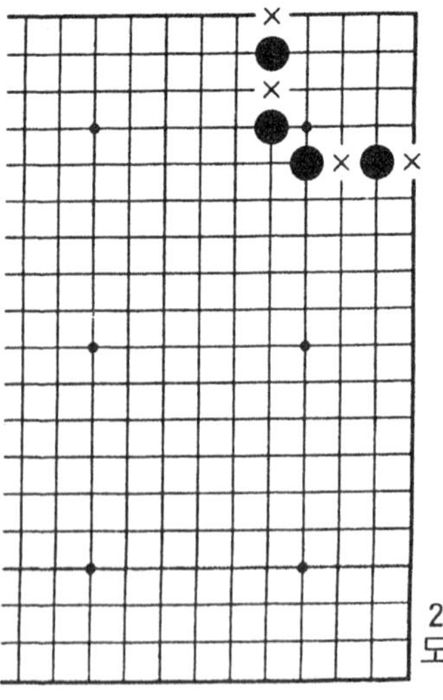

같은 돌수로 배의 집이 만들어진다

효율이 좋은 둘러싸기 방법과 나쁜 둘러싸기 방법과는 실제로 어떤 차이를 가져 오는가 보기로 합시다.

백은 우하에 16집의 집이 만들어져 있읍니다.

한편, 흑을 봅시다. 흑은 우상과 좌상에 각각 16집, 계 32집의 집이 있다고 보여집니다.

즉, 같은 수수를 사용하여 배의 집이 만들어져 있는 것입니다. 이와 같이 효율이 좋은 둘러싸기가 승리로 연결되는 것입니다.

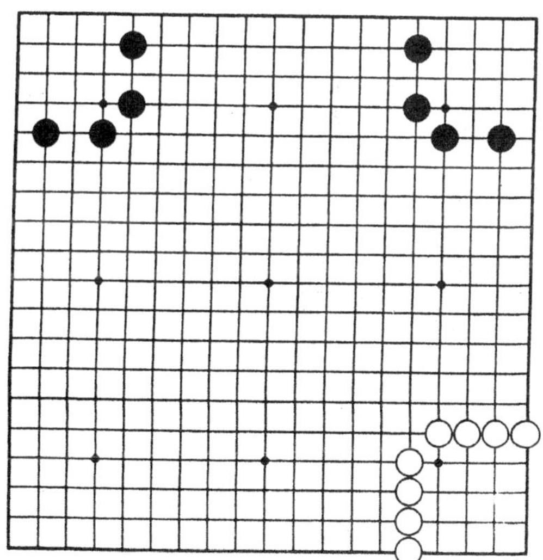

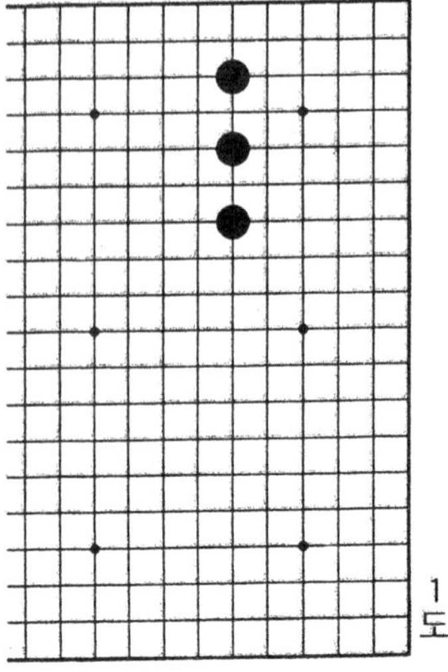

둘러싸기가 아니다

돌을 쳐도 집이 만들어 지지 않으면 둘러싸기가 되지 않는다.

1 도

이런 식으로 놓았다고 합시다. 이것으로는 백이 아직 끼어 들어올 여지가 있어, 둘러싸기가 되지 않읍니다.

2 도

본도도 둘러싸기가 되지 않읍니다. 경우에 따라 다르겠지만, 대부분의 경우에 있어서 둘러싸기라는 것은 제 3 선, 제 4 선은 미묘한곳이지만, 그 이상은 둘러싸기가 되지 않는다는 것을 알아 둡시다.

둘러싸기는 제 3 선입니다.

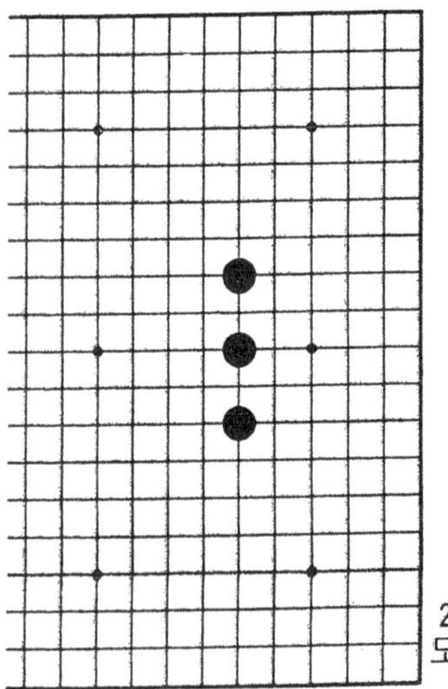

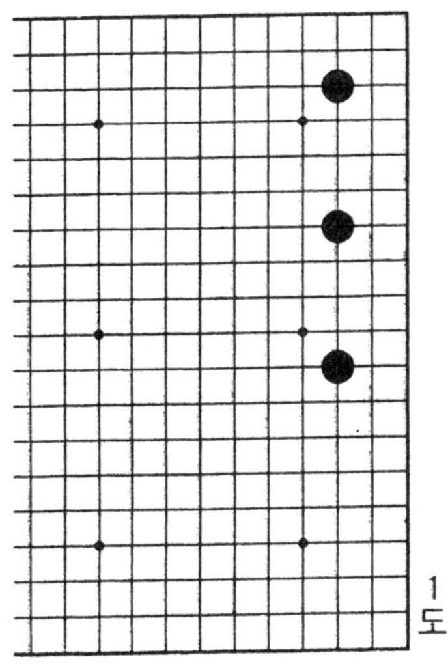

너무 넓다

제 3 선에 쳐도 너무 넓은 때는 둘러싸기가 되지 않는다.

1 도

제 3 선에 쳐서 둘러 쌀 생각?

그러나 너무 넓어 연결되지 않으므로 이것으로는 둘러싸기가 되지 않읍니다.

2 도

이것은 백에게 1 로 놓여져 버립니다. 이렇게 갈라져서는 도저히 집은 되지 않읍니다. 백에게는 1 뿐만이 아니고 a로도 쳐 넣어질 여지가 있읍니다.

이렇게 되면 뿔뿔이 흩어져 도저히 집이라고는 할 수 없다는 것을 알 것입니다.

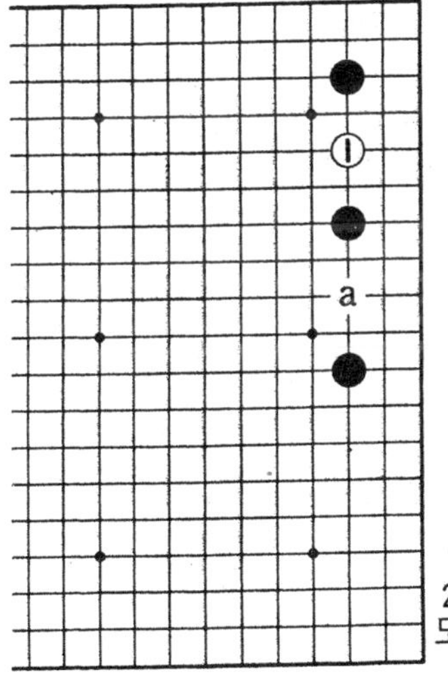

접바둑으로 보는 실전의 공격 방법 1

화점 바둑의 실전

초보자의 실전보를 보기로 하자.

바둑을 시작한 21세의 아가씨. '조금 재미있어졌어요'라고 합니다. 실력은 이미 20급을 졸업하고 있읍니다. 오늘도 어여쁜 손길로 강적에게 화점 바둑을 두고 분전.

흑2·4, 훌륭한 수입니다. 흑6·8, 쭉쭉 뻗게 쳐 상당히 좋읍니다.

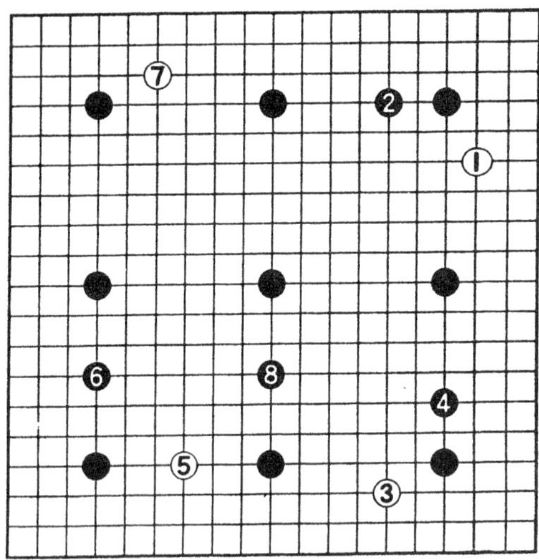

제 2 장

귀의 쟁탈

집을 둘러싸기 위해서는 자연의 요해(要害)를 이용할 수 있는 귀가 가장 효율이 좋습니다. 그 때문에 바둑은 우선 귀의 쟁탈전에서부터 시작합니다.

그 귀의 요해를 이용하는 것에도 능숙한 방법과 서툰 방법이 있읍니다. 이 장은 그 방법을 쉽게 설명하겠읍니다.

1. 귀를 에워싸고

귀의 명칭

귀에는 각 명칭이 있고, 작용도 그 나름대로 달라져 간다.

1도

화점이라고 합니다.

누구라도 맨 먼저 만납니다.

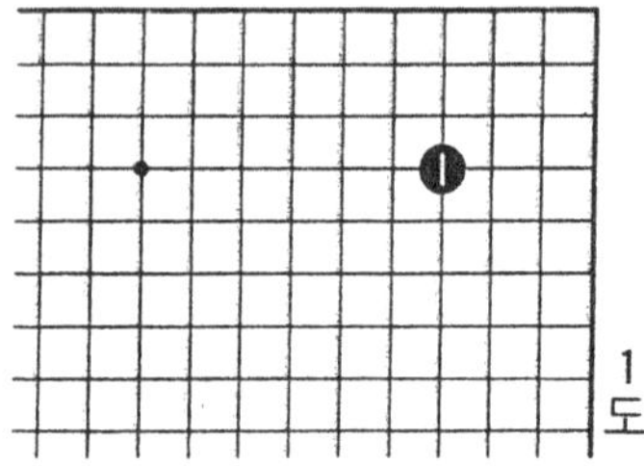

2도

소목이라고 합니다. 화점과 나란히 귀의 꽃 모양입니다.

3도

고목이라고 합니다. 집보다도 세력에 작용을 합니다.

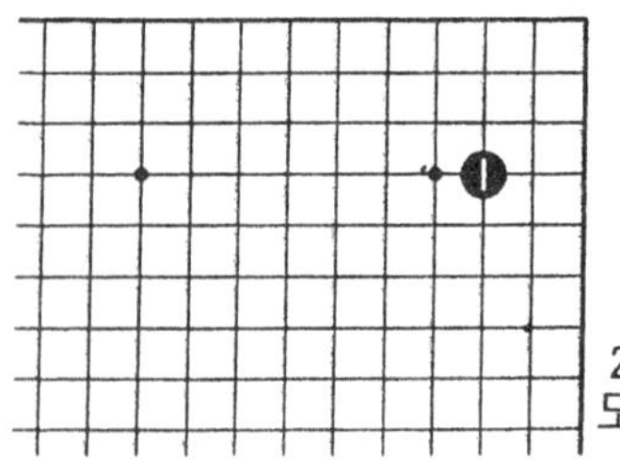

4도

외목이라고 합니다.

5도

3·3 이라고 합니다.

이상, 화점, 소목, 고

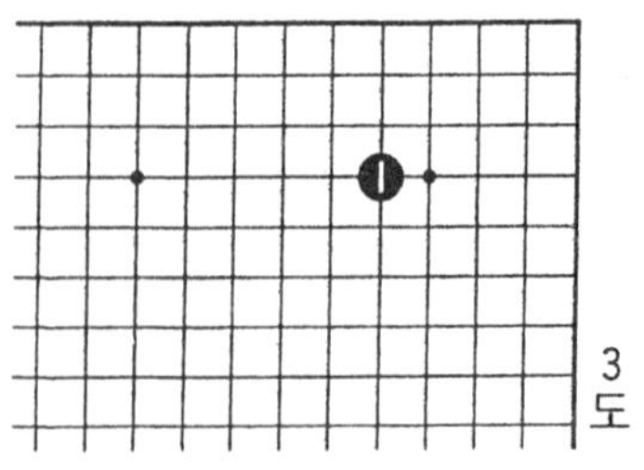

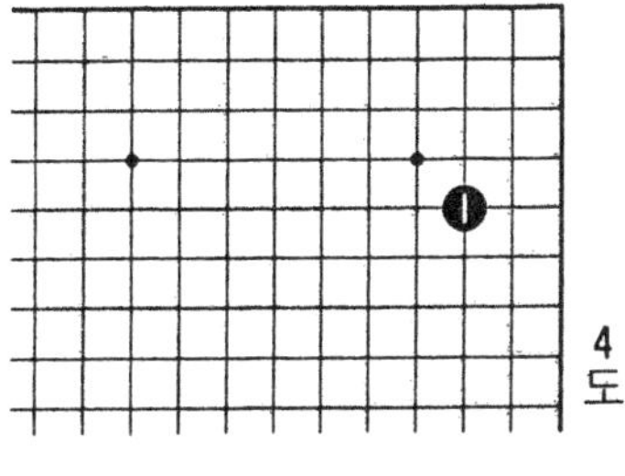

4 도

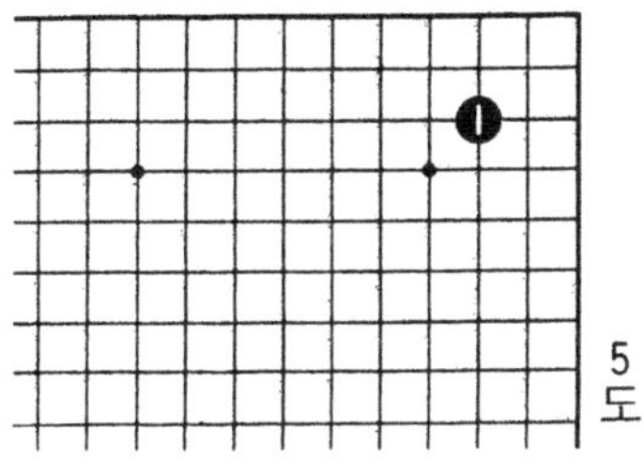

5 도

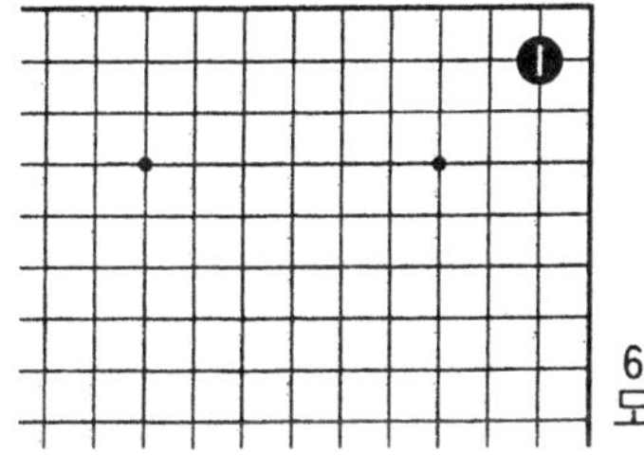

6 도

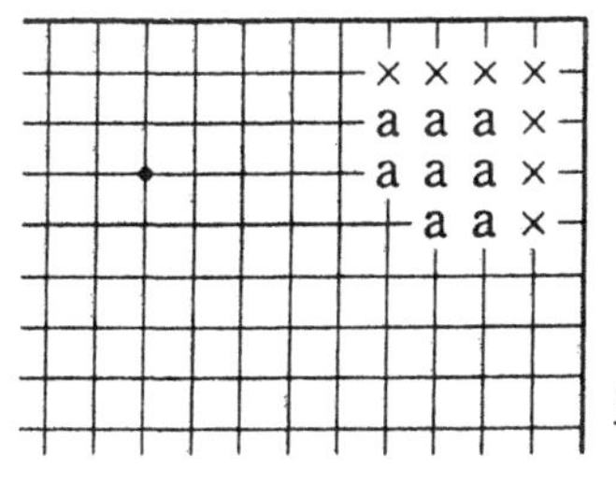

7 도

목, 외목, 3·3의 5점 이 각각 다소 다르기 는 하지만 귀를 에워싼 (집으로 삼는) 유효한 장소입니다. 귀를 치는 것은 이 5점이라는 것 을 기억해 두면 좋을 것 입니다.

6 도

아무리 귀가 집을 둘 러싸기에 효율이 좋다 고 해도, 어느 곳이나 좋다는 것은 아닙니다. 예를 들면 흑1로 놓았 다고 합시다. 이것은 아 무리 귀라 해도 안됩 니다.

7 도

결론으로써 a는 효 율이 좋은 지점. ×표 시는 나쁜 지점이 됩니 다.

2. 굳힘과 걸침

화점에서의 굳힘

굳힘이란, 문자 그대로 귀를 굳혀 집으로 삼는(둘러싸는) 것.

1도

날일자 굳힘이라고 합니다. 가장 단단한 굳힘이라고 할 수 있읍니다.

2도

눈목자 굳힘이라고 합니다. 매우 일반적입니다.

3도

한 칸 굳힘입니다. 이상 세 개가 굳힘으로써는 대표적입니다.

굳힘에도 유효한 장소와 그렇지 않은 장소가 있읍니다. 예를 들면——

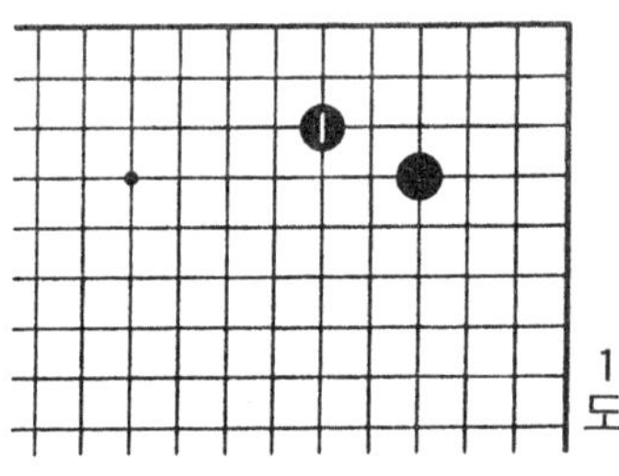

1도

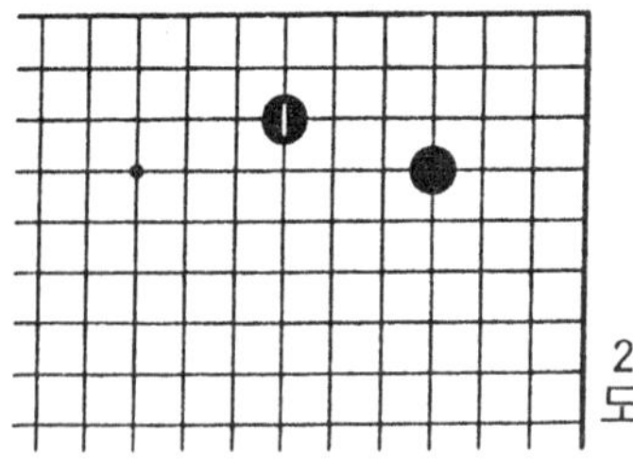

2도

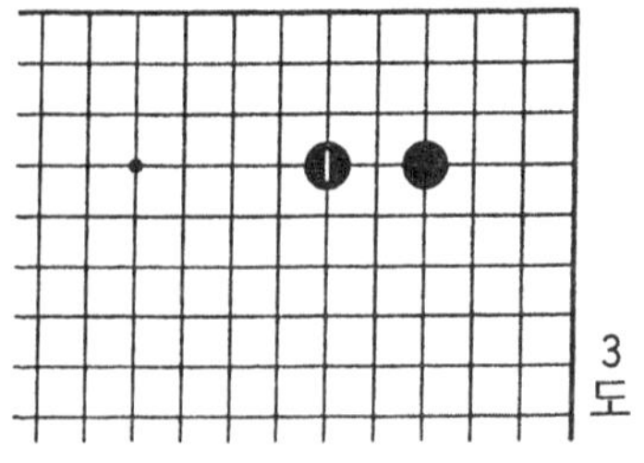

3도

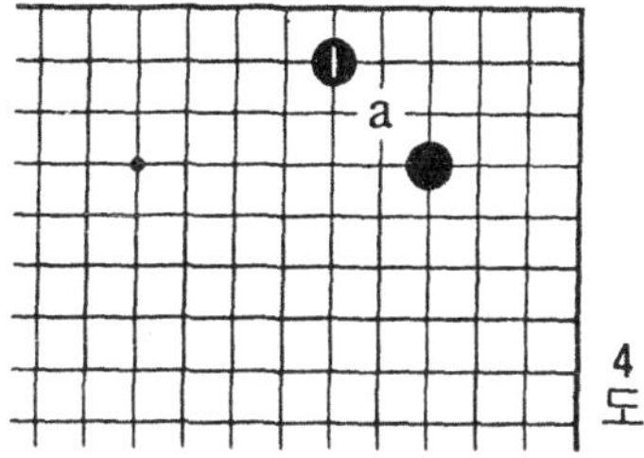

4 도

혹 1 은 자주 없읍니
다. a 점이 비어 있어,
이것으로는 둘러싸기
가 되지 않읍니다.

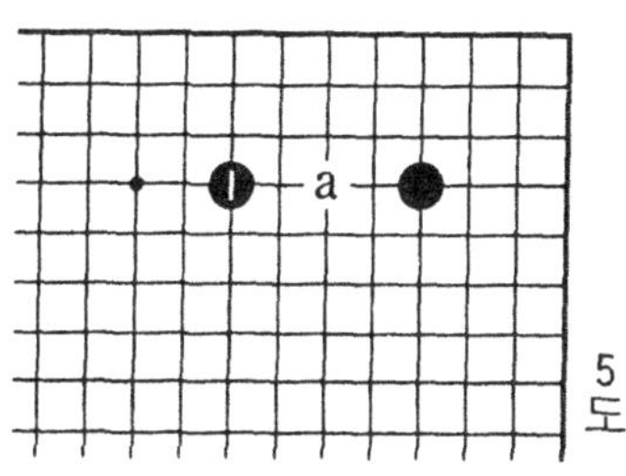

5 도

둘러싸기로써는 너
무 넓어 좋지 않읍니
다. 백부터 a 로 쳐 넣
어져 곤란합니다.

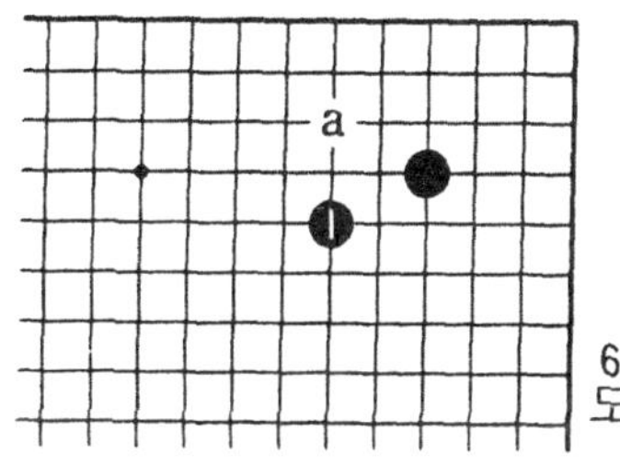

6 도

이것도 좋은 굳힘 방
법은 아닙니다. a 의 끝
도 비어 있어, 이것으로
는 둘러싸기가 되지 않
읍니다.

7 도

이것도 효율이 나쁜
놓기 방법입니다.

굳힘에도 효율이 좋
은 치기와 나쁜 치기
가 있읍니다.

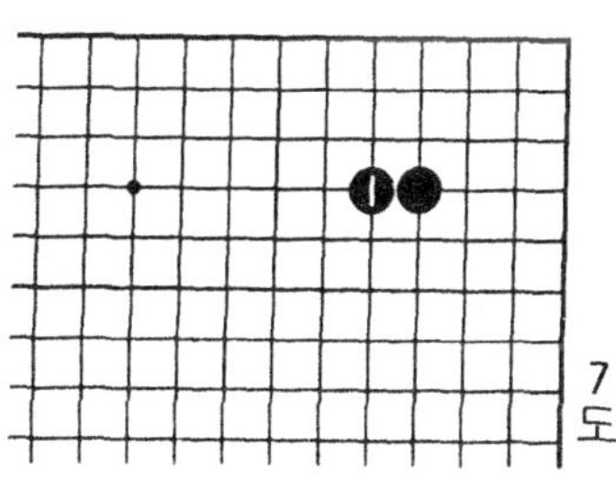

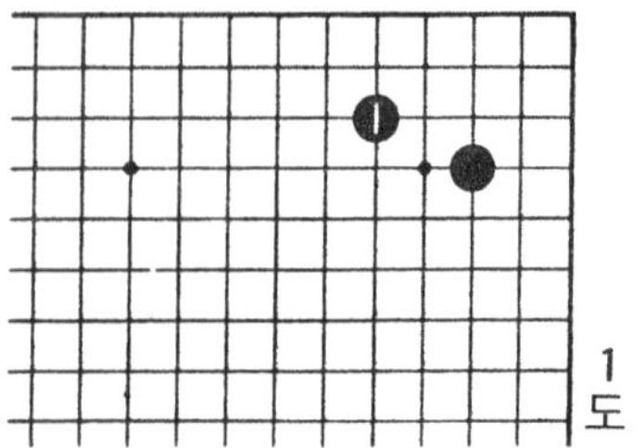

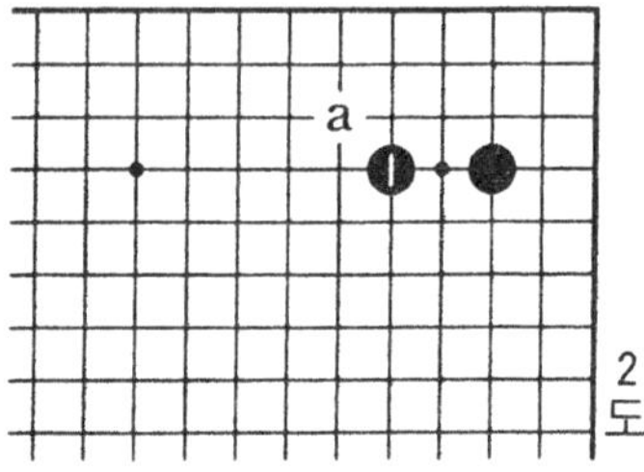

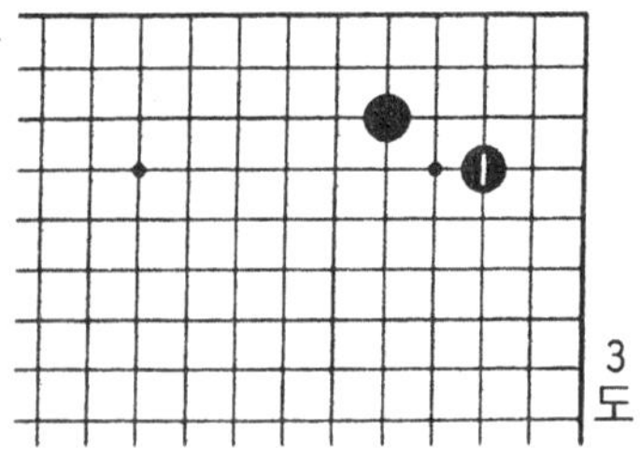

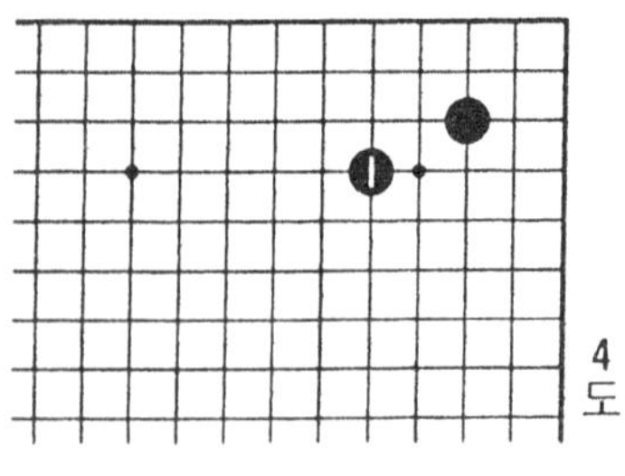

좋은 굳힘 나쁜 굳힘

굳힘에도 좋은 굳힘과 나쁜 굳힘이 있다.

1도

소목에서의 소목 굳힘. 상당히 좋은 굳힘입니다.

2도

1은 한 칸 굳힘. a는 눈목자 굳힘.

3도

외목에서의 굳힘입니다. 1도와 같은 형이 되었읍니다.

4도

3·3에서의 굳힘입니다. 단단하고 좋은 굳힘입니다.

이상 네 개의 굳힘은 상당히 효율이 좋고, 좋은 굳힘 샘플입니다.

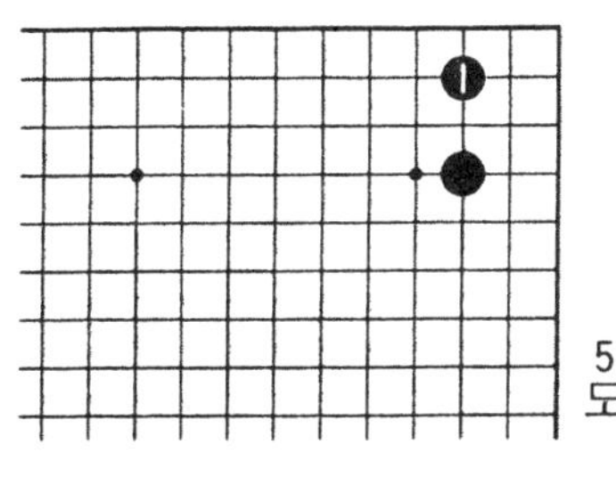

5 도

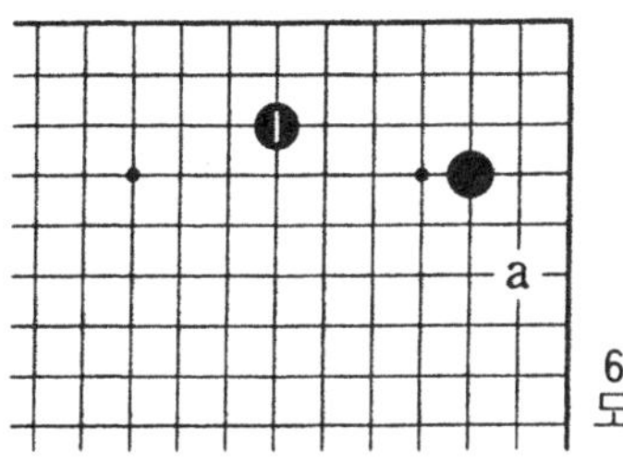

6 도

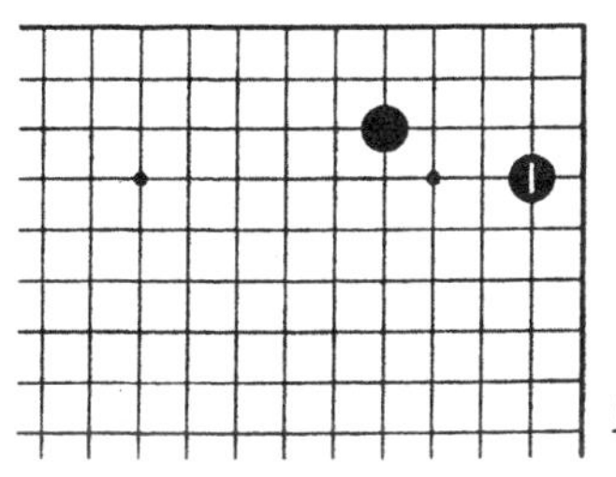

7 도

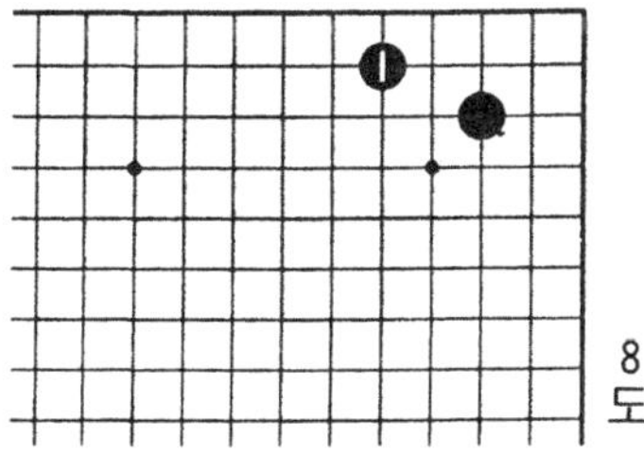

8 도

5 도

굳힘에는 틀림없으나, 효율이 나쁜 치기입니다. 보기에도 작고, 좋지 않다는 것을 알 수 있을 것입니다.

6 도

너무 커서 둘러싸기로써는 부적당합니다. 좋은 굳힘이 아닙니다. 1에서 a 등도 좋은 굳힘이 아닙니다.

7 도

이것도 좋은 굳힘은 아닙니다. 둘러싸는 방법으로써 불충분합니다.

8 도

이것도 나쁜 굳힘. 보기에도 납작합니다.

이상 네 개는 나쁜 굳힘 방법의 샘플입니다. 좋은 굳힘과 잘 비교해 보기 바랍니다.

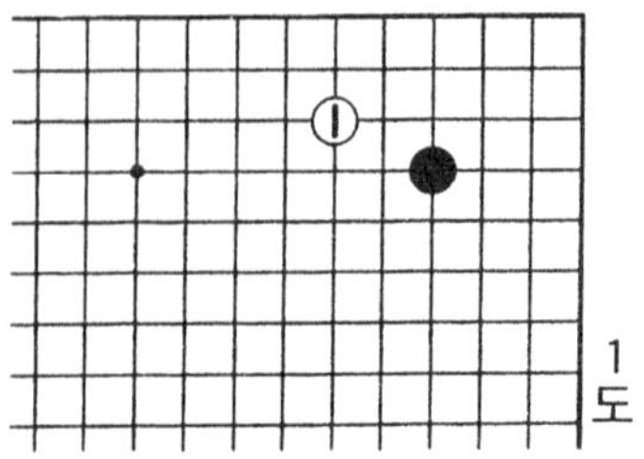

걸침

걸침이란 흑부터의 굳힘을 방해하여, 둘러싸지 못하게 하려는 것.

화점으로의 걸침 여러 가지.

1도

날일자 걸침입니다.

2도

한 칸 높은 걸침.

3도

두 칸 높은 걸침.

4도

눈목자 걸침. 좀 특수하다고 할 수 있을 것입니다.

이상 네 개는 매우좋은 걸침입니다. 대개의 경우에 있어서 흑에서부터 굳히는 지점에 치면 좋다는 것을 알 수 있읍니다.

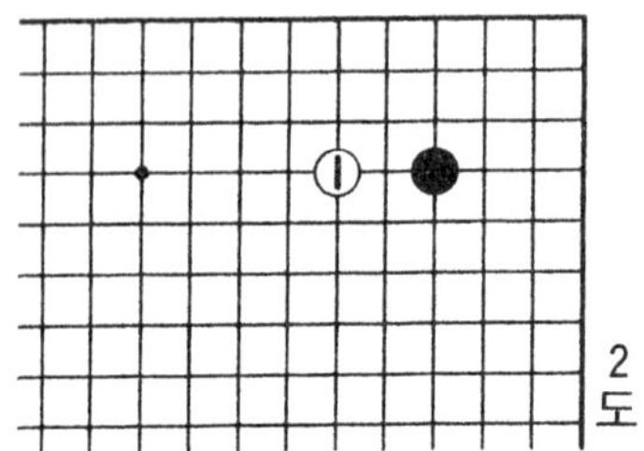

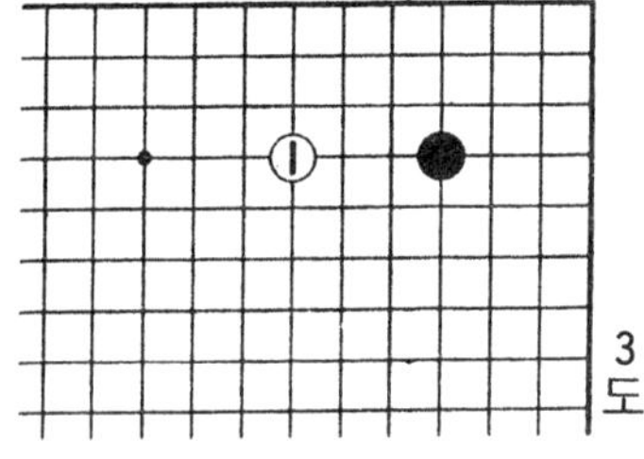

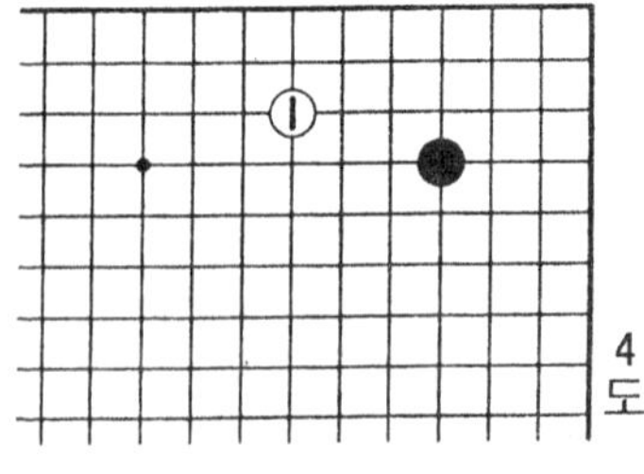

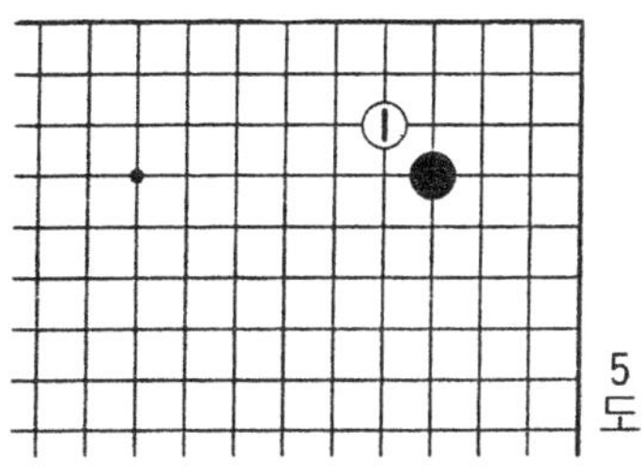

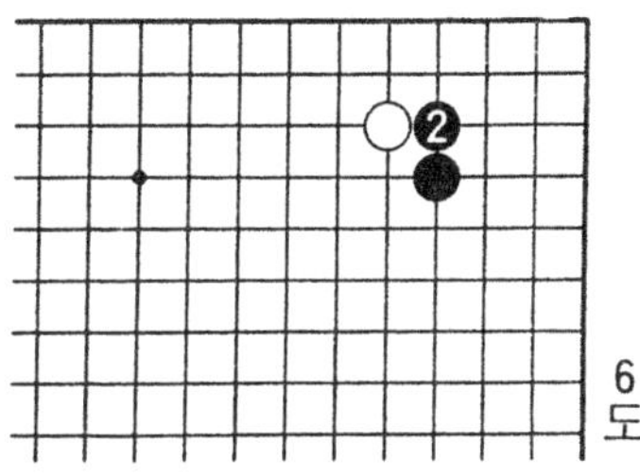

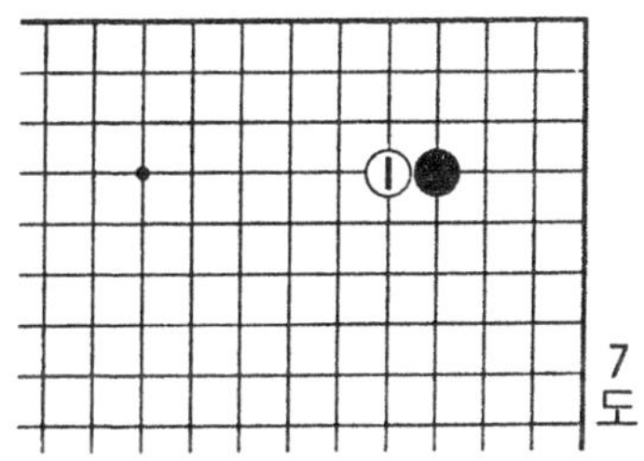

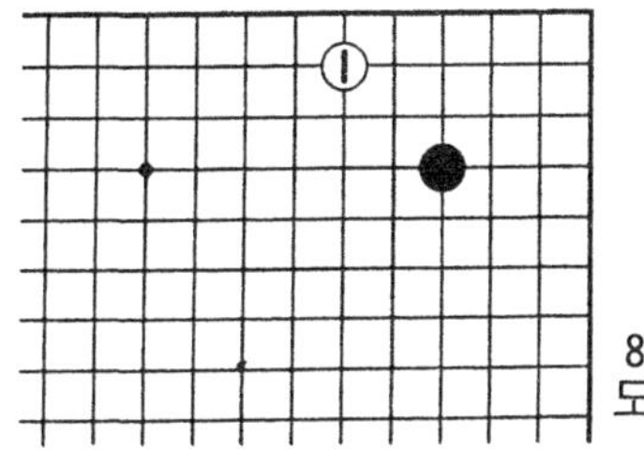

나쁜 걸침의 샘플입니다. 적의 굳힘을 방해하는 데도, 역시 유효하게 방해해야 합니다.

5도

처음에 가까이 가고 싶겠지만, 이것은 안됩니다.

6도

이어서 흑2로 눌러집니다. 이것으로는 방해는커녕 상대를 돕는 일이 되는 것입니다.

7도

백1로 꼭 붙이고 싶어하는 사람이 자주 있는데, 이것도 안됩니다.

8도

이것도 좋지 않습니다. 그러나 이렇게 치는 사람이 자주 있습니다.

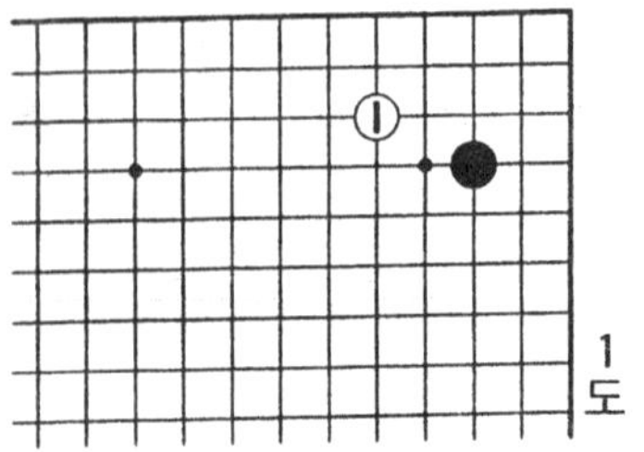

1 도

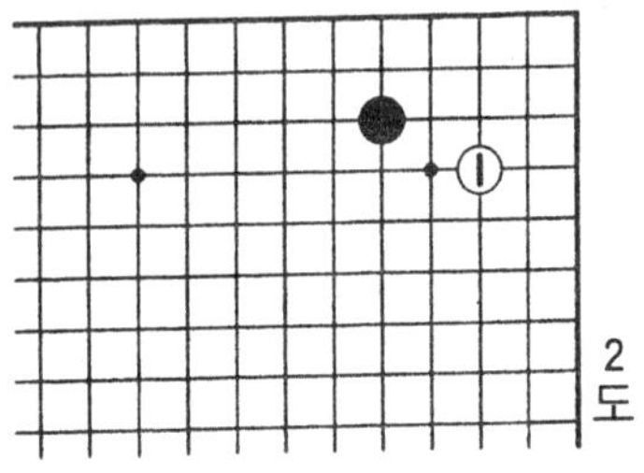

2 도

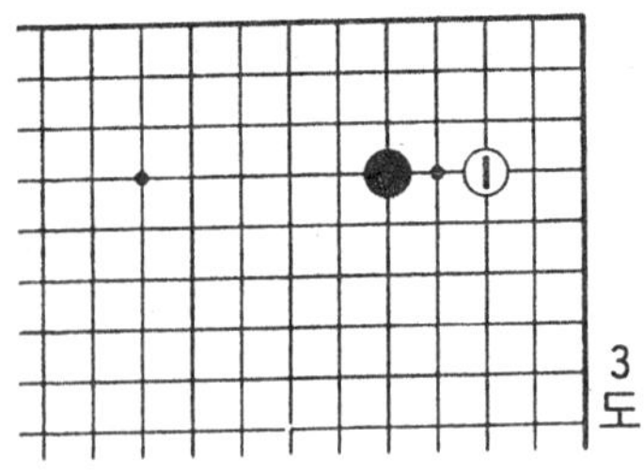

3 도

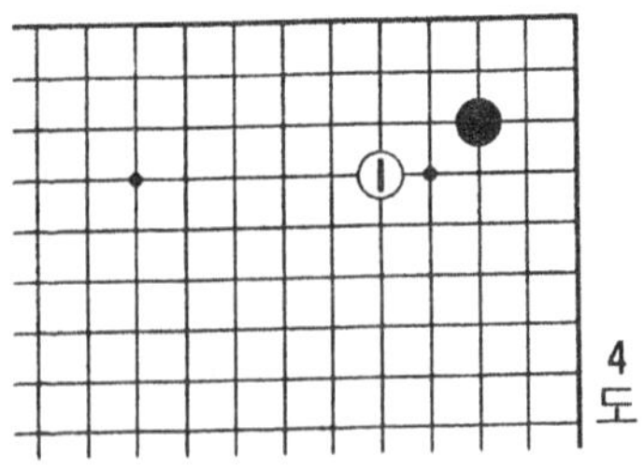

4 도

좋은 걸침 나쁜걸침

걸침에도 좋은 걸침과 나쁜 걸침이 있다. 그 여러 가지.

1 도

소목으로의 날일자 걸침. 좋은 걸침입니다.

2 도

외목의 걸침. 흑백 역인데, 1 도와 같은 형입니다.

3 도

고목으로의 걸침.

4 도

3·3 으로의 걸침.

이상 네 가지가 각각 대표적인 걸침으로, 당연 각각 매우 좋은 걸침입니다.

좋은 걸침의 샘플이었습니다.

나쁜 걸침의 샘플입

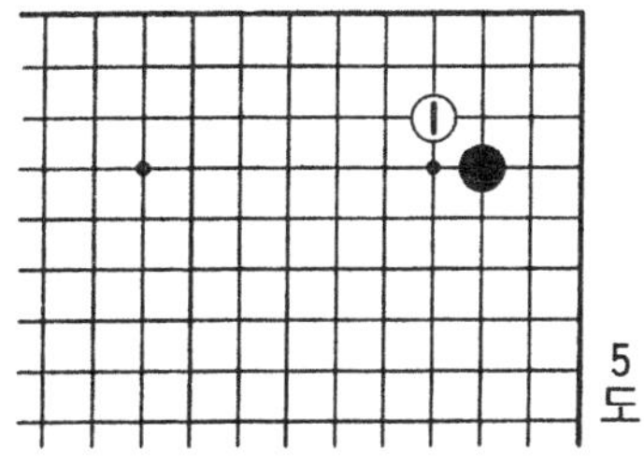

5도

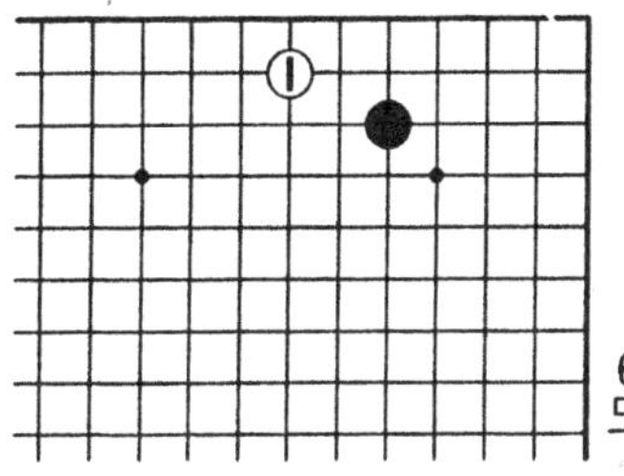

6도

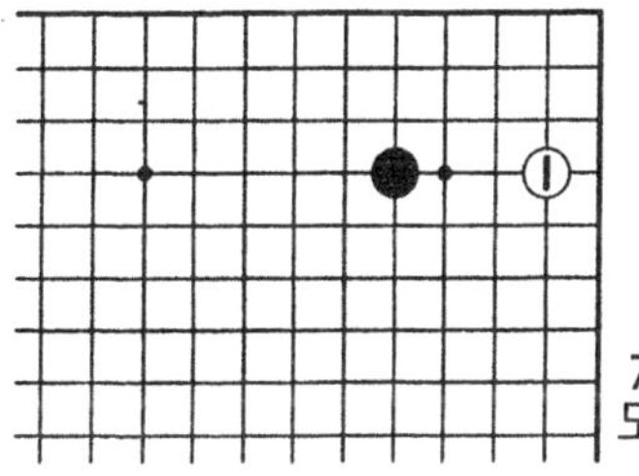

7도

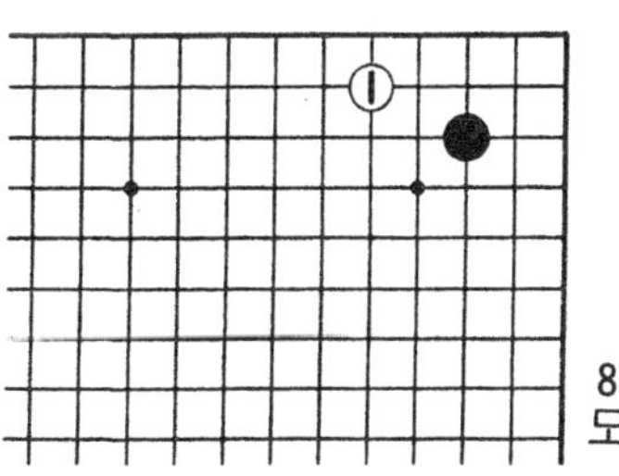

8도

니다.

5도

처음에는 웬지 돌을 꼭 붙이고 싶어하는 것입니다. 그러나, 꼭 붙은 수 치고 좋은 수는 그다지 없읍니다. 백1은 안됩니다.

6도

좀 떨어져 있어도 이것은 안됩니다.

7도

백1. 보기에도 안된다는 것을 알 수 있읍니다.

그러나 처음에는 이런 식으로 치는 사람이 많은 것입니다.

8도

너무 낮아 안됩니다.

이상, 각각 돌의 좋은 걸침과 비교하여 보세요. 좋은 걸침은 모양이 아름답습니다.

3. 걸침에 대한 받기

받기의 여러 가지

받는 방법에도 여러 가지 있지만, 좋은 받기와 나쁜 받기가 있다.

1도

가장 일반적인 한칸 받기입니다.

2도

날일자 받기.

3도

눈목자.

이상 세 가지는 좋은 받기 방법으로, 이미 여러분도 가끔 보았을 것입니다. 대표적인 받기입니다.

나쁜 받기라기보다 나쁜 치기의 샘플입니다. 좀 강한 사람이라면 이상하다고 생각할지 모르지만, 의외로 이

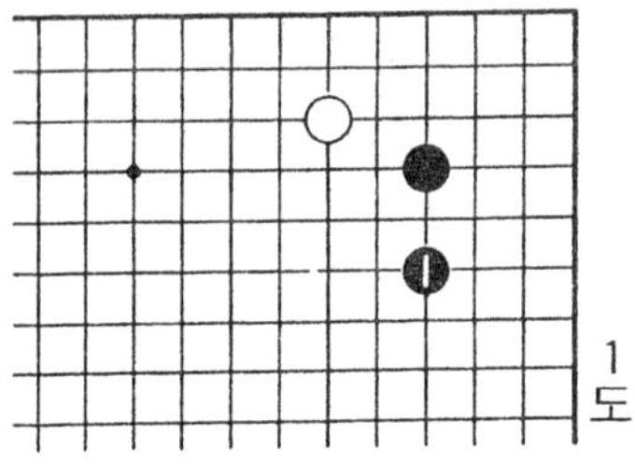

1도

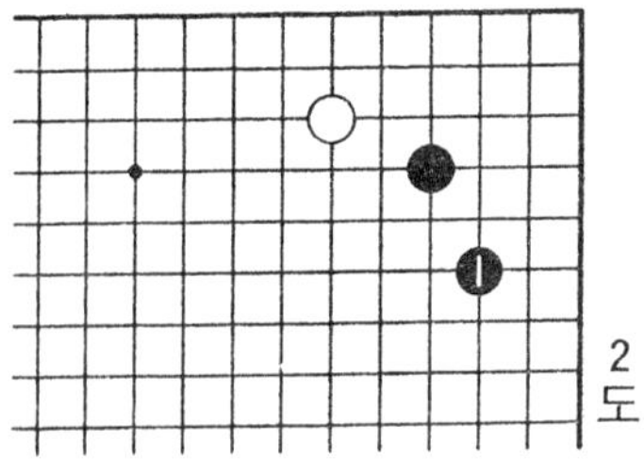

2도

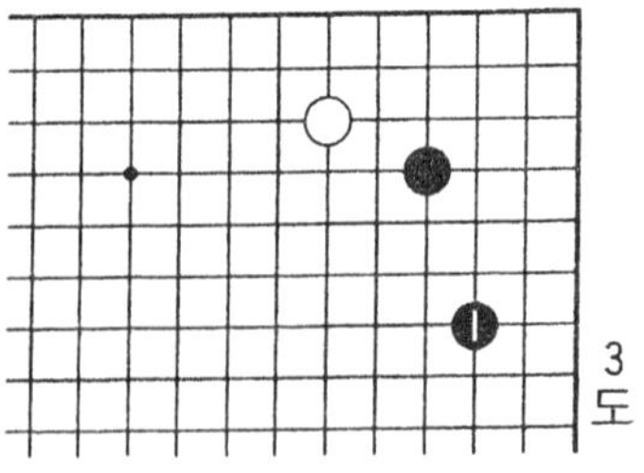

3도

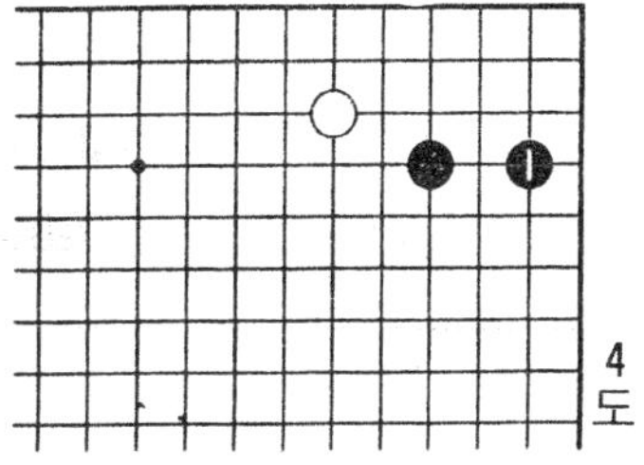

4도

런 식으로 치는 사람이 많이 있읍니다.

4도

안됩니다. 집이 조금 밖에 만들어질 것 같지 않읍니다.

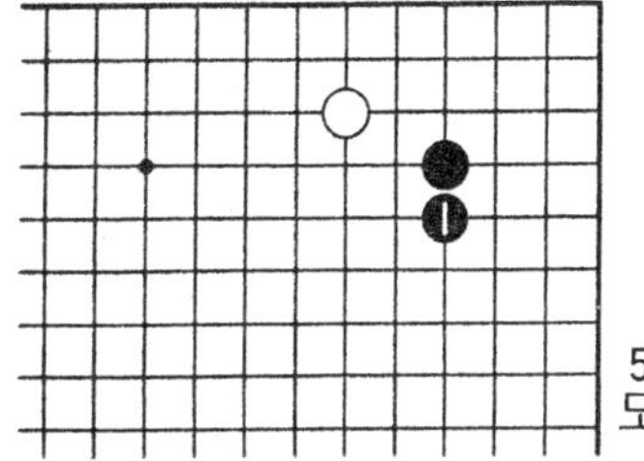

5도

5도

돌을 꼭 붙이는 것은 효율이 나빠 좋지 않읍니다.

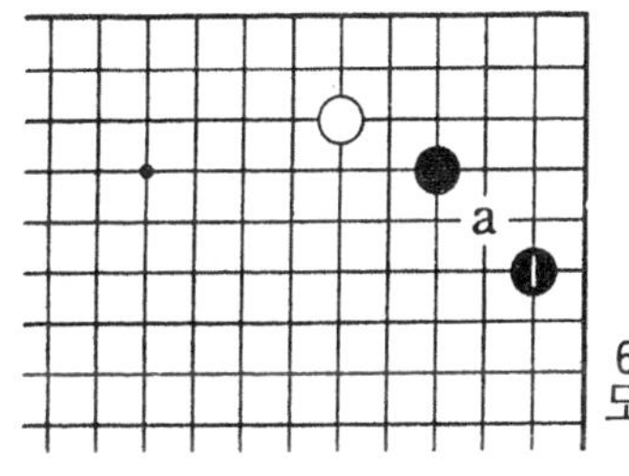

6도

6도

흑1 좋지 않읍니다. a의 점이 비어 있어 기분이 나쁩니다.

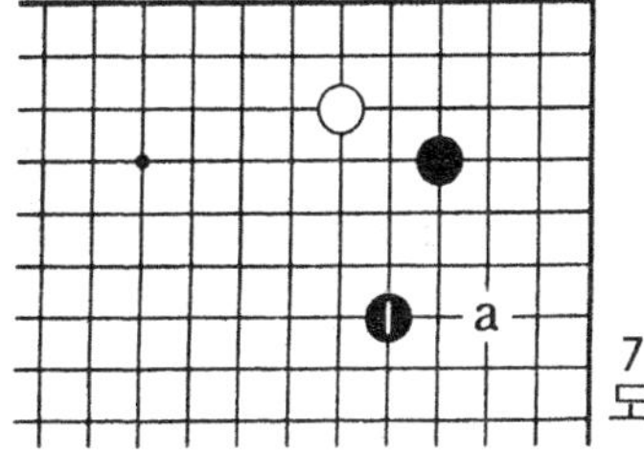

7도

7도

열매 없는 놓기. a 부분이 비어 있어 집이 되지 않읍니다.

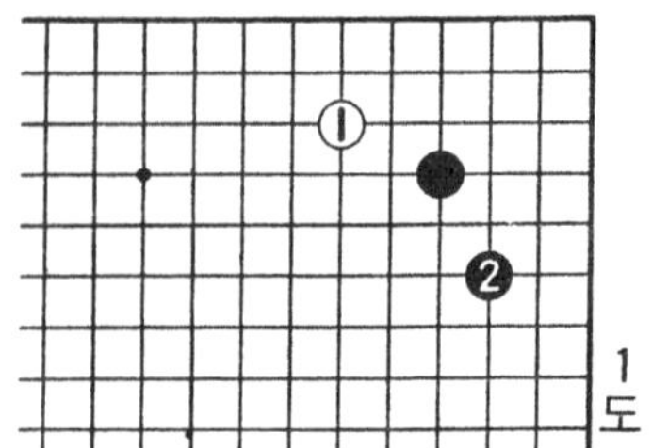

정석

상방 바른 치기를 정석이라고 한다. 그 성립까지.

1도

백 1 의 걸침에 흑 2 의 받기가 좋은 것은 이미 보아 왔읍니다.

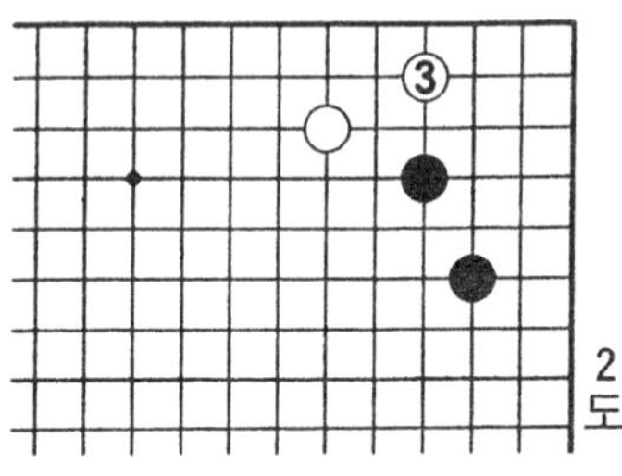

2도

이어서, 백 3 으로 흑의 집을 좁혀 갑니다.

이 수는 참 좋은 수로, 흑집을 적게 하는 동시에 자신 쪽의 근거를 가지려는 수입니다.

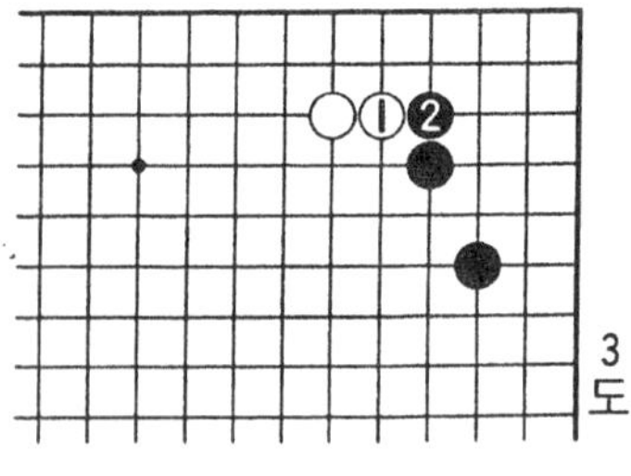

3도

2 도의 백 3 에서 1 등으로 치는 것은 안됩니다. 흑 2 로 쳐져 흑집을 굳게 할 뿐입니다.

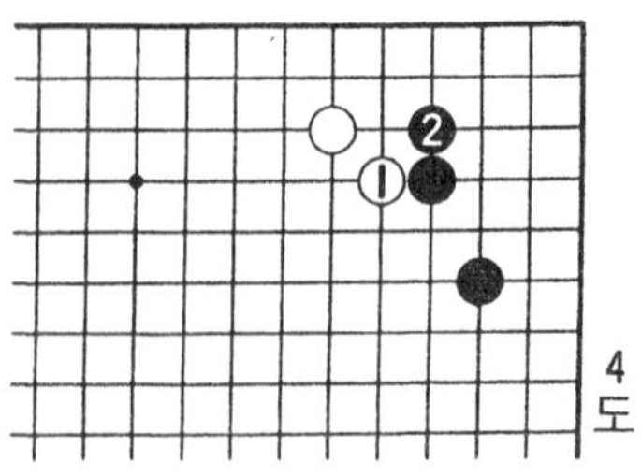

4도

3 도 마찬가지로 안됩니다.

5도

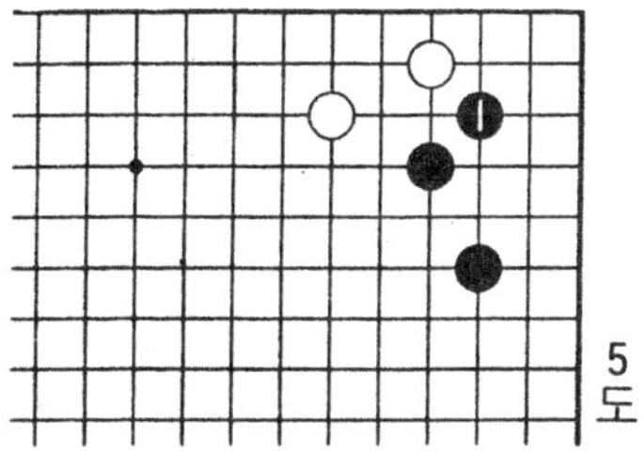

5도

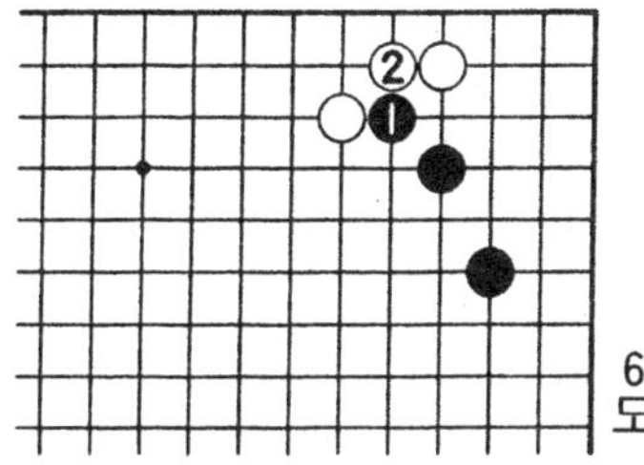

6도

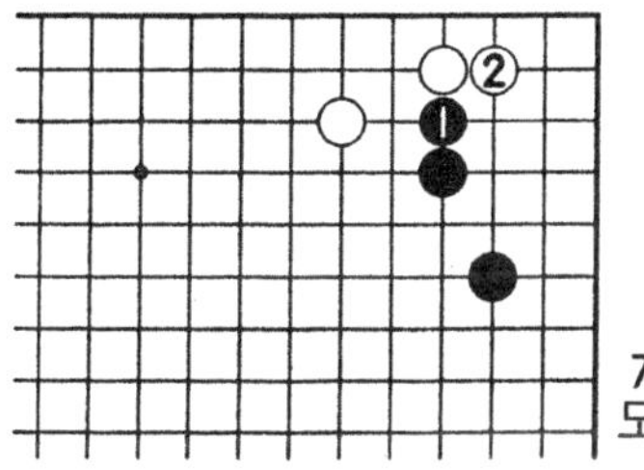

7도

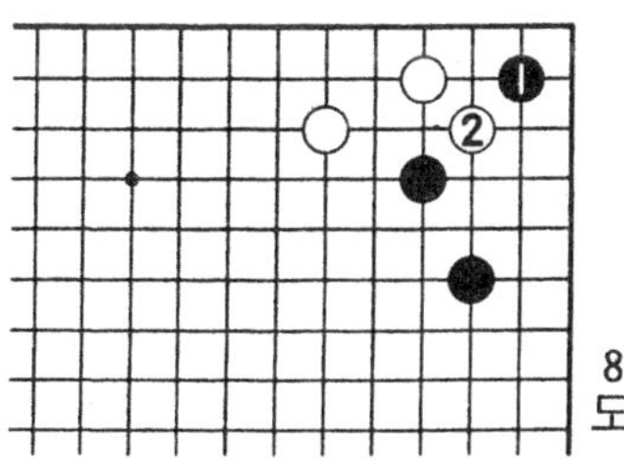

8도

2도에 이어서 흑1로 치는 것이 좋은 수입니다. 이로써 흑은 귀의 집을 확보하고 있읍니다. 손을 빼어 반대로 백에게 이 점을 놓이면 큰일.

절대로 놓칠 수 없는 점입니다.

6도

아뭏든 흑1 등으로 놓고 싶겠지만 이것은 나쁜 수입니다. 백2로 놓여 흑1의 수는 아무런 역할도 하지 않읍니다.

7도

흑1도 실패. 백2로 놓여 귀에 집이 생기지 않게 됩니다.

8도

흑1, 좀 괜찮은 수이지만, 이것도 실패. 백2로 놓여 곤란합니

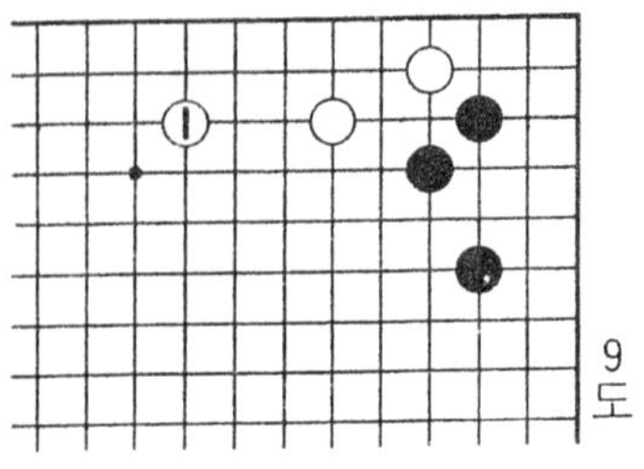

9도

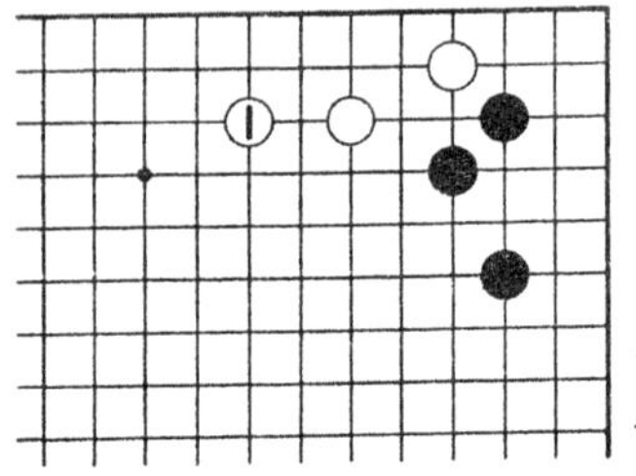

10도

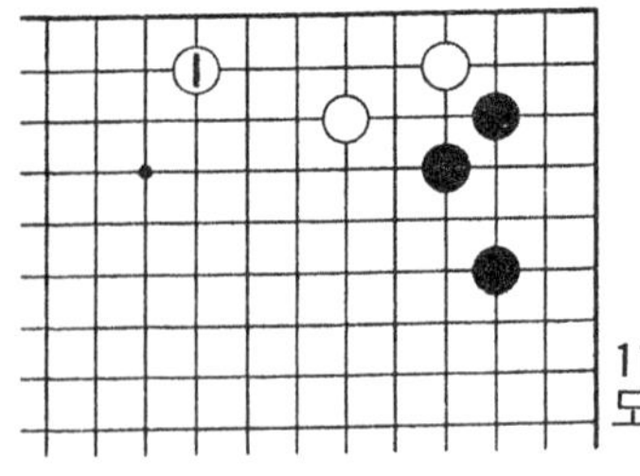

11도

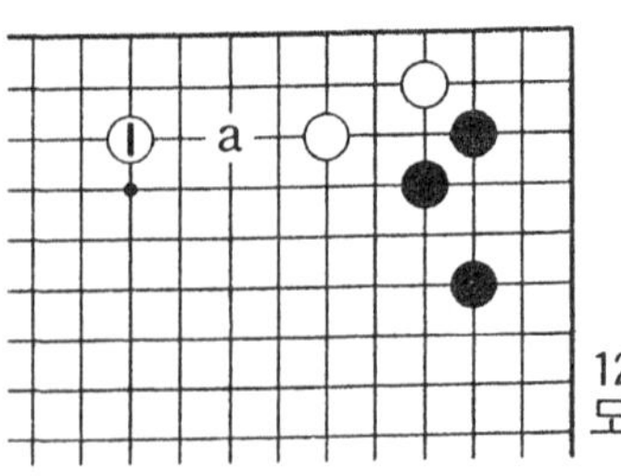

12도

다. 5도와 비교해 보면 잘 알 수 있읍니다.

9도

5도에 이어서 백은 1로 두 칸에 벌리는 것이 좋은 수입니다. 이 수는 효율좋게 둘러싸, 집을 만드는 동시에 근거를 가지려고 합니다.

10도

백1. 상도와 거의 같고, 그다지 나쁘지는 않읍니다. 그러나 9도보다 다소 효율이 나쁩니다.

11도

좋지 않은 치기 방법. 이와 같이 제2선에 치는 것은 대개 좋지 않읍니다.

12도

백1은 너무 벌어졌읍니다. 돌이 연결되

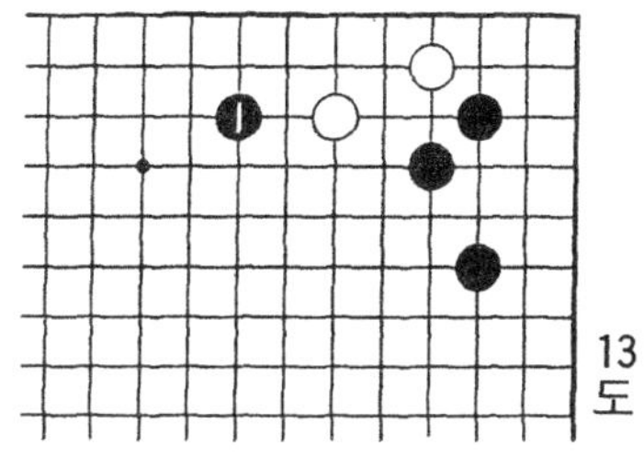

13도

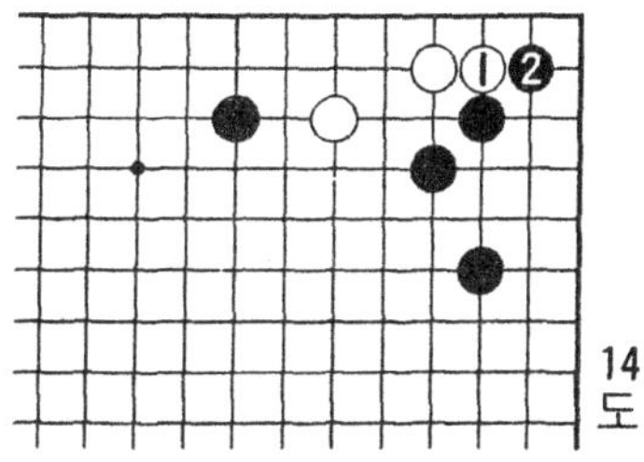

14도

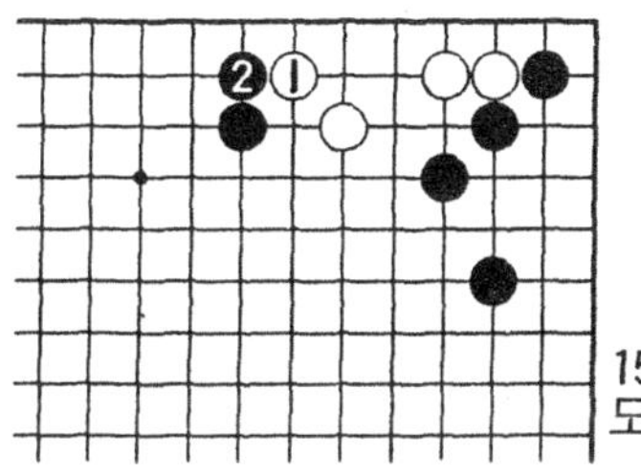

15도

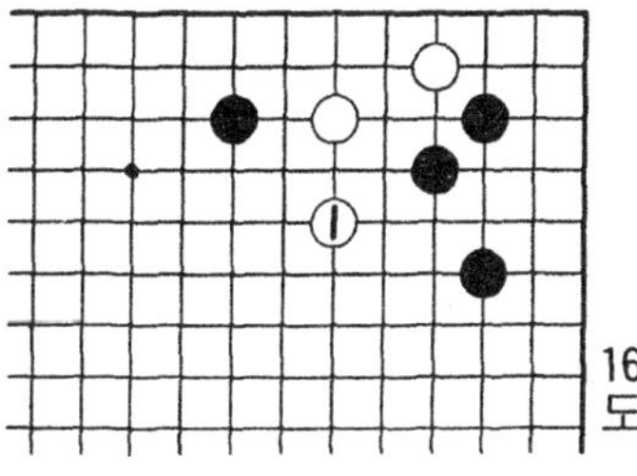

16도

어 있지 않으므로, 흑부터 곧 a로 놓여져 곤란할 것입니다.

9도의 백1은 상당히 중요한 한 수로, 절대로 놓칠 수 없는 한 수입니다.

13도

흑부터 1로 놓여지면 완전히 곤란해집니다.

14도

백1로 살려고 해도 흑2로 눌러져, 여전히 백은 눈모양이 되지 않읍니다.

15도

이어서 백1로 쳐도 백은 살 스페이스가 없읍니다.

16도

결국, 백은 1로 도망쳐 내는 수밖에 없읍니다.

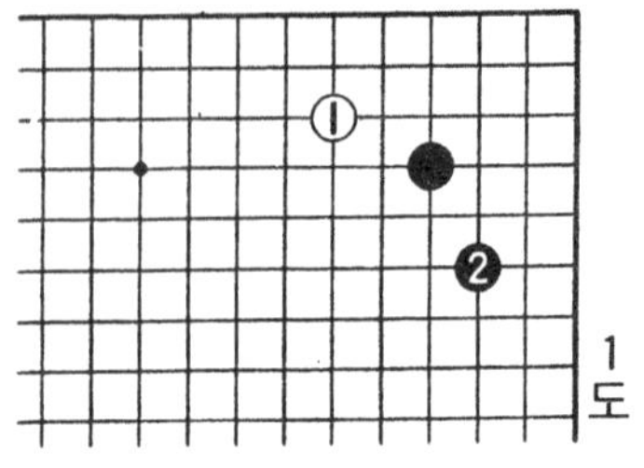

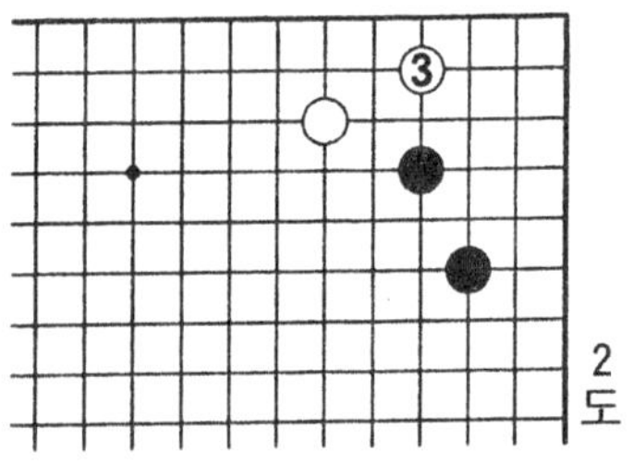

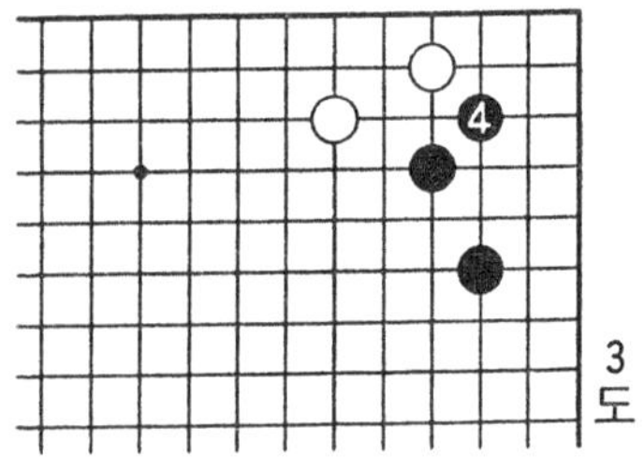

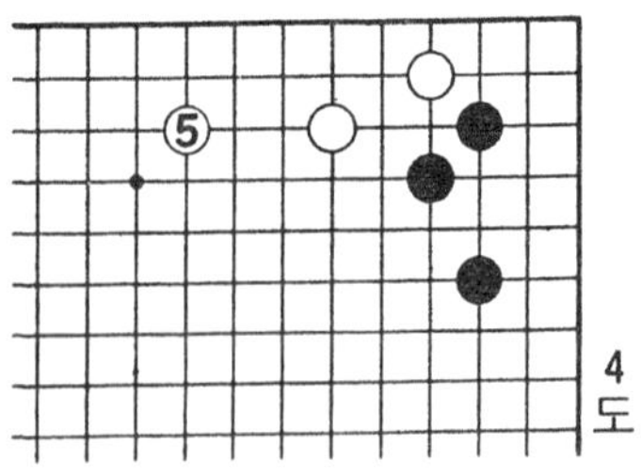

정석 1

정석이 성립될 때까지의 쌍방의 바른 수순을 나타낸다.

1 도

백 1 로 걸침, 흑 2 로 받읍니다.

2 도

백은 흑집을 좁히면서 백 스스로도 근거를 갖기 위해 3 으로 미끄러집니다.

3 도

흑은 4 로 쳐 귀의 집을 확보하며, 동시에 스스로의 근거를 가집니다.

4 도

백도 5 로 쳐 근거를 가집니다.

이상, 서로 같은 정도의 집을 갖고, 각각 근거를 얻읍니다. 반씩의 나눔, 이것이 정석.

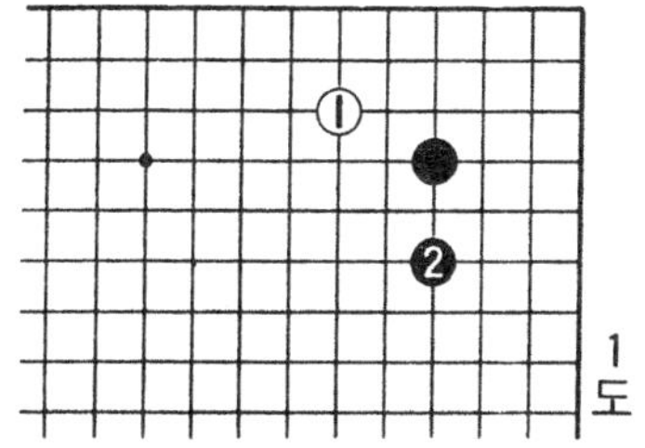

정석 2

서로 바른 수를 치면 손해도 이익도 없다. 반반. 그것이 정석.

1도

백1로 걸침, 흑2로 한 칸에 받읍니다. 각각 훌륭한 수입니다.

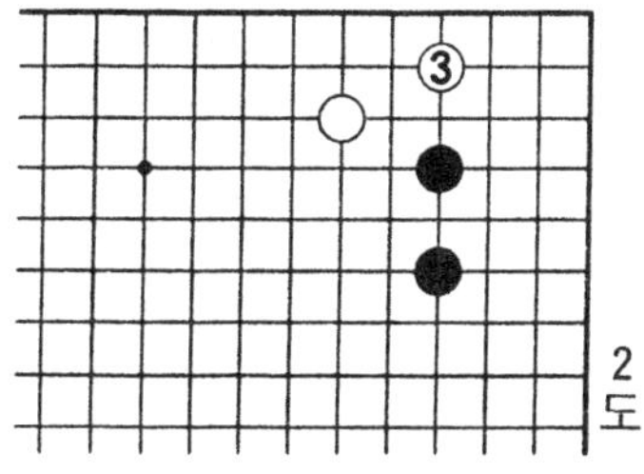

2도

백은 3으로 날일자로 미끄러집니다. 이수는 흑집을 좁히면서 스스로의 근거를 얻으려는 수입니다.

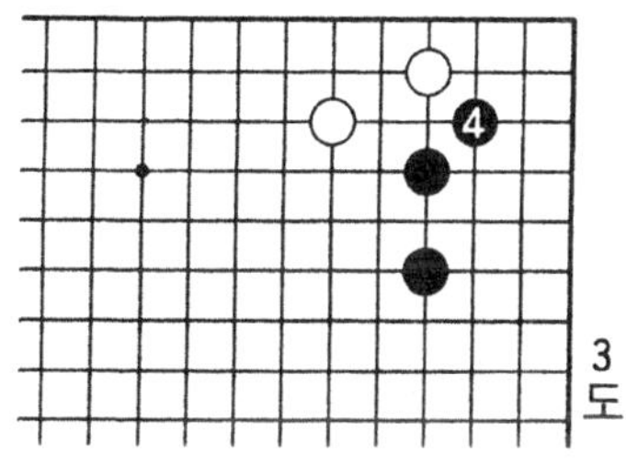

3도

흑4로 쳐 귀를 확보. 동시에 백으로의 공격을 봅니다.

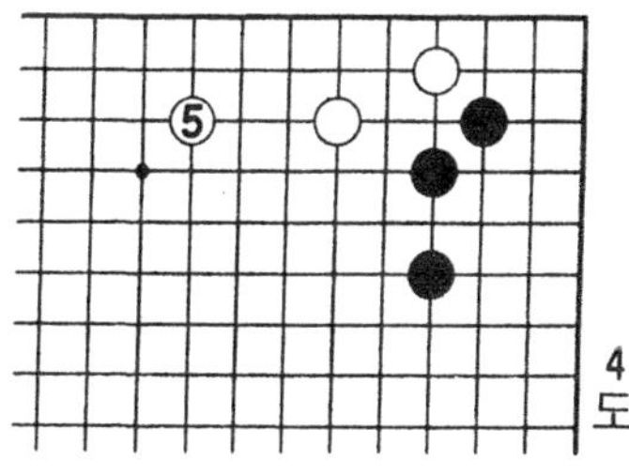

4도

백도 5로 벌려 근거를 얻어 일단락입니다.

4. 붙임 정석의 모든 것

초보의 정석

대개의 사람이 가장 최초로 외우는 정석이다. 이미 알고 있는가.

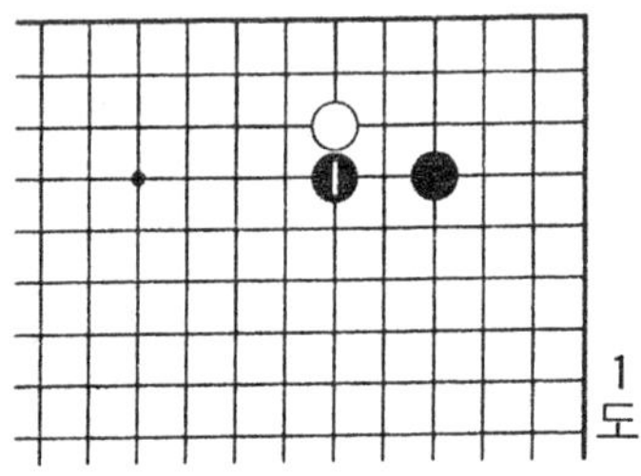

1도

우선은 흑1로 붙입니다. 그러므로 붙임 정석이라는 것입니다.

2도

'붙임에는 젖혀라' 라고 하여 백1로 젖히는 것이 좋은 수입니다.

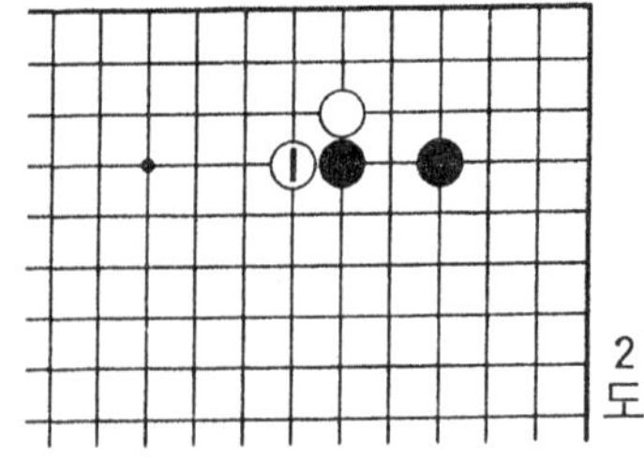

3도

백1로 당기거나 해서는 안됩니다. 흑2로눌러져 흑의 형이 좋아집니다.

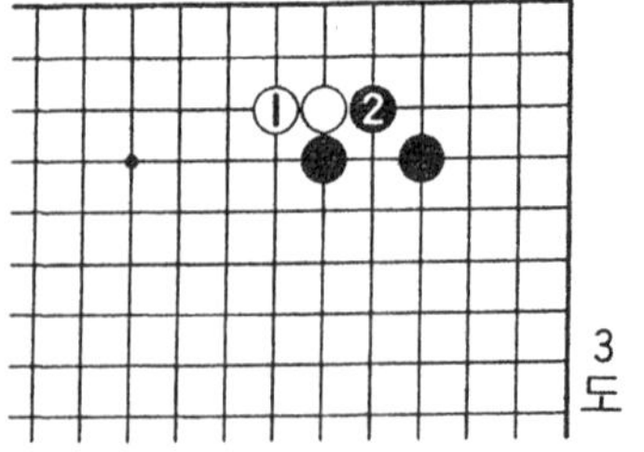

4도

백1로 치는 것도 좋지 않습니다. 흑2로 붙

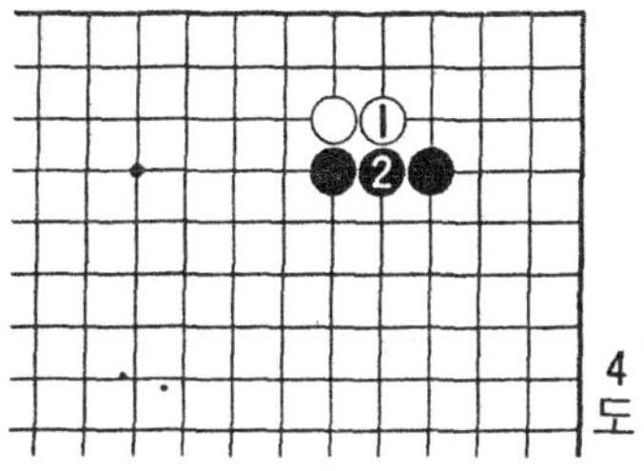

여져 혹의 형이 좋아
집니다.

5도

2도에 이어서, 젖히
면 뻗어라로 혹1로 뻗
기까지를 '붙여 뻗기
정석' 이라고도 합니다.

혹1, 힘 있는 한 수
입니다

6도

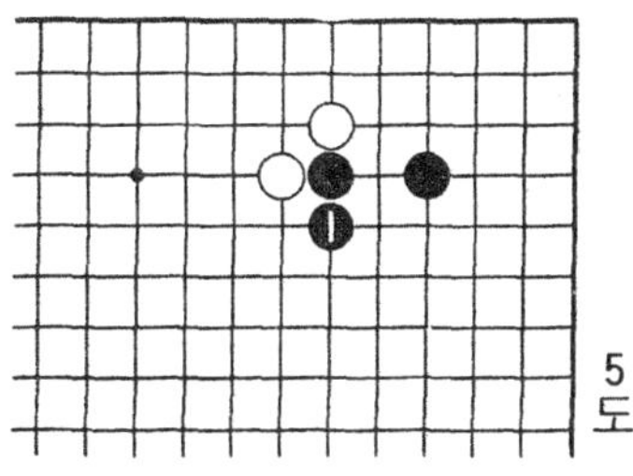

혹1로 치는 사람이
자주 있읍니다. 돌이 연
결되어 있어 안심이 되
는 것일까? 그러나,
이것은 작용이 빈약한
형이어서 좋지 않읍니
다.

7도

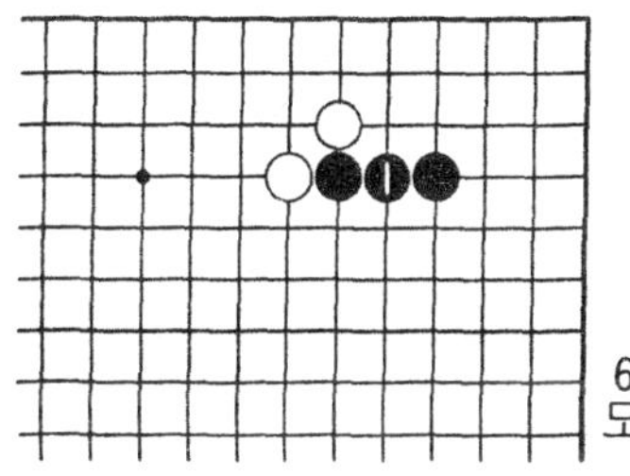

갑자기 마음이 변했
던 것인가, 혹1로 치
는 사람도 있읍니다.
지금은 싸우고 있을 때,
그런데 전선 이탈을 해
서는 안됩니다.

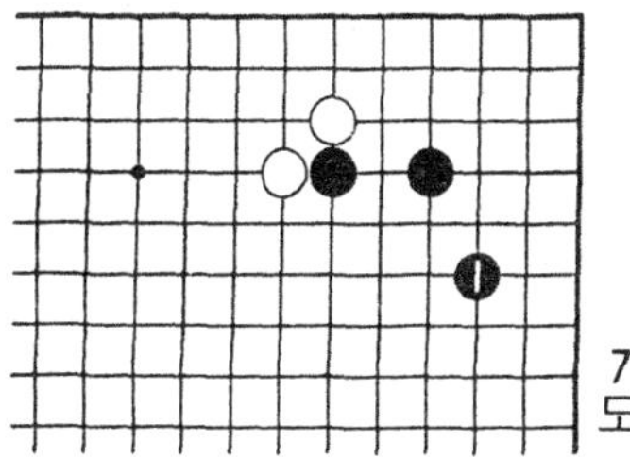

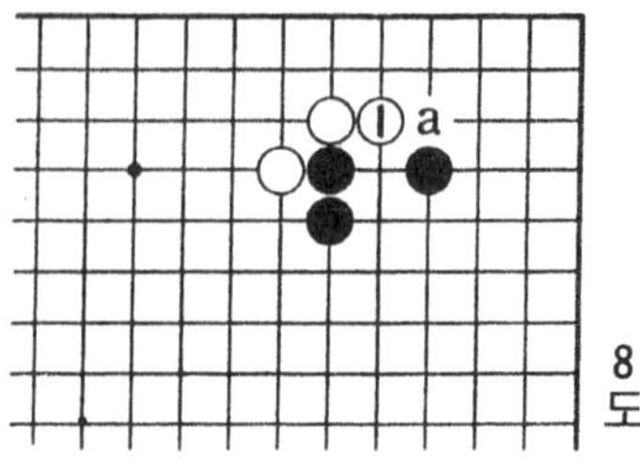

8
도

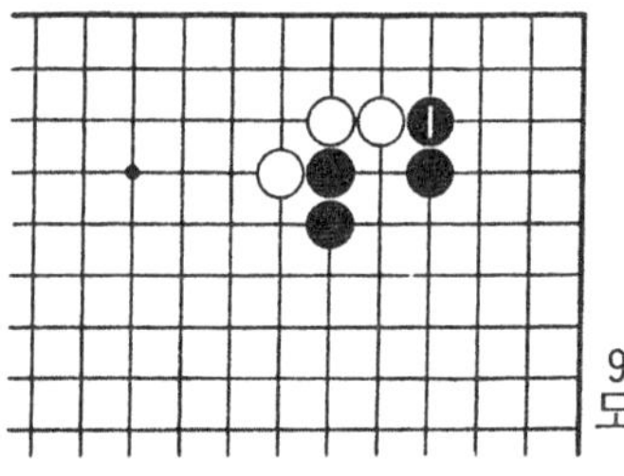

9
도

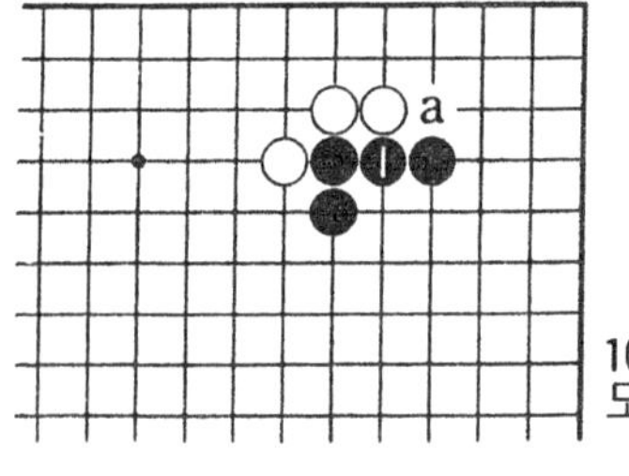

10
도

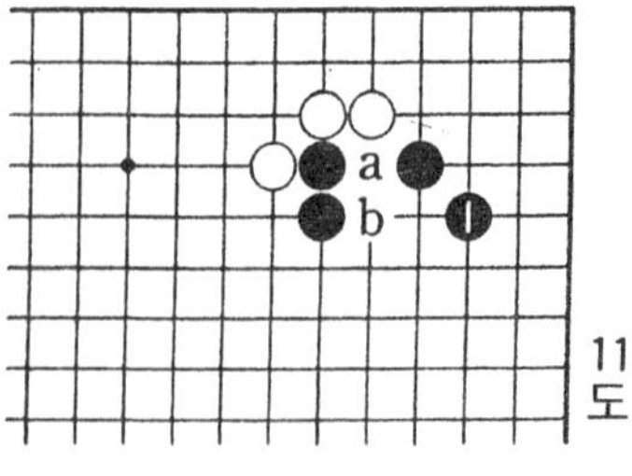

11
도

8도

5도에 이어 백은 1로 뻗는 것이 좋은 수입니다. 이 수에서는 다른 수, 예를 들면 a로 붙일 수도 있지만, 여기에서는 이 수로 합니다.

9도

이어서 흑은 1로누릅니다. 귀를 확보하는 중요한 한 수입니다.

10도

9도 흑1로 누르는 것은 두려울까요? 흑1로 치는 사람이 있읍니다. 분명히 연결은 되지만 작용이 빈약하여, 백a로 쳐져 집을 손해봅니다.

11도

백a로 내어가도 흑b로 안심입니다. 그러

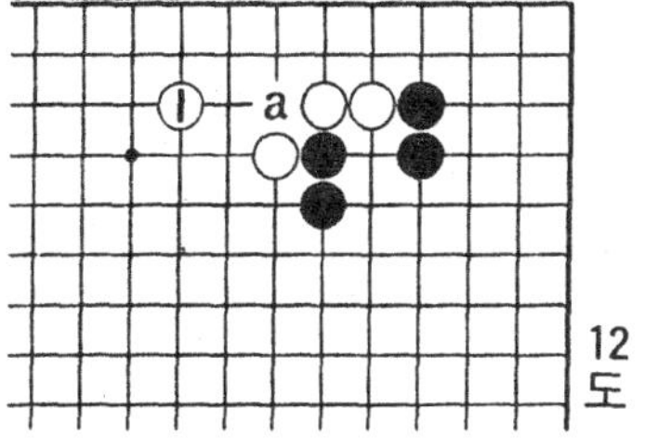

12 도

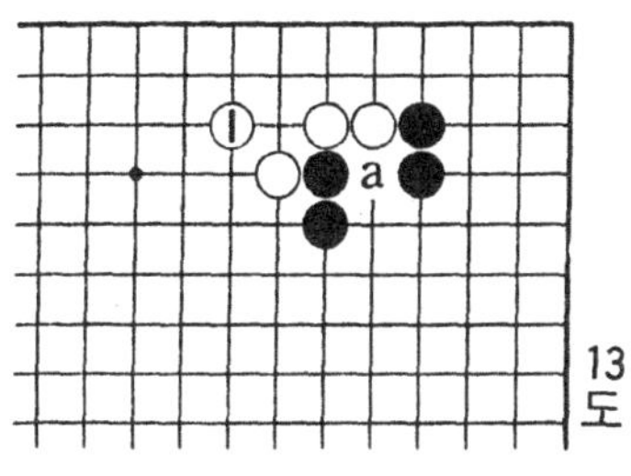

13 도

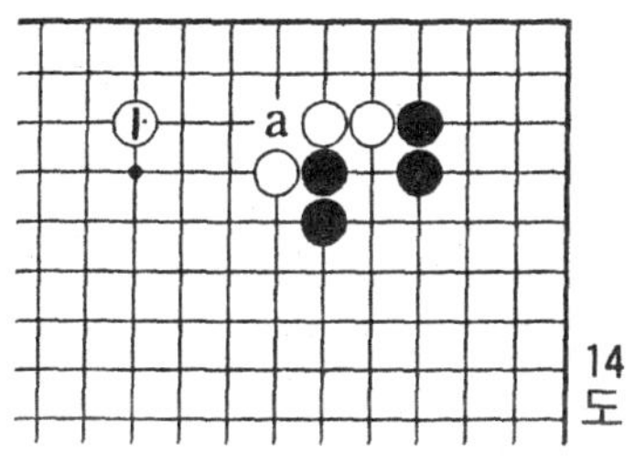

14 도

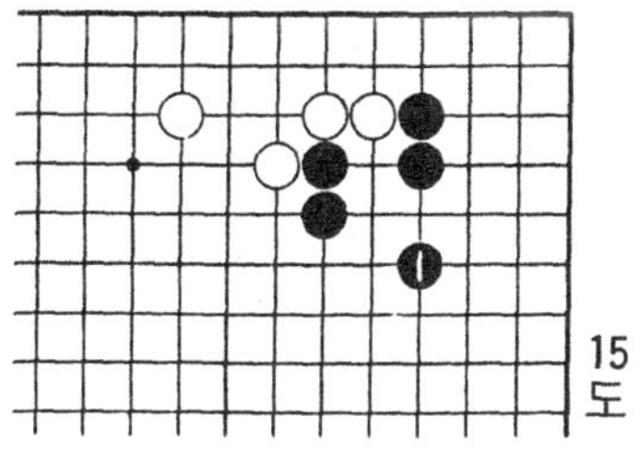

15 도

나 흑1은 좋지 않읍니다.

12 도

9도에 이어 백은 1로 칩니다. 이 수는 a의 단점을 막으면서근거를 갖고, 이어서, 흑을 노립니다.

13 도

백1은 경우에 따라 다르지만, 다소 지나치게 딱딱합니다. 이 뒤, 백의 겨냥은 a부터 내끊는 것입니다.

14 도

백1로 눈목자에 벌리는 일도 있읍니다. 이 수도 정석이지만 12도에 비하면 a의 단점이 조금 걱정스럽읍니다.

15 도

백이 수비했으므로 흑도 1로 수비합니다.

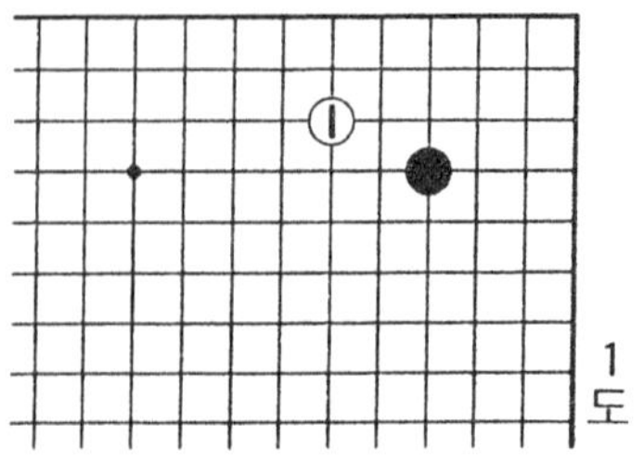

1도

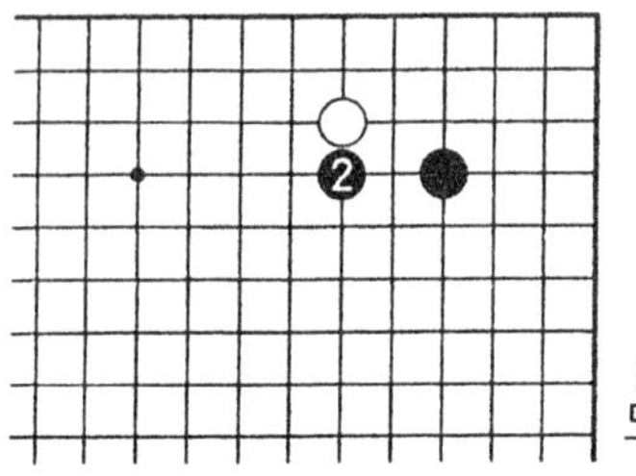

2도

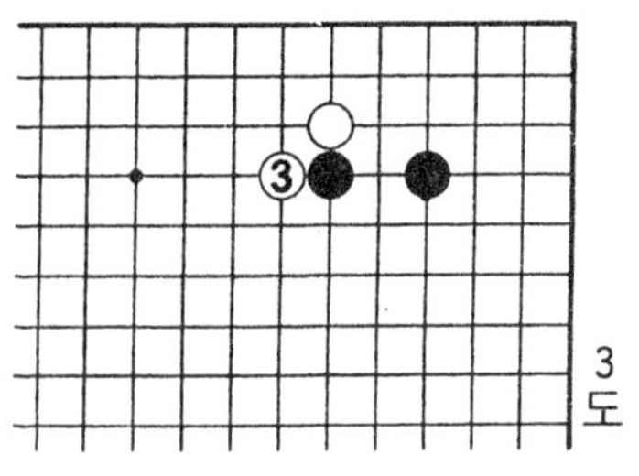

3도

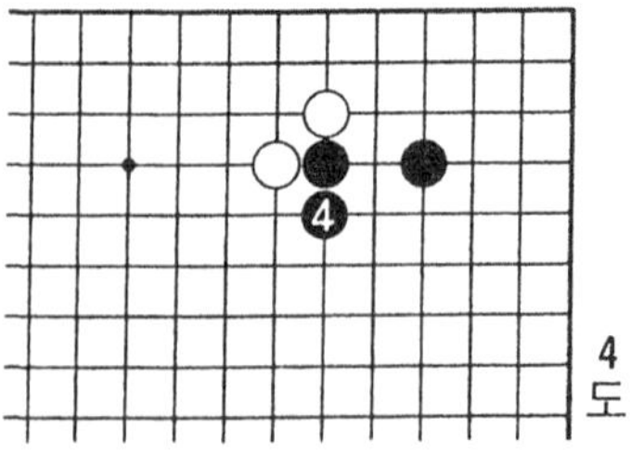

4도

매듭

붙임 정석의 바른 수순을 한 수씩 순서로 나타내겠다.

1도

백1의 걸침부터 시작합니다.

2도

흑2로 붙입니다. '붙임 정석' 의 이름의 유래입니다.

3도

붙임에는 젖혀라, 백3으로 젖히는 것이 좋은 수입니다. 초보자일 때는 두려울지도 모르지만 단호하게 젖혀야 합니다.

4도

젖히기라면 뻗어라. 흑은 4로 뻗는 것이 수입니다. 이대로를 총칭하여, '붙여 뻗기의 정석' 이라고 합니다.

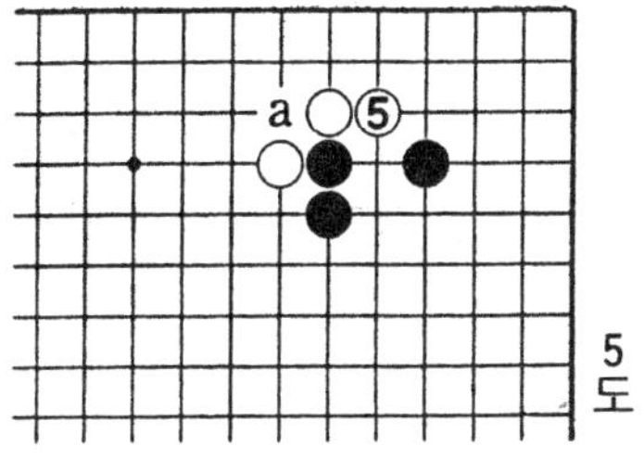

5도

5도

이어서 백은 5로 칩니다. 흑부터의 a의 끊기가 염려일지 모르지만, 그 끊기는 염려할 필요 없읍니다.

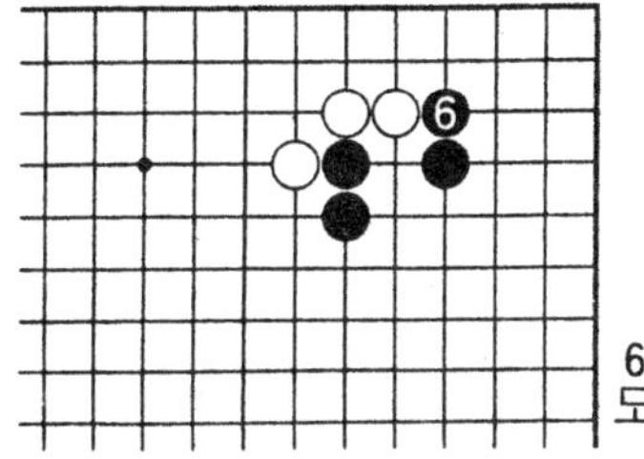

6도

6도

흑6의 누르기. 이것은 귀를 확보하는 중요한 한 수. 두려워도 치지 않으면 안됩니다.

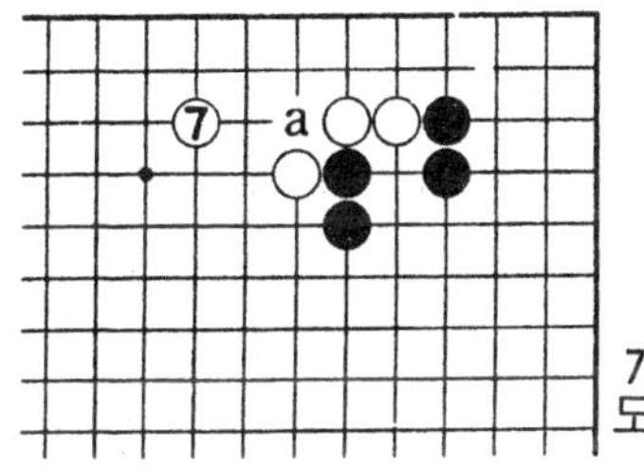

7도

7도

백7로 지킵니다. 이것은 a의 단점을 막으면서 일단 근거를 갖고, 다음에 흑을 공격합니다.

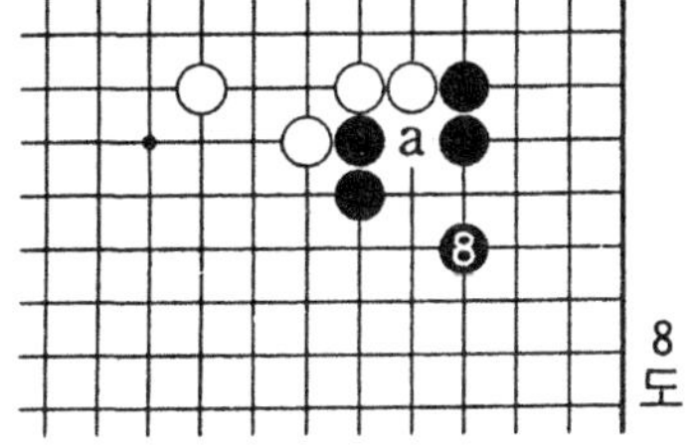

8도

8도

그리고 흑도 8로 지킵니다. 백a부터의 내어 넣기에 대비한 수입니다.

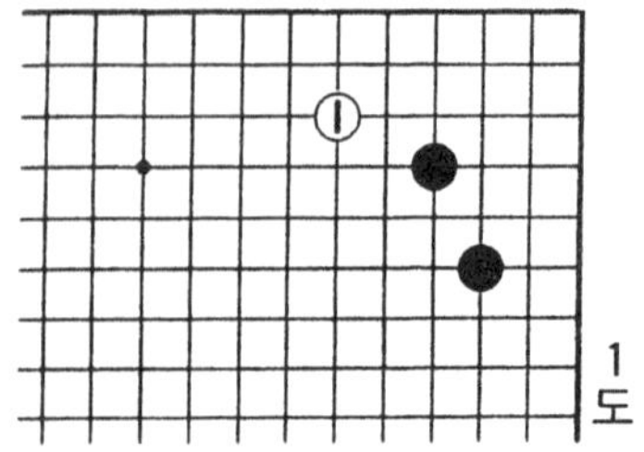

1도

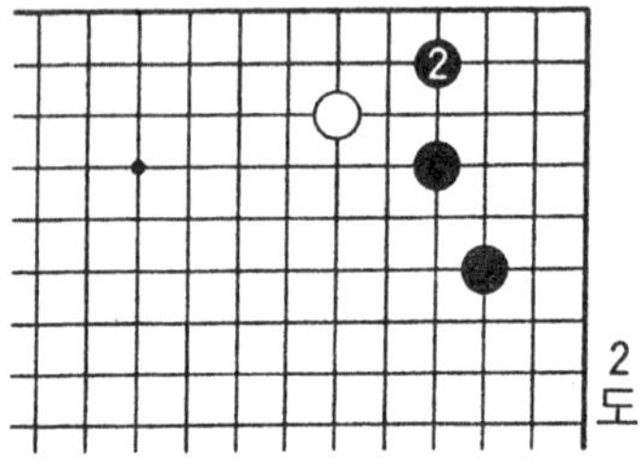

2도

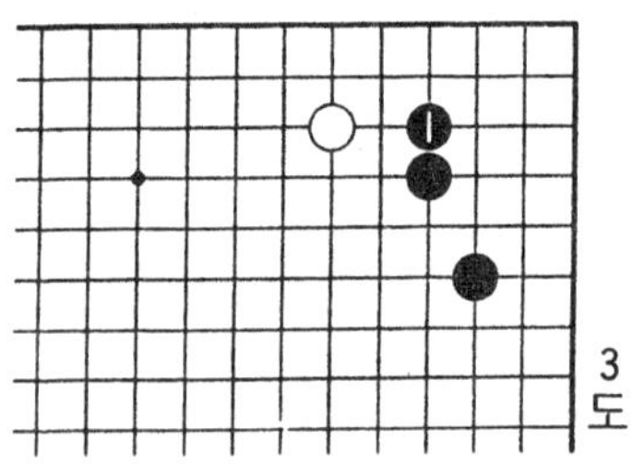

3도

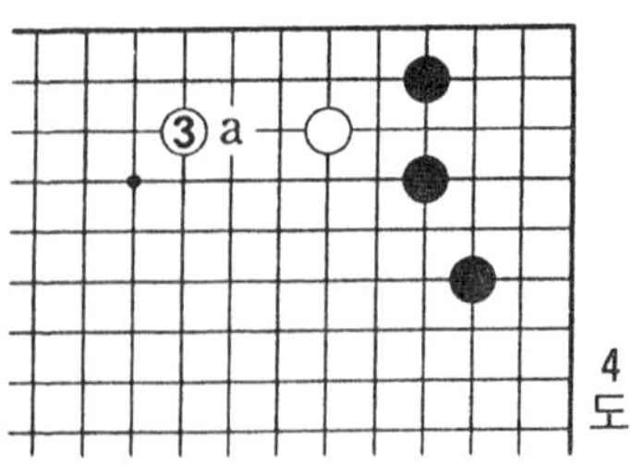

4도

완전한 집

귀는 두 수로는 좀처럼 완전한 집이 될 수 없다. 그래서 ……

1도

백1로 쳐져 귀는 이대로는 아직 불완전합니다.

2도

흑은 2로 쳐 귀를 지킵니다. 이것으로 귀의 집은 완전하게 되었읍니다.

3도

흑1로 치는 것도 좋을 것입니다.

4도

2도에 이어서 백은 3으로 칩니다. 손을 빼어 흑에서부터 a 근처를 공격당하면 큰일이므로 백도 우선 근거를 갖는 것입니다.

이것으로 일단락.

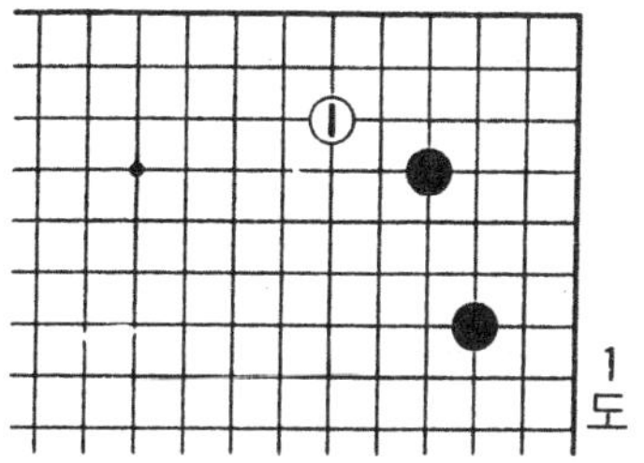

1도

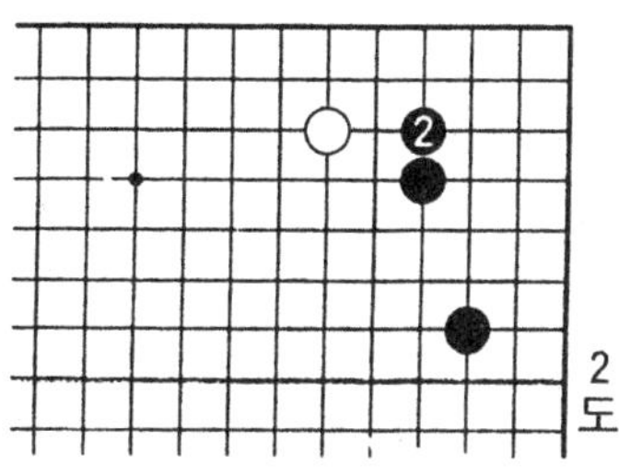

2도

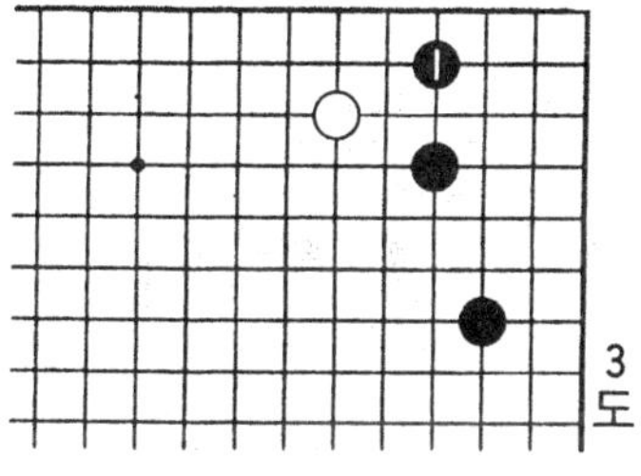

3도

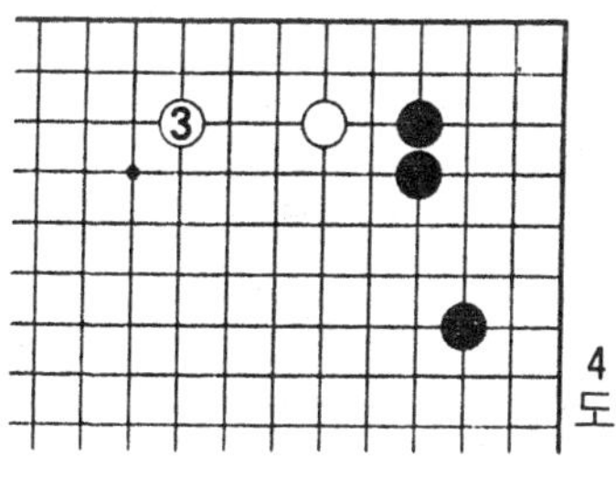

4도

1도

백1로 걸쳐 갔읍니다. 이대로는 귀가 불안정합니다.

2도

그래서 흑2로 칩니다. 이것도 굳힘이라고 합니다. 이 수는 귀의 확보와 동시에 다음에 백으로의 공격을 보고 있읍니다.

3도

흑1은 그다지 나쁘지 않지만, 2도 쪽이 단단합니다.

4도

2도에 이어서 백도 3으로 지켜 일단락.

이상, 완전한 집이라는 타이틀인데, 정석이 성립될 때까지의 필연성이라는 것을 보았읍니다.

접바둑으로 보는 실전의 공격 방법 2

접근전에

흑2로 마늘모 낸 것은 상당히 좋은 수.

백1로 양 걸침이 되었읍니다. 자, 제일의 시련입니다. 여기에서 아가씨 고개를 갸우뚱, 흑2로 마늘모내었읍니다. 좋은 수입니다. 다른 수도 있지만, 아뭏든 중앙으로 머리를 내는 것이 좋은 것입니다.

흑4·6으로 어려운 것을 해 갔읍니다. 백7로 끊겨 이것 큰일. 드디어 접근전. 이런 때 서툰 수는 손해를 봅니다.

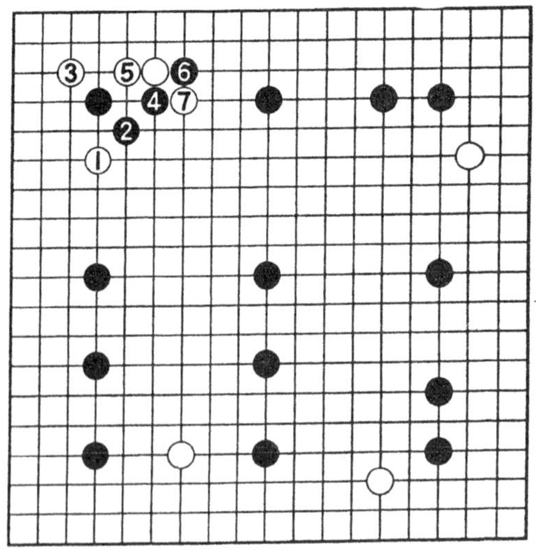

제3장

변과 중앙의 쟁탈

귀 다음에 집을 둘러싸기에 효율이 좋은 것은 변, 그리고 최후는 중앙입니다. 그러므로 바둑은 귀에서부터 놓기 시작, 변 그리고 중앙으로 전진해 가는 것입니다.

변을 둘러싸 중앙으로 집을 넓힙니다. 그것에도 역시 능숙하고 서툼이 있읍니다.

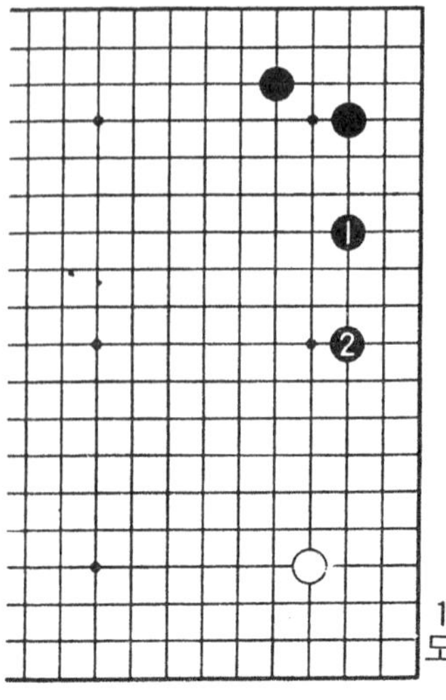

1. 세력권을 넓힌다

벌림

벌림이란 변에 전개하여 자신의 세력권을 넓히는 것.

1도

흑1·2로 순서대로 쳐가는 것은 수는 단단하지만 효율이 나빠 좋은 치기가 아닙니다.

2도

갑자기 흑1로 가는 것이 좋고 이것으로 우상 일대는 대개 흑의 세력권이 됩니다. 물론 이로써 완전한 집이라는 뜻은 아니지만, 둘러싸려고 하든 싸우려고 하든 흑이 유리.

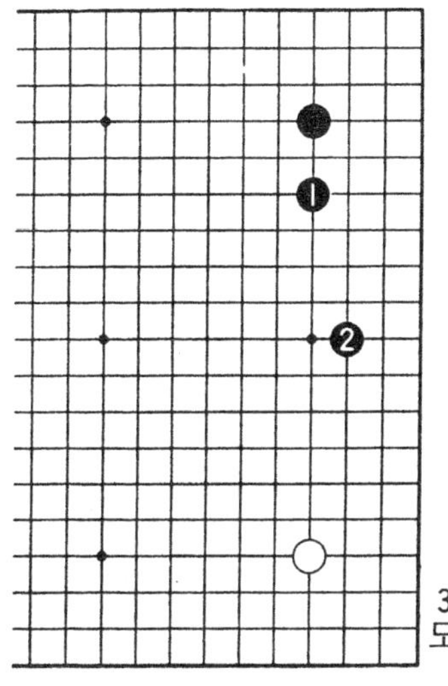

3도

3도

흑1로 치고, 이어서 흑2로 치면 우상 일대는 흑의 좋은 준비가 됩니다.

그러나, 이것에는 두 수가 듭니다. 이 동안 백도 수를 쓸 것이지, 가만히 보고 있을 리 없읍니다. 그래서 흑으로써는 기선을 제압한다거나 세력 범위를 주장할 수 없는 것입니다.

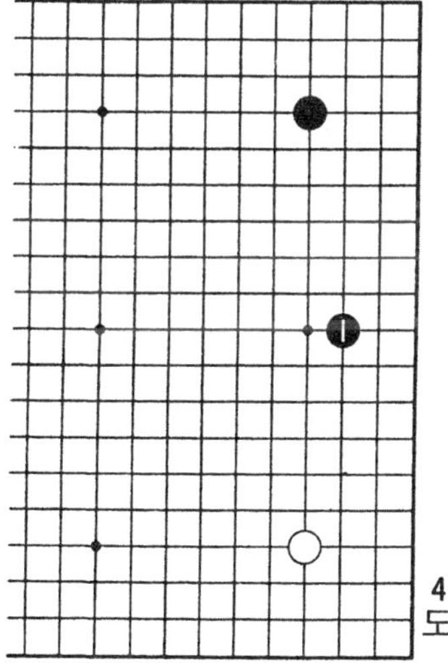

4도

4도

그렇다면 흑1로 갑자기 가는 것이 좋은 수가 됩니다.

이로써 우상은 흑의 세력권. 물론 이로써 아직 집이라고 할 수는 없지만, 이것을 토대로 둘러싸 집을 만들어 갑니다.

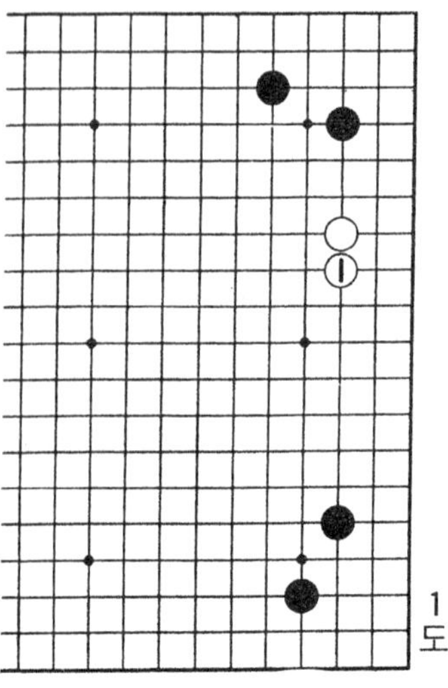
1도

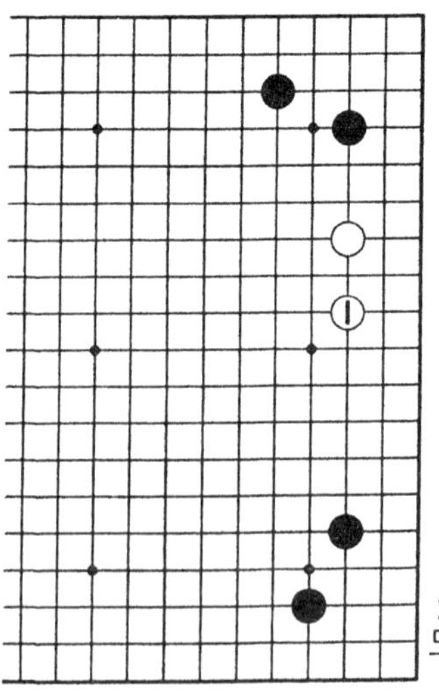
2도

좋은 벌림 나쁜 벌림

벌림에도 여러 가지가 있어 좋은 치기와 나쁜 치기가 있다.

1도

최악의 견본. 초보자는 꼭 붙이고 싶어 하는데, 이렇게 되면 작용이 부족한 벌림이 되는 것입니다.

2도

1도 보다도 진보되어 백1은 일단 벌린 것이 되어 있읍니다.

그러나, 이것으로는 효율이 나쁩니다. 같은 벌리기라고 하더라도 가장 효율이 좋은곳에 벌리지 않으면 안됩니다.

백1은 좁아서 불충분.

3도

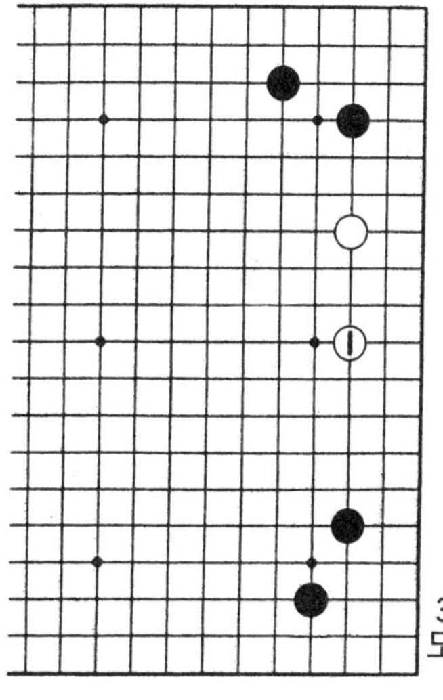

3도

같은 벌리기라고 해도 자기의 근거를 얻기 위한 벌림과 세력권을 확대하기 위한 것의 두 종류가 있읍니다. 본도의 경우는 전자로, 백 1로 벌리는 것에 의해 백은 근거를 얻을 수가 있읍니다.

백 1을 두 칸 벌리기라고 하고 좋은 벌림의 기본으로, 상당히 좋은 벌림.

4도

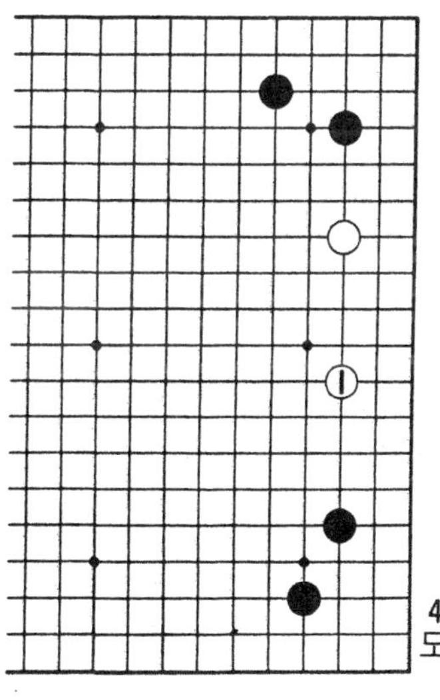

4도

백 1은 너무 벌린 것. 무턱대고 넓게 벌리는 것은 좋은 것이 아닙니다.

무엇이든지 적당한 것이 좋읍니다. 바둑에서도 마찬가지로 적당하지 않으면 안됩니다.

보기에는 경치가 좋지만, 후에 곤란한 것

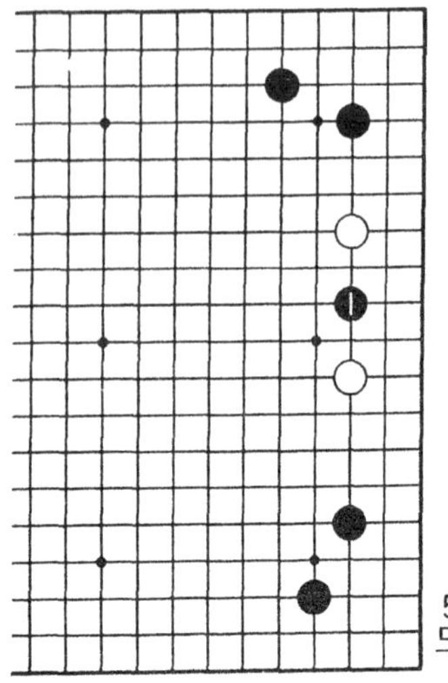

5
도

입니다.

　그것은——

　5 도

　흑 1 로 쳐 넣어져 곤
란합니다. 백은 근거를
얻기 위해서 벌린 것인
데, 이것으로는 근거를
얻을 수가 없는 것입니
다.

　백은 둘로 분단되어
오히려 괴롭습니다. 이
렇게 되면 무엇　때문
에 벌린 것인지 알 수
가 없습니다.

　6 도

　이 뒤 어떻게 될 것
인가, 좀더　보기로　합
시다.

　백은 2 로 뛰는 정도
의 것. 흑도 3 으로 뜁
니다. 백은　자연스럽
게 윗쪽의 한 점이 허
술해졌읍니다.

　백의 실패입니다.

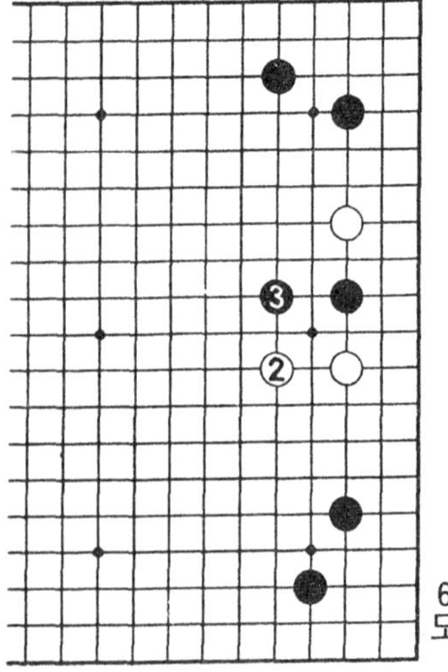

6
도

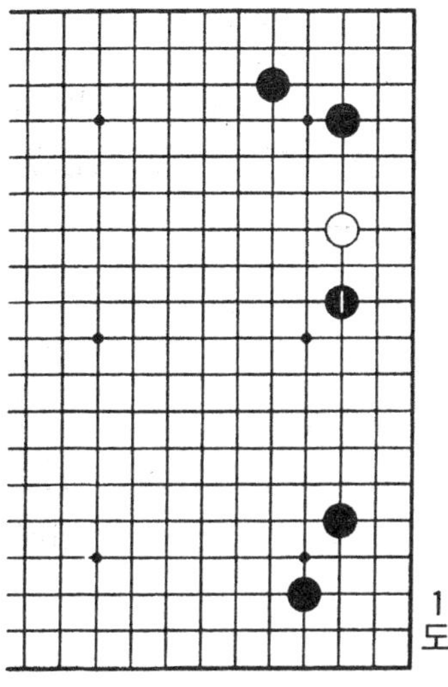

메꿈

흑1을 메꿈이라고 한다. 문자 그대로 메꾸는 것은 강렬한 수단.

1도

흑1로 메꿉니다. 강렬한 수로, 백 한 점을 공격하면서 국면을 유리하게 이끌려고 하는 유효한 작전입니다.

2도

이어서 백은 2로 뛰어 도망쳐 내는 정도의 것. 흑도 3으로 뛰어 자연스럽게 우하 일대에 큰 집이 만들어질 듯합니다.

백은 2로 뛰어도 집이 만들어질 것 같지 않습니다.

흑 유리한 전개입니다.

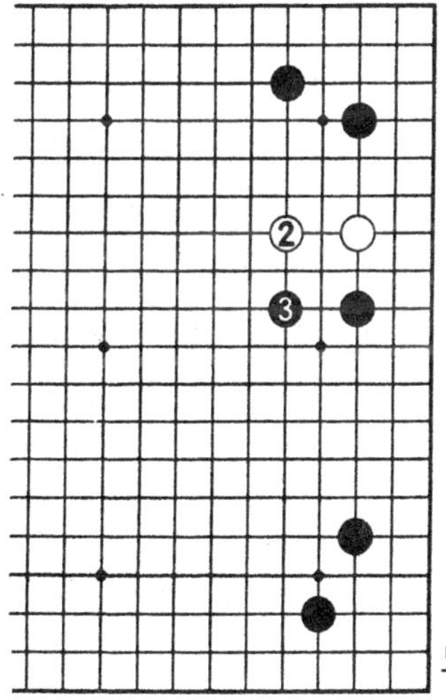

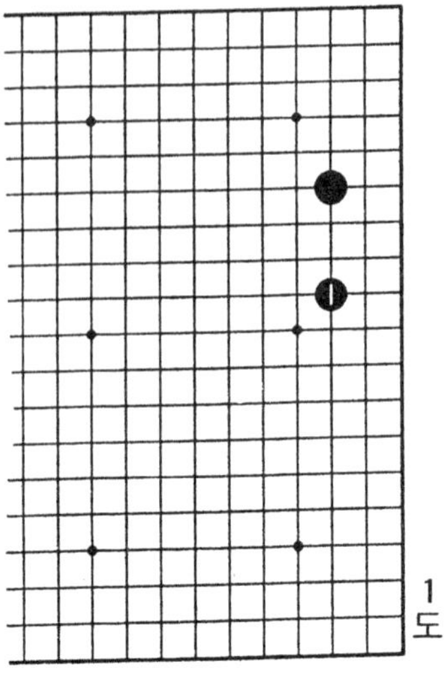

1도

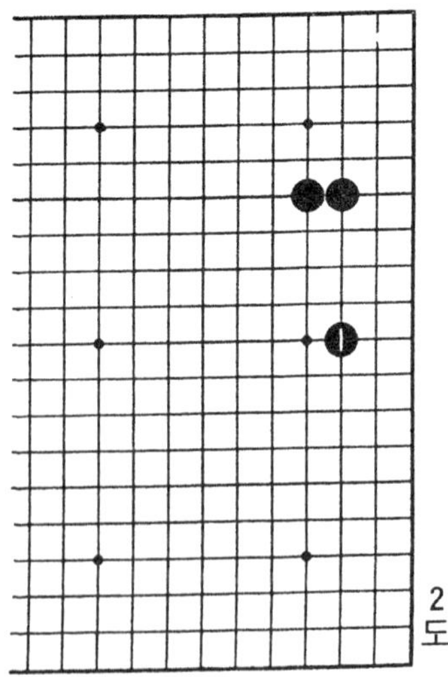

2도

매듭

벌림에도 원칙이 있다. 우선 그 원칙을 알아야 한다.

1도

흑1의 두 칸 벌림. 이것이 벌림의 기본입니다. 이것을 기초로 해서 여러 가지 벌림이 생깁니다.

2도

이런 배치에서는 흑 1로 세 칸에 벌릴 수 가 있습니다.

이것을 '2립 3석' 이라고 합니다. 즉 2 립, 두 점이 있는 돌에 서는 3석, 세 칸에 벌 릴 수가 있다는 것입니 다.

벌림의 원칙입니다.

3도

이런 배치가 되어 있 다고 합시다.

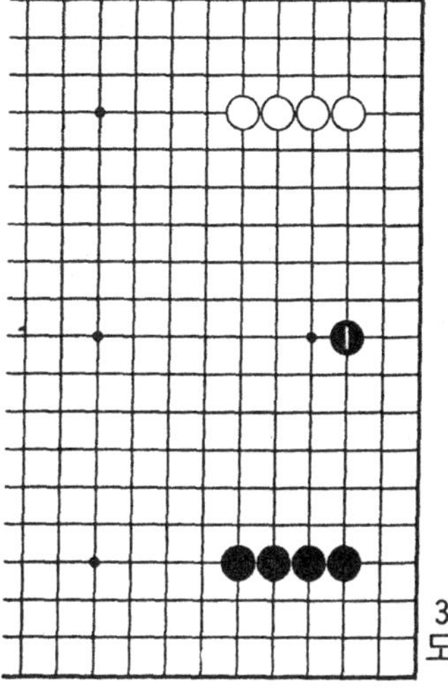

3도

흑 차례에서 어디까지 벌리는 것이 좋을까요? 흑1이 정해. 이 한 수에 의해 보기에도 흑이 넓어져 간 것을 알 수 있을 것입니다.

반대로 백에서 이 점에 쳐 보면 그 차는 더욱 확실합니다.

4도

흑1이 좋다는 것은 이미 서술했지만, a점 주위에 치면 대개 정해라고 해도 좋을 것입니다.

그보다 수 전에는 너무 좁고, 그 이상으로는 너무 넓습니다. 대략 그 느낌을 잡으면 좋은 것입니다.

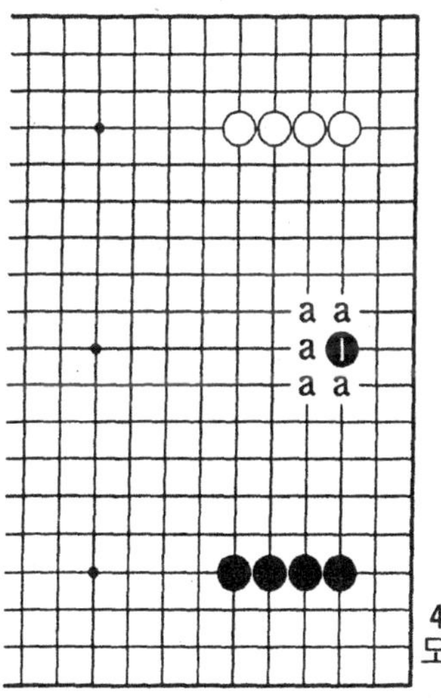

4도

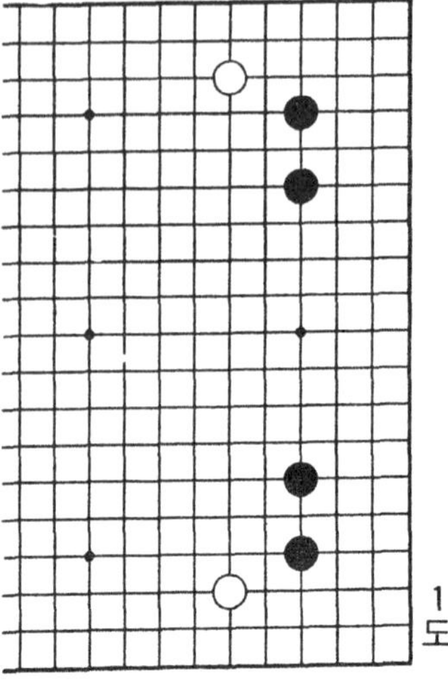

2. 실전의 테크닉

벌림

실전에서는 어떻게 되는가. 이번에는 실전에서 생각해 보자.

1도

실전에 자주 나오는 형입니다. 흑은 어디로 치는 것이 좋을까요?

2도

흑1로 치는 것이 밸런스가 잡힌 좋은 수입니다. 이 한 수로 흑은 상하로 벌린 것이 되어 있읍니다. 이로써 우변 일대는 흑의 세력권이 되었읍니다.

3도

흑1로 치는 것도 좋은 수입니다. 이것도 2도와 같은 한 수로 상하에서 벌린 것이 됩니

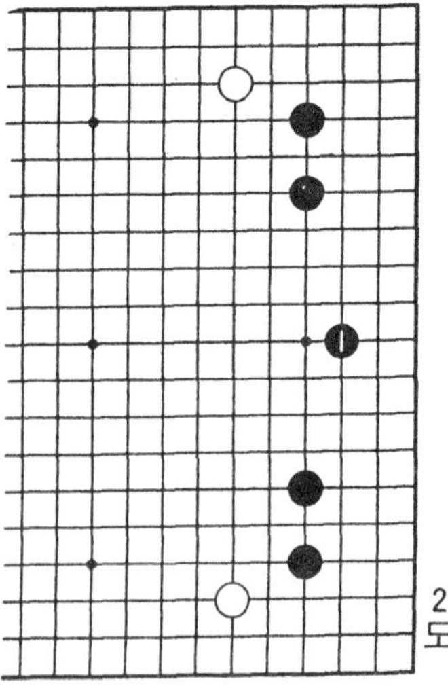

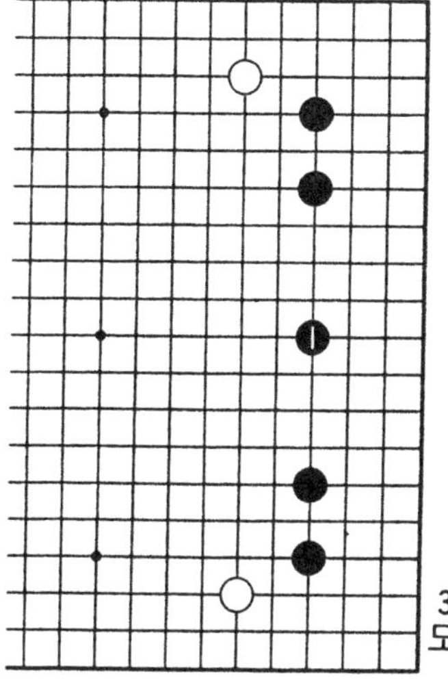

3도

다.

이와 같이 귀에서 변에 벌리는 경우는,대개 화점 부근에 벌리는 것이 좋은 경우가 많다고 알아 두면 좋을 것입니다.

4 도

반대로 백이 친 경우를 생각해 보면 그 차이를 잘 알 수 있읍니다. 다르게 보일 것입니다.

3 도의 우변 일대는 흑의 세력권으로 보이는데, 본도는 그런 것 같지 않을 것입니다. 상당한 차이가 있다는 것을 잘 알았으리라고 생각합니다.

4 도

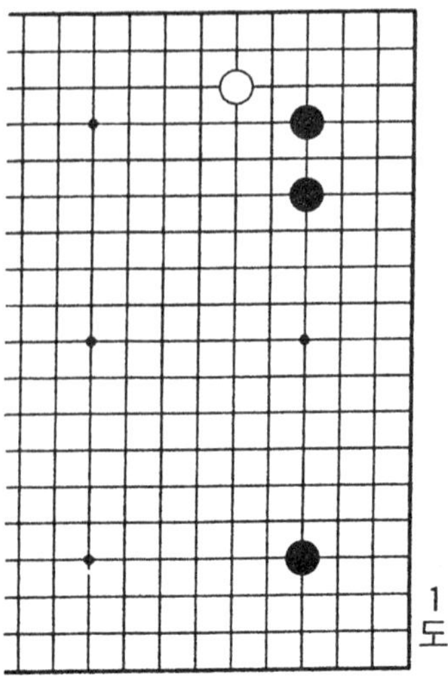

1도

갈라 치기

문자 그대로 적의 준비에 갈라 치는 것.

1도

이와 같은 배치에서는 백부터 어떻게 치는 것이 좋을까? 흑의 벌림이 방해하려는 것입니다.

2도

백1로 상대의 준비 맨 가운데에 칩니다. 이것을 갈라 치기라고 합니다. 즉 갈라서 치는 것입니다.

이 수의 목표는 흑에서부터 변에 놓아 우변 일대에 좋은 흑의 준비가 성립하는 것을 미연에 막으려는 것입니다.

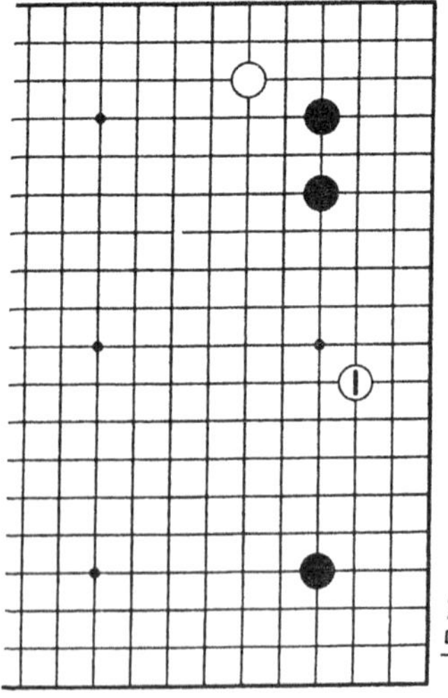

2도

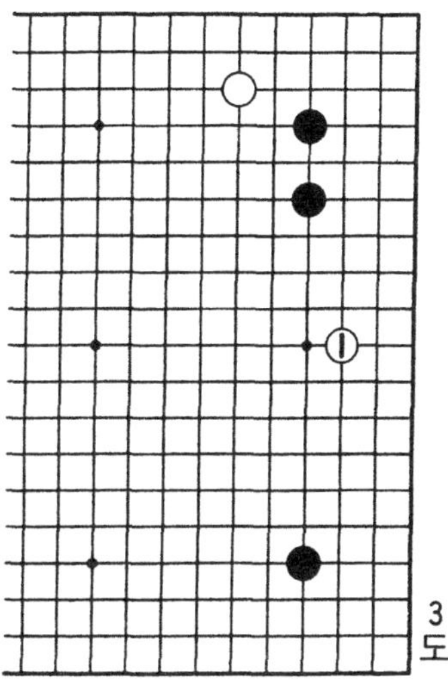

3 도

백 1. 이것도 갈라 치기입니다.

그러나, 같은 갈라 치기라도 좋은 장소와 나쁜 장소가 있읍니다. 이 백 1은 그다지 나쁘지는 않지만, 2 도에 비하면 약간 의문이라고 할 수 있을 것입니다.

그것은——

4 도

혹은 당연 1 로 메꿔 갑니다.

이번에는 백이 근거를 얻기 위하여 벌린 것인데, 이 경우는 백 2 로 한 칸에 벌릴 수 없읍니다.

벌림은 두 칸이 가장 좋다는 것은 이미 배웠읍니다. 백으로써는 그 두 칸에 버릴 수 없는 것이 불만인 것입니다.

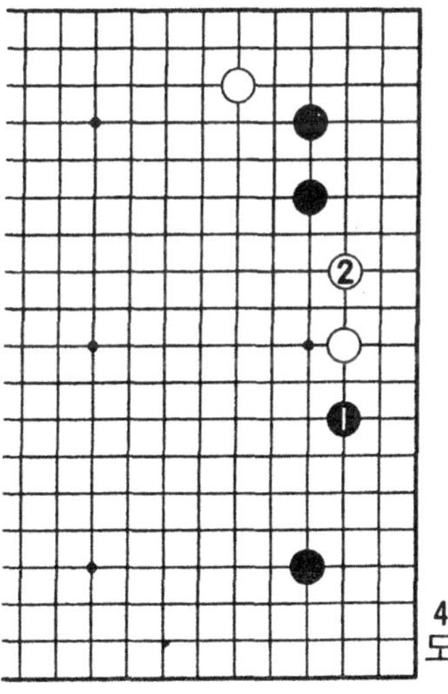

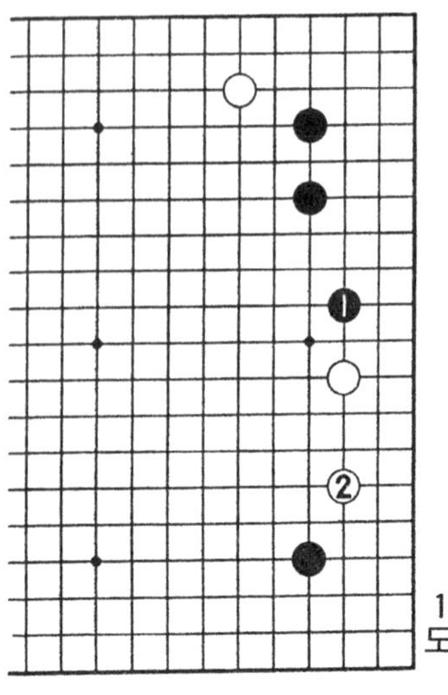

갈라 치기의 조건

갈라 치기의 장소는 원칙으로써 두 칸에 벌리는 것이 조건.

1 도

흑1로 메꿉니다. 거기에 백은 근거를 얻기 위해 2로 두 칸에 벌립니다. 이 2로 두 칸에 벌리는 것이 조건인 것입니다.

2 도

흑1로 이쪽부터 메꿉니다. 백은 역시 2로 두 칸에 벌립니다.

이와 같이 갈라 치는 경우는, 어디에서부터 메꿔져도 두 칸에 벌릴 여지가 있는 지점이 좋은 것입니다.

물론 예외는 있지만……

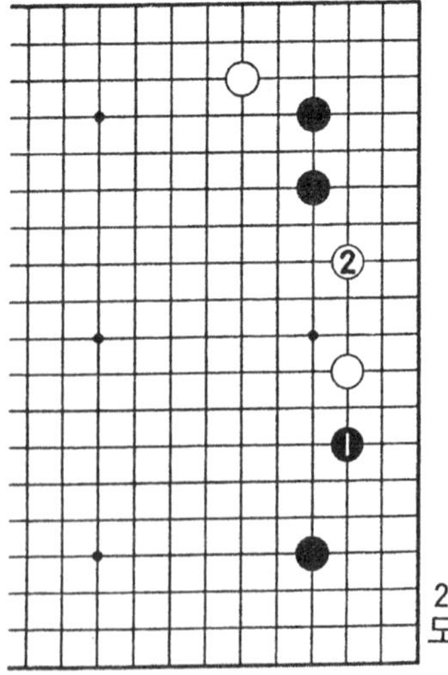

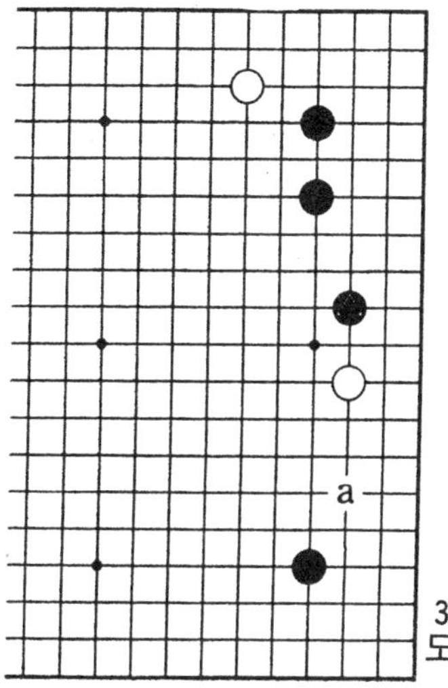

3도

갈라 치기에서 중요한 것은 갈라 쳐진 뒤 절대로 벌리지 않으면 안된다는 것입니다. ●으로 메꿔져, 본래라면 백은 a로 두 칸에 벌리지 않으면 안된다는 것은 이미 설명했읍니다. 이를 위한 갈라 치기이므로.

그것을 손을 빼면어떻게 될까요?

4도

흑에 1로 메꿔져 버렸읍니다.

백은 2로 도망쳐 내는 수밖에 없읍니다. 이렇게 되면 백은 근거를 잃고 단지 도망칠 뿐. 흑은 이것을 쫓으면서 점점 집이 늘어갑니다.

흑은 큰 호조입니다.

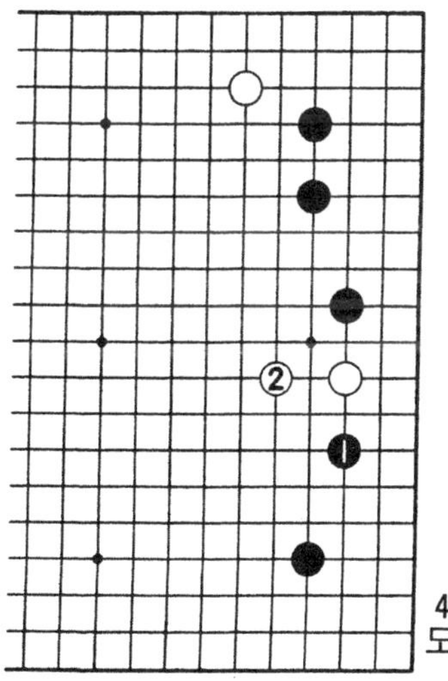

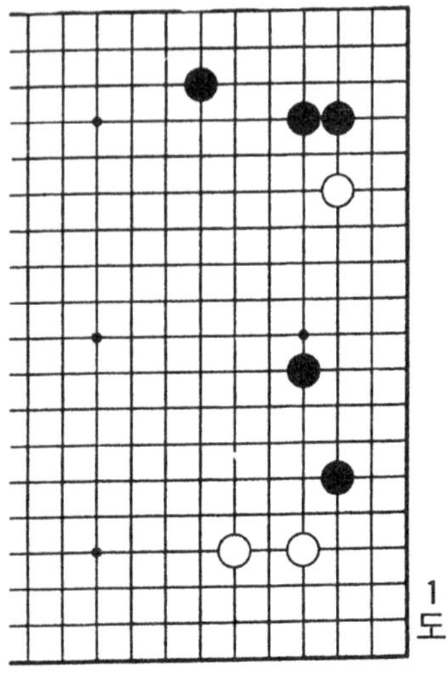

공방의 벌림

벌림은 주로 집을 만드는 것을 목적으로 하지만, 그뿐만은 아니다.

여기에서는 주로 집을 만드는 것을 목적으로 하는 이야기를 하고 있지만, 집을 만드는 것만이 목적이 아닌 경우도 있습니다. 물론 집을 만들면서 공격도 가능하다면 이 이상 좋은 일은 없읍니다.

1도

백 차례에 어떻게 칠까요? 절대로 놓칠 수 없는 요점이 있읍니다.

2도

백1로 벌리는 것이 공방의 한 수.

백은 집을 만들면서 근거를 갖고, 흑으로의 공격도 보고 있읍니다.

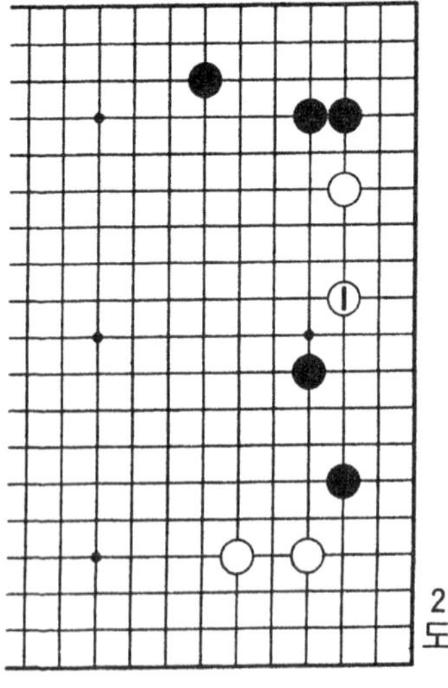

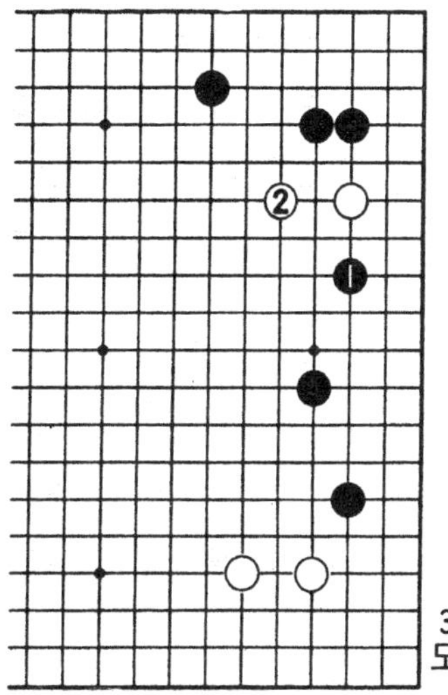

3도

반대로 흑이 1로 쳤다고 합시다. 입장은 변합니다. 이번에는 혹은 집을 만들면서 백을 공격하게 됩니다.

백은 2로 쳐 도망갈 수밖에 없고, 흑은 그것을 쫓으면서 힘들이지 않고 척척 집이 늘어 가는 것입니다.

4도

혹 1은 세력은 좋지만 서툰 치기. 백 2로 벌려져 막을 수 없읍니다.

2도와는 조금 다르지만, 백은 역시 근거를 가지면서 흑으로의 공격을 보고 있다는 것에는 변함이 없읍니다.

3도와 비교해 봅시다.

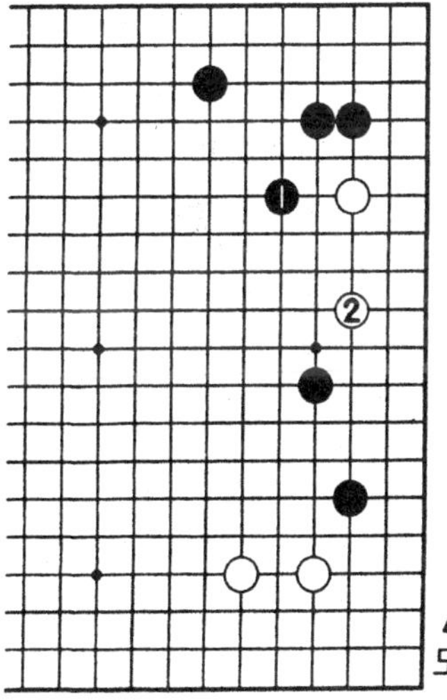

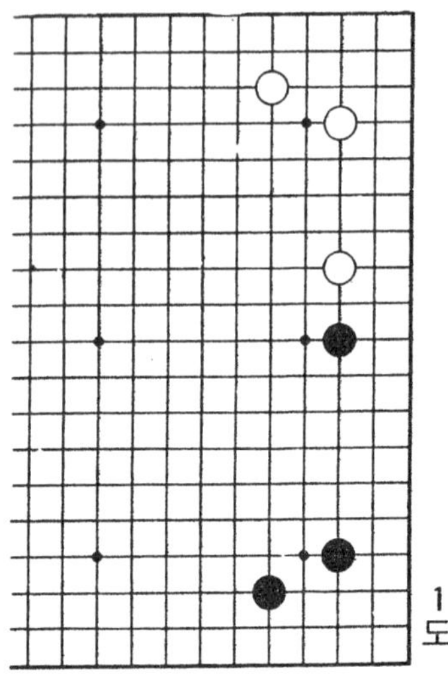

1도

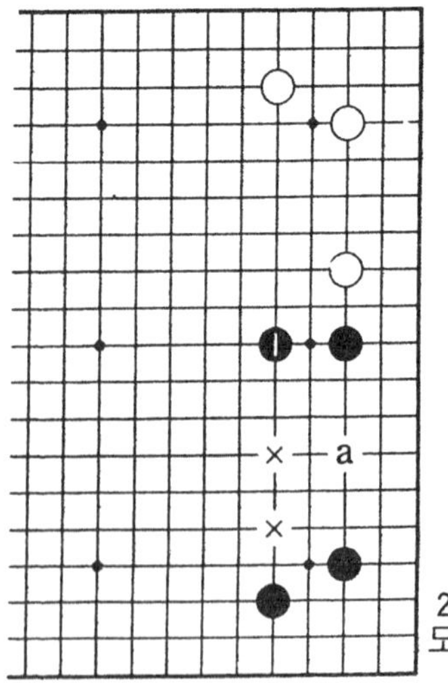

2도

중앙으로

집을 둘러싸기에는 중앙으로 향하여 입체적으로 둘러싸는 것이 효율이 좋다.

평면적으로 둘러싸는 것보다 입체적으로 둘러싸는 편이 효율이 좋다는 것은 말할 필요도 없읍니다. 그러나, 효율이 좋다는 것은 그만큼 어려워집니다.

1도

흑의 차례입니다. 이런 배치로 흑이 집을 둘러싸려면 어떻게 치는 것이 좋을까요?

2도

흑1로 중앙에 한 칸 뛰는 것이 좋은 수가 됩니다. 곧 되지는 않지만, 가령 ×표시의 장소에서부터 집이 되면 상당히 큰 것입니다.

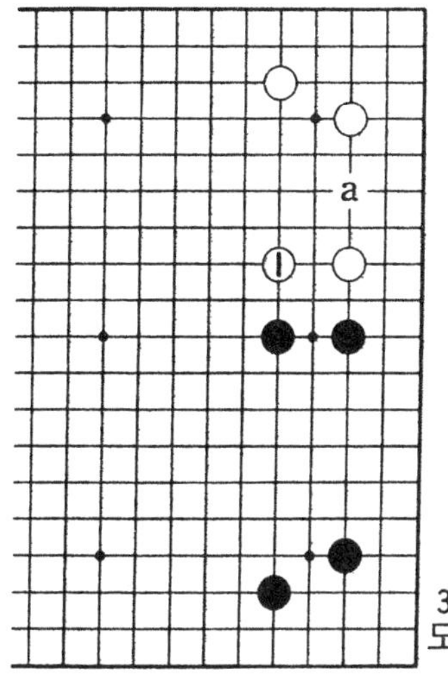

1에서 a로 치는 것과
의 차이입니다.

3도

이어서 이번에는 백
의 차례입니다.

백도 역시 중앙으로
향하여 1로 뛰는 것이
좋은 수가 됩니다.

가령 백1에서 a 등
으로 치는 것은 보기에
납작합니다. 흑백 모두
이대로 전부 집이 될수
는 없지만——

4도

같은 것 같지만, 백
1·3으로 쳐 둘러싸
는 것은 좋지 않읍니
다.

흑을 굳혀 버리고,
백은 흑의 뒤에 붙어
가는 느낌이 들어 내
키지 않읍니다.

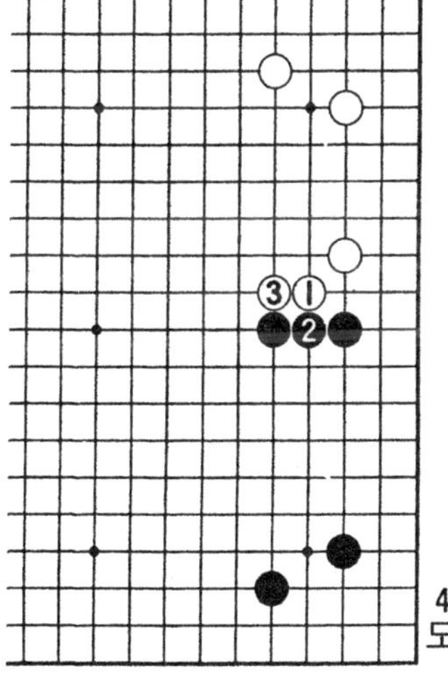

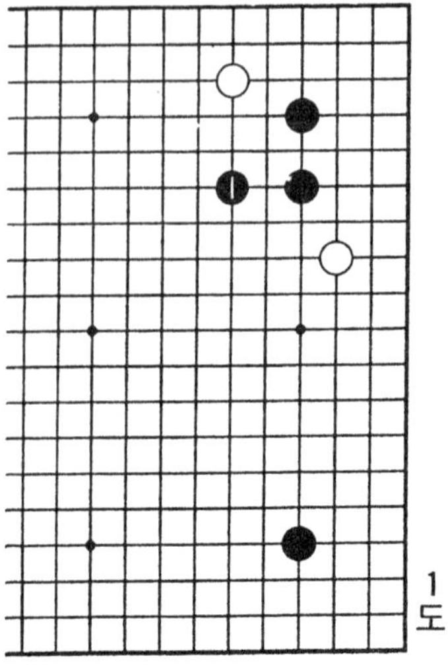

둘러싸기가 목적이 아니다

중앙으로 뛰는 것은 집을 둘러싸는 것이 목적이라고 한정할 수 없다.

1도

이런 배치에서는 흑 1로 뛰는 것이 상당히 좋은 수입니다. 이 수는 이것을 치는 것에 의해 직접 흑이 증가하거나 하지는 않읍니다. 그러나, 장래 상하 어느쪽인가의 백을 공격하는 것에 의해 그 집을 만들 수가 있는 수입니다. 그런 의미에서는 간접적으로 역시 둘러싸기라고 할 수 있을까요?

2도

같은 치기라도 흑1. 이것은 작용이 빈약하

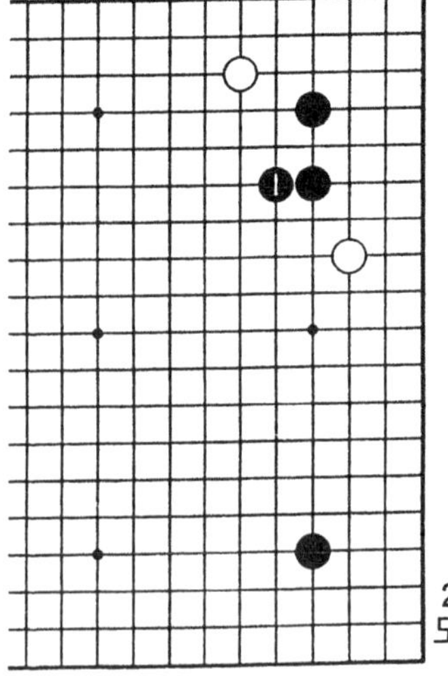

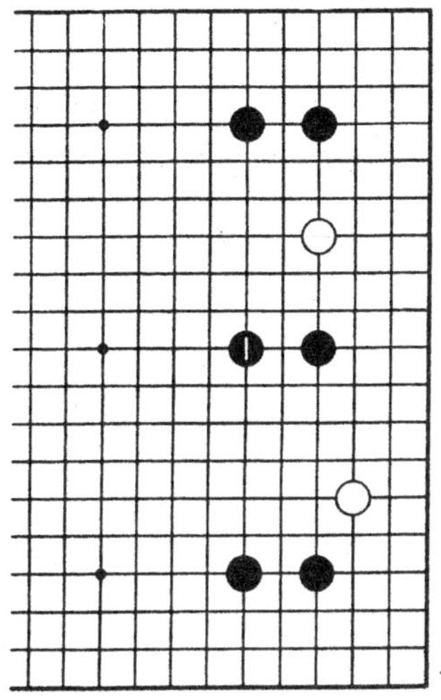

3도

여 좋지 않읍니다.

3도

이런 때, 흑1로 뛰는 것은 훌륭한 수입니다. 이 수도 상하로 각각 백이 있으므로 둘러싸기라는 느낌은 없읍니다.

그러나, 이렇게 치는 것에 의해 상하 어느 쪽인가의 백을 공격, 장래 큰 이득을 전망합니다.

그것이 프러스인 것입니다.

4도

반대로 백부터 1로 놓았다고 합시다. 이번에는 입장이 바뀌어, 흑이 공격당합니다. 백은 흑을 공격하는 것에의해 장래 이득을 전망합니다.

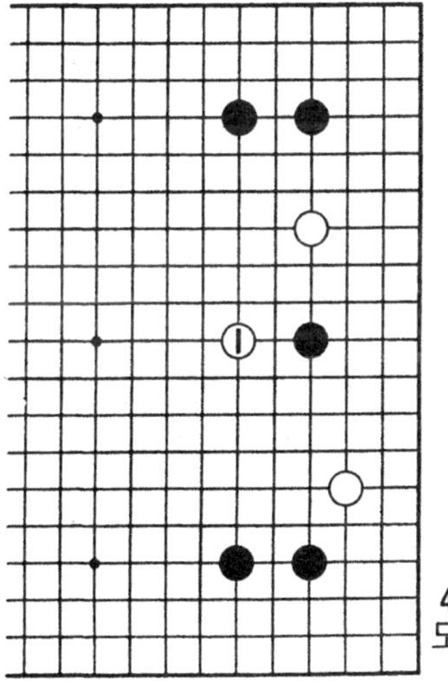

4도

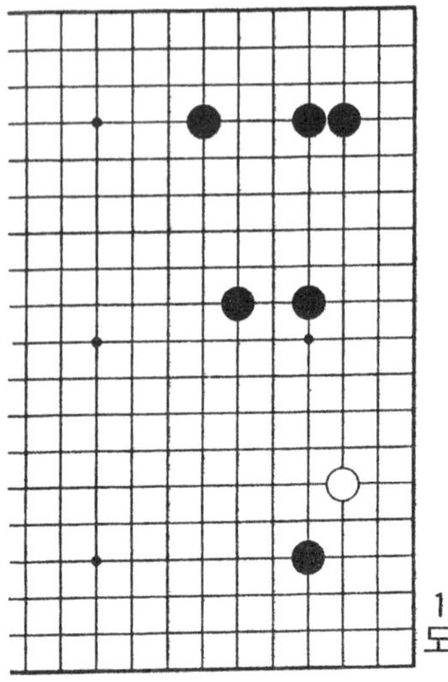

둘러싸기

문자 그대로 둘러싸 집으로 삼는 것. 완전한 집을 겨냥.

1도

우상이 큰 집이 될 듯. 그러나 이대로는 웬지 불안정. 그래서 한 수 걸어 완전한 집으로 삼읍니다.

2도

흑1로 둘러쌉니다. 1은 이 한 수라고는 한정할 수 없지만, 이 변에 둘러싸면 어지간한 백도 들어가지 못할 것입니다.

우상은 이로써 거의 완전한 집이라고 할 수 있읍니다.

한 수로 큰 집을 완성시킬 수 있을 것 같은 수는 좋은 수가 됩니다.

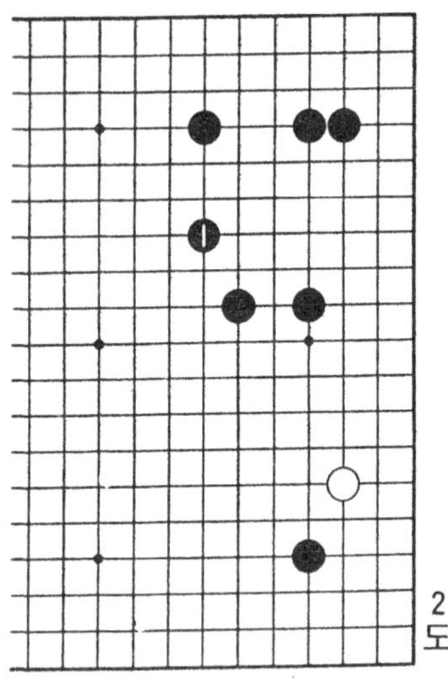

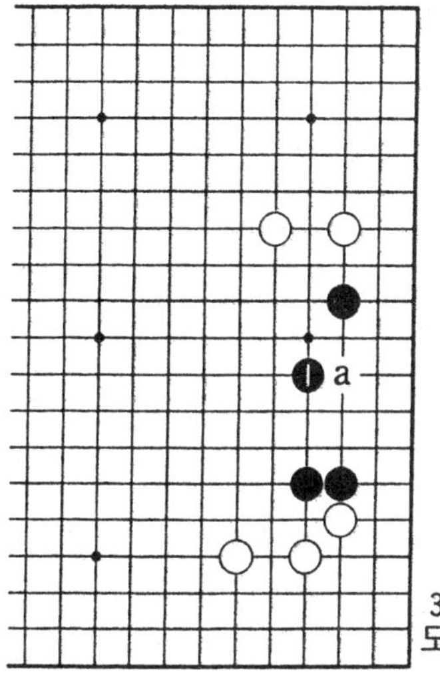

3 도

이대로는 흑은 불안 정합니다. 그래서 흑은 1로 쳐 완전한 집으로 삼읍니다. 이로써 흑은 이미 백에서부터 쳐 넣어질 염려도 없어지고 상당한 집도 성립되었읍니다.

같은 둘러싸기라도 a 등은 나쁘고, 조금밖에 집이 만들어지지 않읍니다.

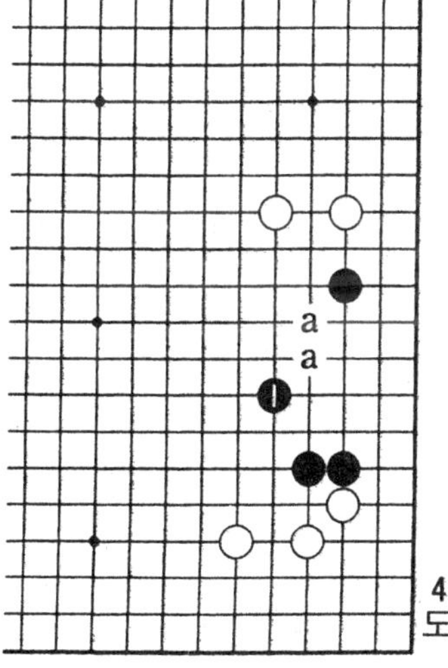

4 도

흑1 등으로 치는것은 둘러싸는 것이 되지 않읍니다. a 주위에틈이 있어 백부터 곧 놓여지면 곤란합니다.

흑이 이것을 완전한 집으로 삼기 위해서는 또 한 수가 필요합니다.

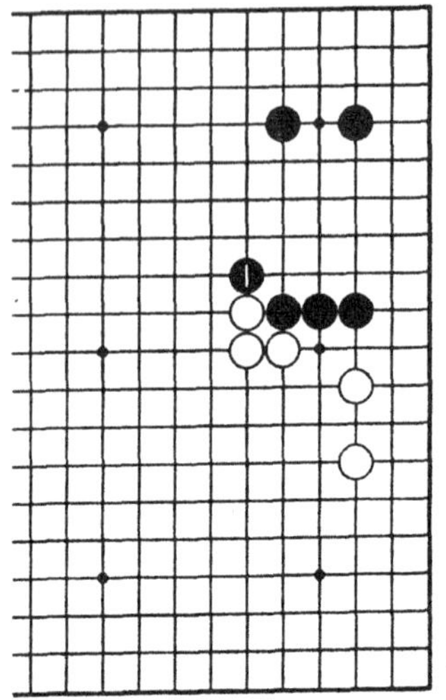

5도

혹1은 나쁜 수였읍니다.

5 도

이런 때, 혹1로 치는 것은 좋은 수입니다.

백으로써는 당연히 그것을 방해하지 않으면 안되는데, 좋은 수가 없읍니다.

집을 둘러싸기에 큰 집을 완성시킬 수 있는 수가 좋은 수인 것입니다.

6 도

이어서 백은 2로젖히는 정도의 것으로, 혹은 3으로 뻗어 있읍니다. 혹은 자연스럽게 큰 집이 정돈되어 갔읍니다.

백에는 이 혹집에 손을 댈 방법이 없어, 완성된 혹집이라고 보

6
도

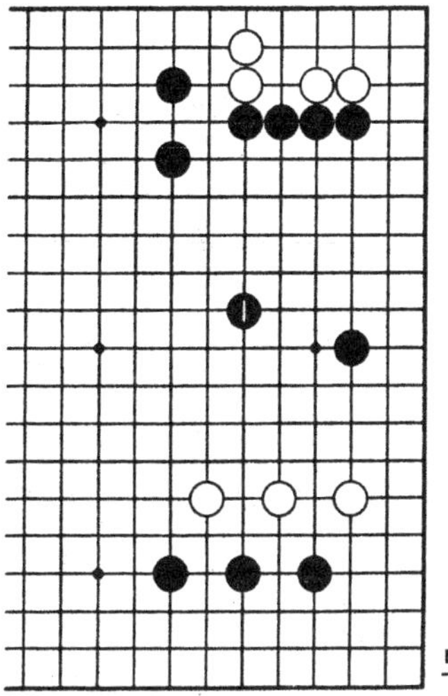

7도

아도 좋을 것입니다. 큰 것입니다.

7 도

이런 국면에서는 흑 1로 치는(둘러싸기) 것이 좋은 수가 됩니다.

같은 둘러싸기라도 큰 집이 만들어질 듯한 둘러싸기가 좋다는 것은 말할 필요도 없읍니다. 그렇다면 경우에 따라 다르겠지만, 대개의 경우에 있어서 중앙을 겨냥하는 것이 좋을 것입니다.

8 도

흑1로 쳤다고 합시다. 7도에 비해 보기에도 단조롭습니다. 당연히 흑집이 성립하는 상황도 달라집니다.

7도는 부푼 형, 본도는 웬지 납작한 형.

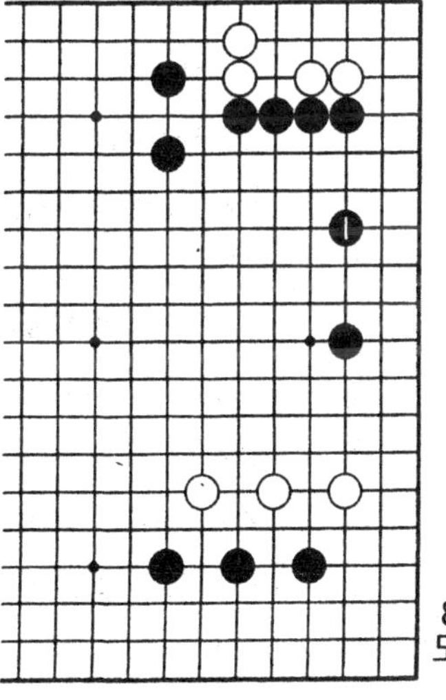

8도

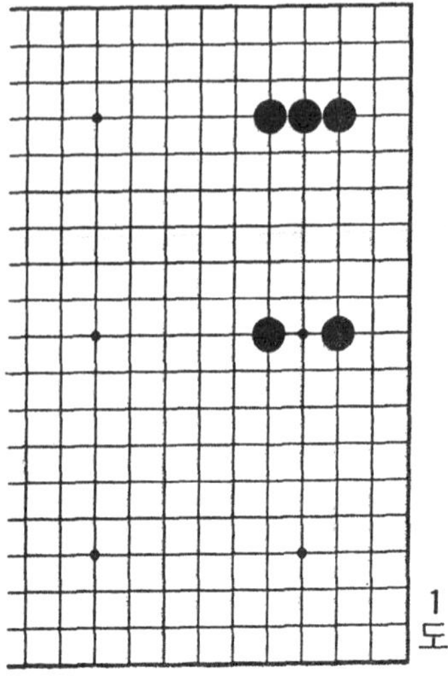

1 도

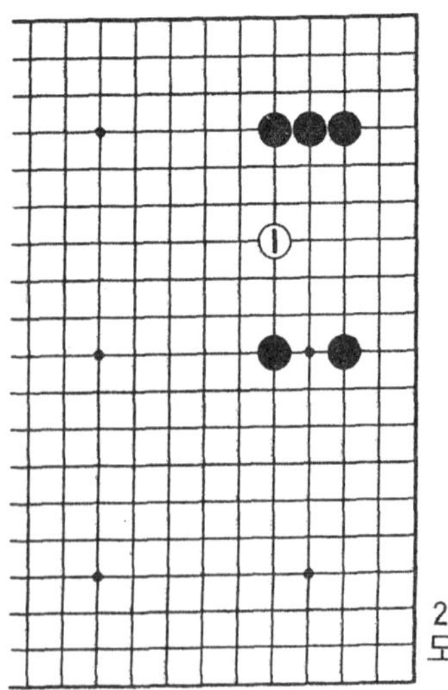

2 도

지우기

적의 집을 지우는 (작게 하는) 것을 말한다. 타이밍이 중요.

1 도

우상에 큰 흑집이 만들어질 듯합니다. 그것을 방해하여 지우고(작게 하는)싶은 것입니다.

백에서부터 어떻게 칠까요?

2 도

백 1 로 치는 수를 지우기라고 합니다.

이 한 수에 의해 흑집은 매우 적어집니다. 가령 흑이 1 로 쳤다 하고, 그 차이를 생각하면 용이하게 알 수 있을 것입니다.

지우기는 이와 같이 집이 완성되기 바로 전이 유효한 것입니다.

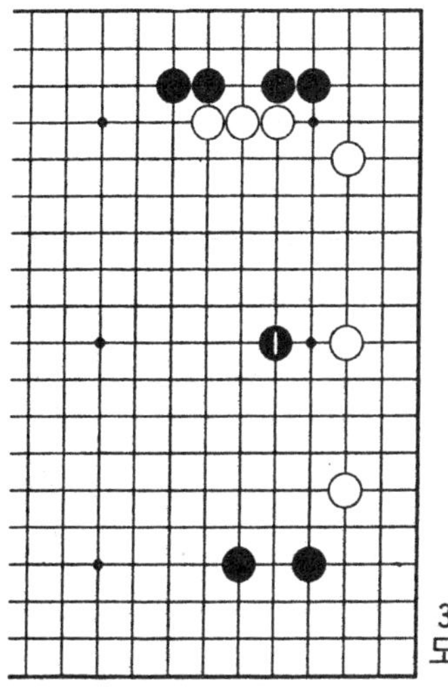

3 도

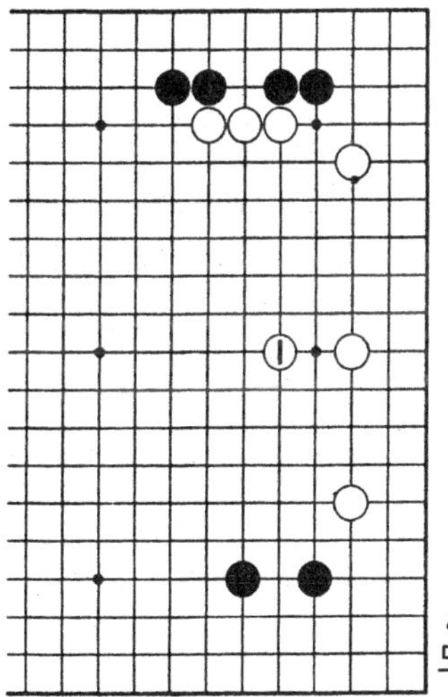

4 도

3 도

다소 고급이지만, 흑 1과 같은 수도 지우기라고 합니다. 이 수를 칼끝이라고 합니다.

이 수를 놓아 두면 백집이 커질 듯한 것을 미연에 방지한다는 의미에서 상당히 좋은 수인 것입니다.

어려우므로 감만 잡아두면 좋을 것입니다.

4 도

놓아 두면 어떻게 될까요?

가령 백 1로 쳤다고 합시다. 백집이 부풀어 올라갑니다. 이와같이 입체적으로 부풀어 올라가는 집은 큰 것입니다.

그러므로 흑은 그것을 미연에 방지. 3 도와의 차이를 잘 보아

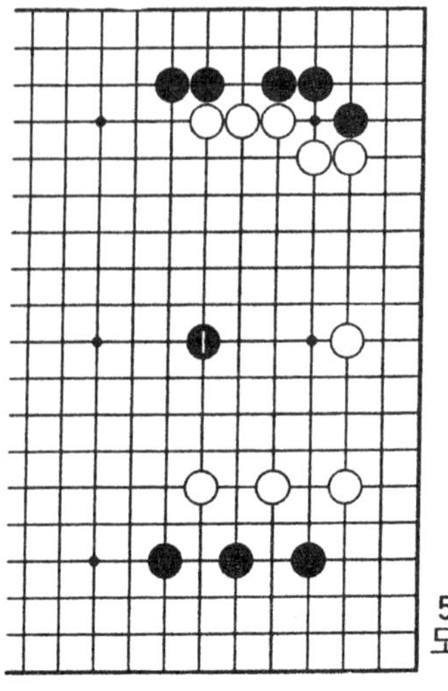

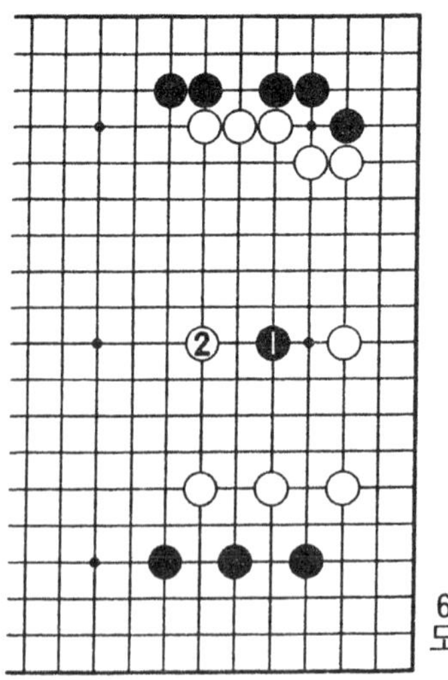

주기 바랍니다.

5도

지우기에도 적당한 장소가 있읍니다. 너무 깊으면 위험하고, 반대로 너무 얇으면 성과가 없읍니다.

요컨대 적당한 것이 좋은 것인데, 그 착점을 발견하는 것은 어렵읍니다.

흑1은 좋은 목표.

6도

욕심을 부려 흑1까지 갔다고 합시다. 이것은 보기에도 너무 깊다는 것을 알 수 있을 것입니다. 위험합니다.

백2로 놓여져 생명의 위협을 받게 됩니다. 어려운 문제이므로, 여기에서는 그 감만을 맛보기 바랍니다.

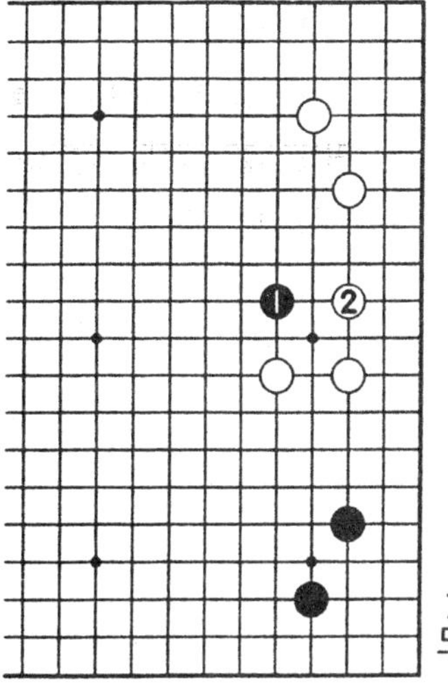

7 도

고급의 수인데, 이런 국면에서 흑1로 치는 것도 지우기의 일종입니다.

역시 백집이 부풀어 오르는 것을 미연에 방지하고 있는 상당히 좋은 수입니다.

백2로 받게 하면백을 움푹 패이게 하므로 만족입니다.

8 도

백집이 크게 보여, 초조한 마음에 흑1 등으로 치고 싶읍니다.

그러나, 이것은 매우 위험한 수로, 스스로위험을 초래하는 것입니다.

백2로 쳐져 곤란합니다.

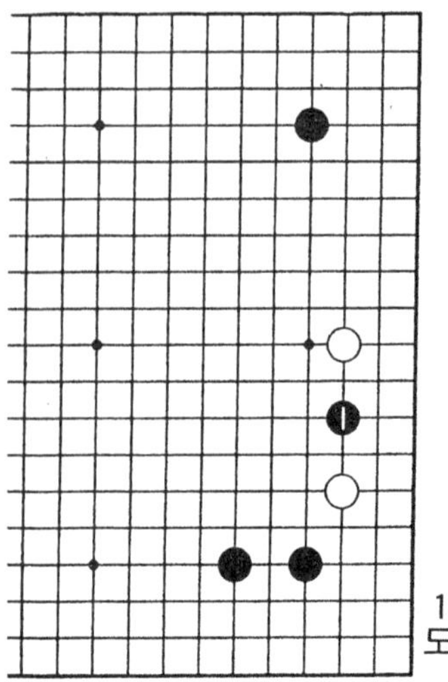

1도

뛰어들기

적진에 뛰어들어 둘러싸기를 방해, 유리하게 전개시킨다.

1도

적진에 흑1로 칩니다. 이것을 뛰어들기라고 합니다.

백은 고전이 됩니다.

2도

놓아 두면, 백1로좋은 상태로 둘러싸여 버립니다. 이렇게 되면 백은 안정되어, 상당한 집이 만들어져 버립니다.

그것을 방해하여 그 일보 전에 1도와 같이 흑1로 뛰어드는 것이 통렬한 것입니다.

타이밍이 중요.

3도

백이 이미 한 수 걸면, 거의 둘러싸기가 완

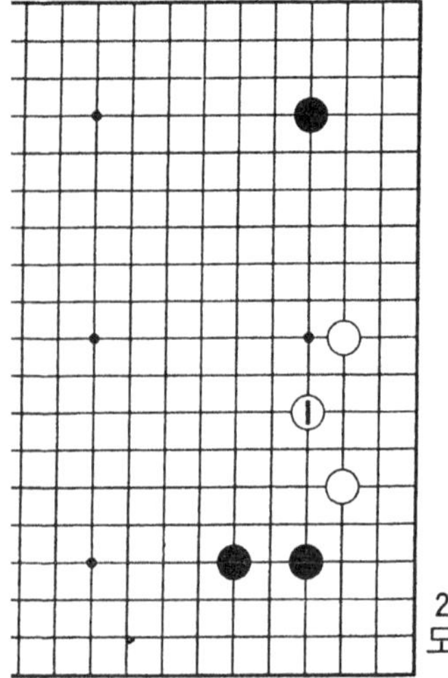

2도

성되어 대개 집이 됩니다.

그 바로 직전에 흑1로 뛰어드는 것이 좋은 것으로 통렬. 백은 이미 이로써 둘러쌀 수 없읍니다.

백은 아래쪽의 두 점이 생명의 위기를 맞읍니다.

4 도

놓아두면 백은 기꺼이 1로 둘러쌉니다. 이렇게 되면 흑은 손도 쓸 수 없게 되고 상당한 백의 집이 만들어집니다.

3도와 잘 비교해 보기 바랍니다. 엄청난 차이임을 알 수 있읍니다. 뛰어들기에는 타이밍과 그 착점이 중요합니다.

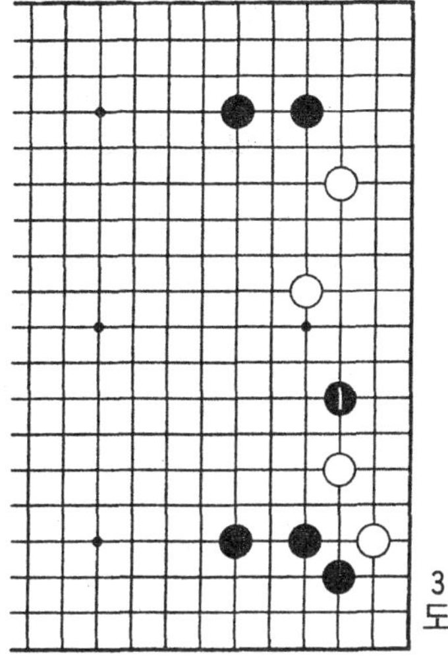

3 도

4 도

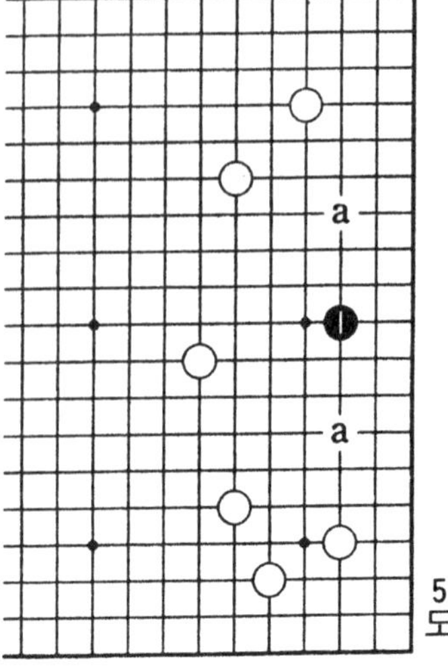

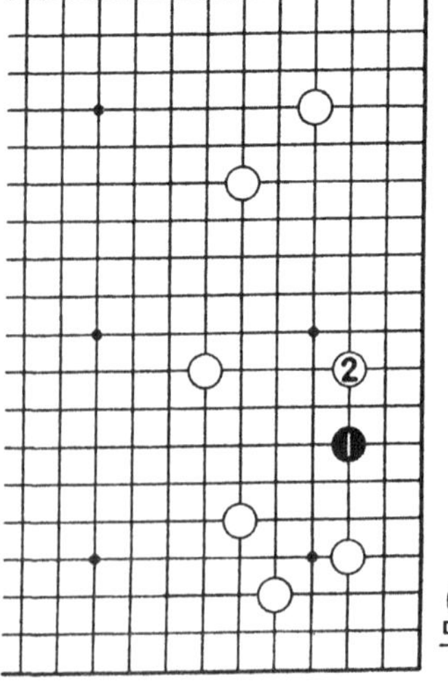

5도

우변 일대에 큰 백 집이 생길 듯합니다.

흑으로써는 이대로 팔짱을 낀 채 보고 있을 수는 없읍니다.

그래서 흑은 적진 깊숙이 흑1로 뛰어들어, 안에서 살아 백의 집을 어지럽히려는 것입니다.

흑은 a의 두 칸 벌리기가 균형입니다.

6도

같은 뛰어들기라도 흑1 등은 안됩니다. 백2로 메꿔져, 이것은 살지 어떨지 알 수 없읍니다.

뛰어들어도 가장 좋은 장소로 뛰어들지 않으면 안된다는 것은 말할 필요도 없지만, 그 착점은 어렵읍니다.

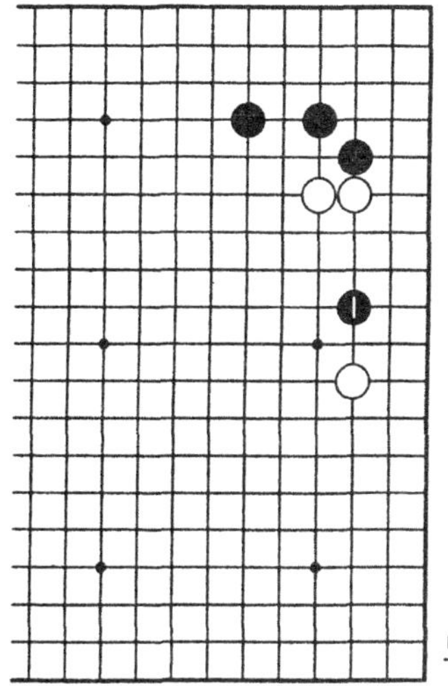

7도

백의 지나친 벌리기를 찔러 흑1로 뛰어 듭니다.

이 한 수로 백은 분단되어 괴로움을 겪읍니다.

흑은 어느쪽인가의 백의 공격에 의해 자연스럽게 집이 증가하거나, 어떤 이득이 전망됩니다.

8도

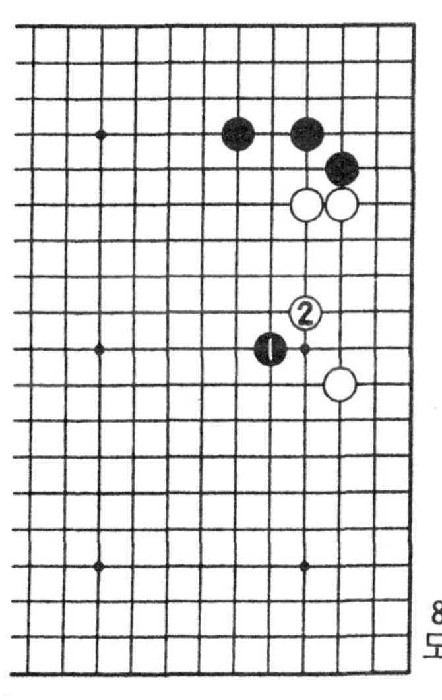

뛰어들기가 두렵든가 흑1로 치는 것은 나쁜 수로 도움이 되지 않읍니다. 백은 2로 쳐 둘러싸고 싶은 곳에 쳐버립니다.

흑은 이 이상 어쩔 수가 없읍니다. 백은 상당한 집이 만들어졌읍니다.

흑1은 나쁜 수입니다.

접바둑으로 보는 실전의 공격 방법 3

훌륭한 한 수

흑5의 장문, 실로 훌륭한 한 수.

백4까지, 귀의 흑 한 점이 취해진 것은 손해입니다. 그러나, 다음에 실로 훌륭한 수를 쳤읍니다. 흑5로 백 한 점을 취한 것이 그것. 이 수를 장문이라고 한다는 것은 이미 알고 있을 것입니다. 그러나 알고는 있어도 실전에서는 좀처럼 칠 수 없는 것. 아무런 뒤탈 없이 백 한 점을 잘 취해 둡니다. 상당히 단단한 치기입니다.

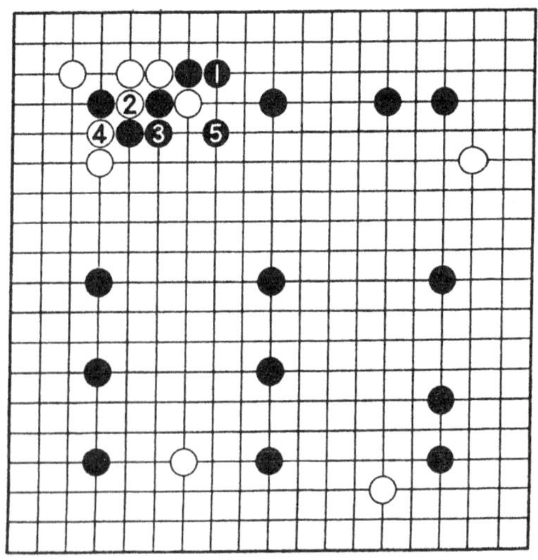

제4장

싸움의 요령

집을 에워싼다고 해도 상대가 있는 이상 싸움은 피할 수 없읍니다. 큰 집을 에워싸려고 하면 적은 그것을 방해하러 옵니다. 그러므로 집을 둘러싼 공방이 일어납니다.

거기에도 역시 능숙하고 서툼이……
이 장은 그 쉬운 요령을.

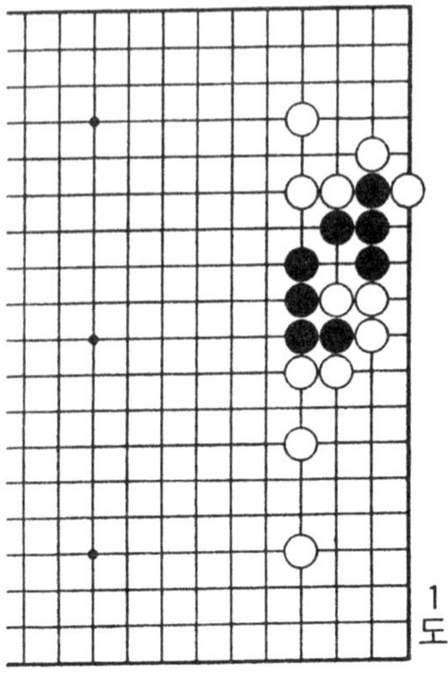

1. 공격
집이 없는 돌

공격이란, 잡는 것과는 다르다. 공격하여 이득을 기한다.

1도

흑은 한 집도 없읍니다. 백은 이것을 공격하여이득을 기합니다.

2도

백1로 공격합니다. 이것은 무엇을 잡으려는 것이 아니고, 공격하는 것에 의해 자연스럽게 집이 증가하는 것입니다. 물론 잡혀지면 그 이상 가는 일은 없지만.

3도

흑은 한 집 있읍니다. 그러나, 아직 살아 있지 않읍니다. 백은 이것을 공격하는 것에 의해 국면을 유리하게 유

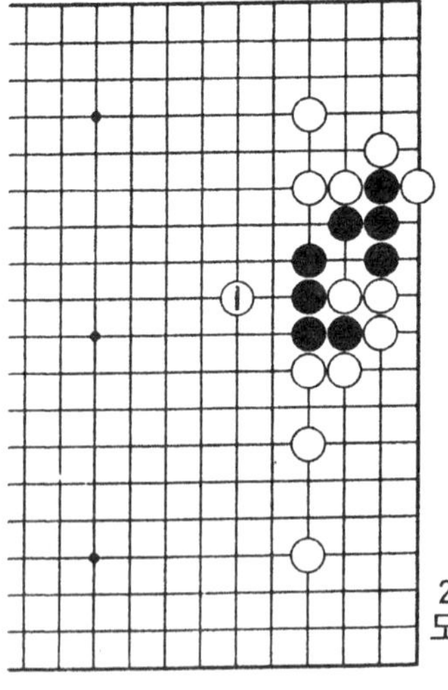

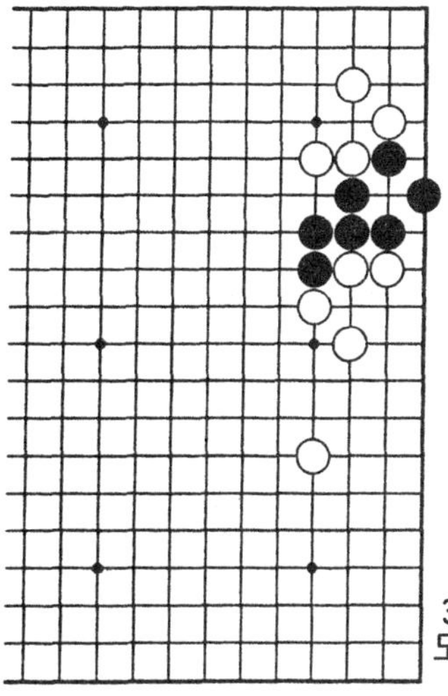

도합니다.

　백은 이것을 공격하는 것에 의해 상하 어느쪽인가의 집이 증가해 가지만, 흑은 도망치는 만큼 얻는 것이 없습니다.

4 도

백1로 공격합니다. 이에 대해, 가령 흑a로 도망치면 백b로 쫓읍니다.

　이런 식으로 백은 흑을 공격하면서 자연스럽게 집을 늘려 갑니다. 흑의 치는 수는 단지 도망치는 것뿐. 그에 반해 백이 치는 수는 한수 한수 집이 불어가는 것입니다.

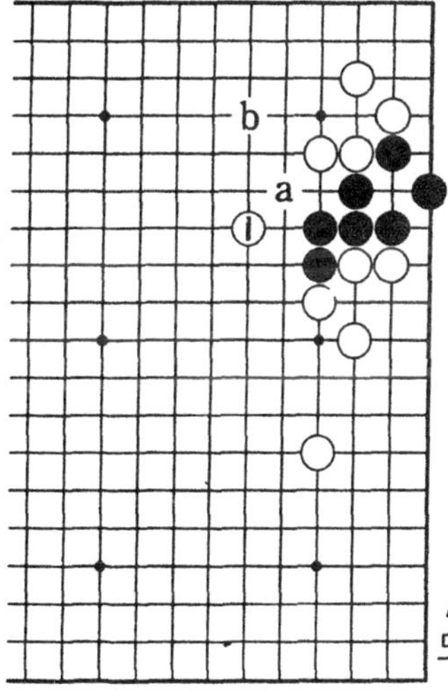

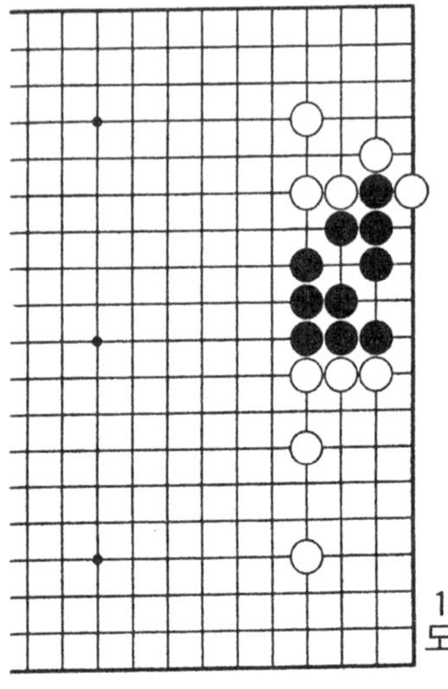

집이 있는 돌

지우기 전의 일인데, 집이 있는 돌은 공격해도 소용 없다.

1도

흑은 살아 있읍니다. 살아 있는 돌을 공격해 보아도 상대는 도망가 주지 않읍니다. 이것은 당연한 것입니다.

2도

백1로 쳐 봅시다.

그러나, 이것은 단지 친다는 것일 뿐 흑은 상대해 주지 않읍니다. 아뭏든 흑은 살아 있으므로 아무리 봉쇄당해도, 어떤 일을 당해도 아프지도 쓰리지도 않읍니다.

당연한 것입니다.

3도

흑은 살아 있읍니다.

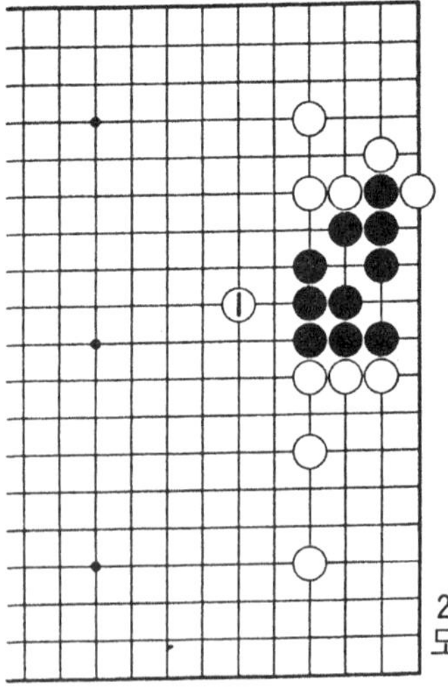

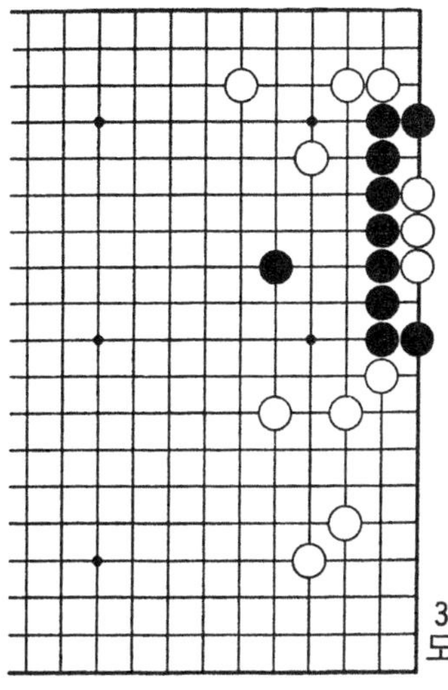

3도

이 형은 이미 공부했던 빅입니다. 빅이라는 것은 즉, 살아 있다는 것입니다.

살아 있는 돌을 공격해 봐도 어쩔 수 없다는 것은 이미 보아 온 그대로. 즉, 이 흑은 이 이상 어쩔 수 없는 것입니다.

4도

백1로 쳐 보았읍니다. 흑이 살아 있지 않은 경우에는 이 수는 상당히 좋은 수로 유효합니다.

그러나, 흑은 이미 살아 있읍니다.

그러므로 흑은 아무리 공격당해도 꼼짝도 하지 않읍니다. 백1은 단지 여기에 친다는 멍청한 한 수가 되어 버립니다.

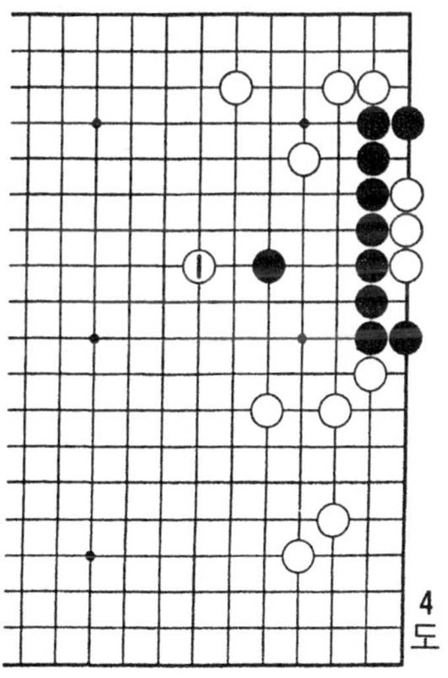

4도

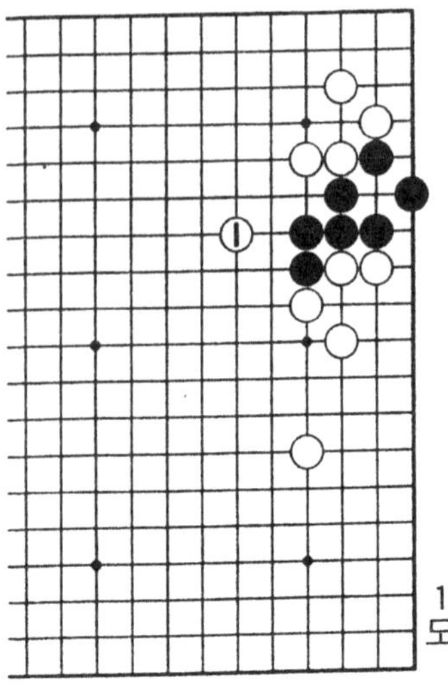

1도

쌍방의 목적

공격이라는 것은 잡는 것과는 다르다. 그것을 잘 이해하지 않으면 안된다.

1 도

백 1 로 공격합니다.

2 도

상대의 돌을 공격하면서 자신은 자연스럽게 집을 만들어 갑니다. 이것이 잘 놓는 것으로 공격의 최대 목적인 것입니다.

잡는다면 그 이상 바랄 것은 없지만, 어떤 것이든지 잡으려고 하는 것은 오히려 좋지 않습니다. 백 2 로 백은 자연스럽게 집이 넓어져 갑니다.

3 도

이런 배치에서는 흑 1 로 가득 메꿔 백을

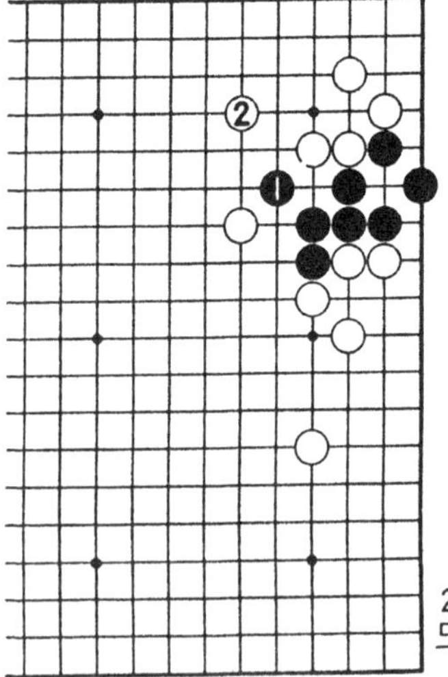

2도

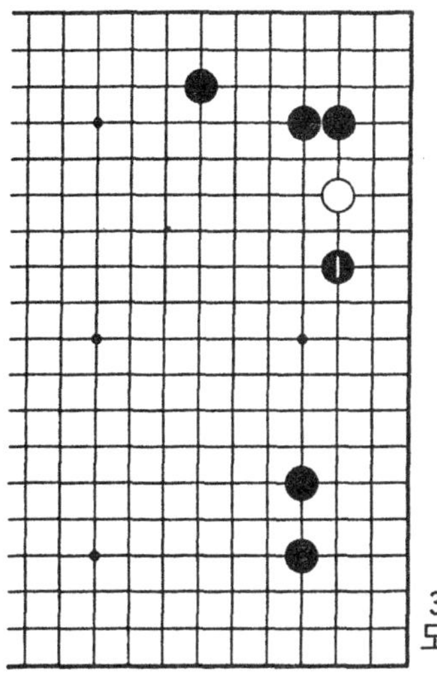

3도

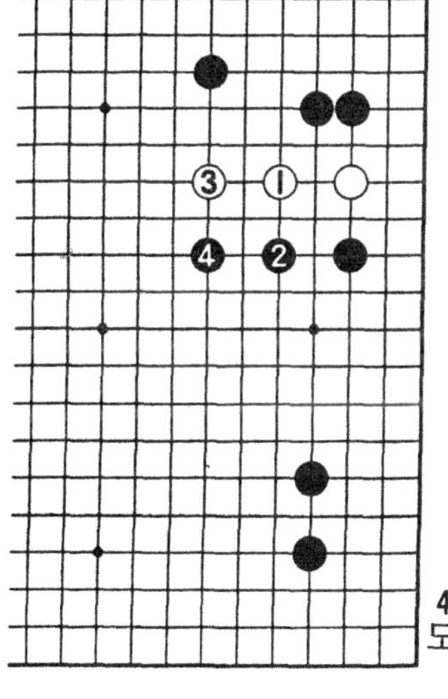

4도

공격하는 것이 좋은 수 입니다.

흑으로써는 백이 도 망치지 않으면 물론 잡 고, 도망치면 이것을 쫓아 국면을 유리하게 이끌려고 합니다.

그것은——

4도

백은 1로 뛰어 도 망칩니다. 흑은 2·4로 이것을 추격합니다.

흑은 하변에 걸친 큰 집 모양이 만들어져 갑 니다. 물론 전부 집이 되는 것은 아니지만, 상당한 것을 전망할 수 있읍니다. 게다가 백이 도망치는 만큼, 실속은 없읍니다.

5도

이런 국면에서는 흑 1로 메꿔 공격하는 것

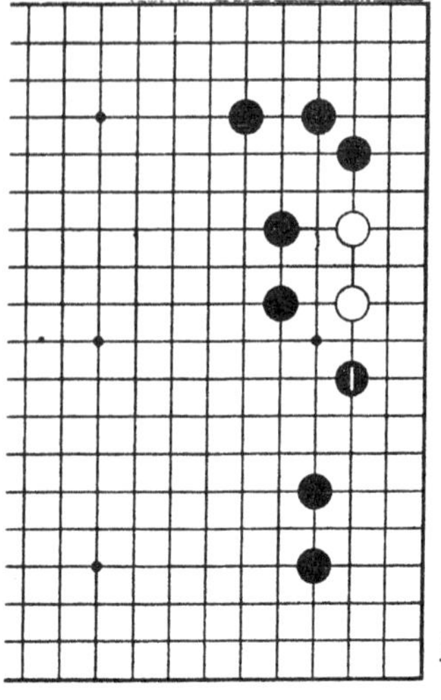

5도

6도

이 좋은 수입니다. 절대로 도망칠 수 없는 한 수라고 해도 좋을 것입니다.

흑은 1로 치는 수 자체, 자신의 집을 넓히고 있는 수입니다. 그리고 백을 공격하는 것에 의해 더욱 이득이 됩니다.

6도

반대로 백에 1로 놓여져 버렸다고 합시다. 보기에도 그 차이는 분명합니다.

백은 집이 증가하고 게다가 안정되고 있으며, 흑집은 더욱 줄어드는 것입니다.

5도와 잘 비교해 보기 바랍니다. 하늘과 땅 정도의 차이가 있읍니다.

7도

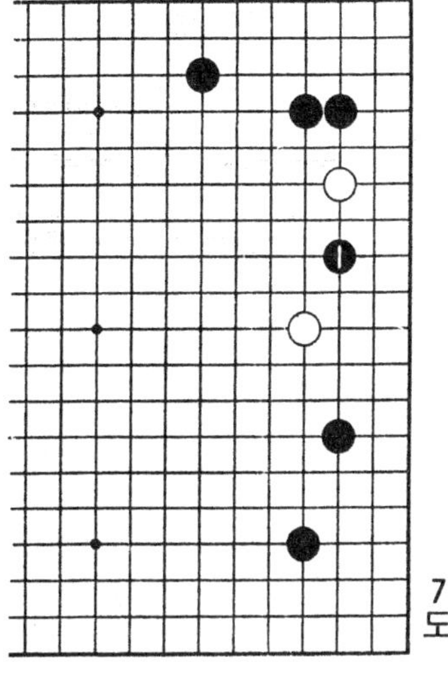

7도

이런 경우는 강력하게 흑1로 뛰어들어 갑니다.

흑의 겨냥은 백의 근거를 빼앗아, 공격하는 것에 의해 이익을 얻으려는 것에 있읍니다. 백의 응수에 따라서는 이것을 분단하여 뿔뿔이 흩어지게 할 수도 있고, 경우에 따라서는 집을 구축하기도 합니다.

8도

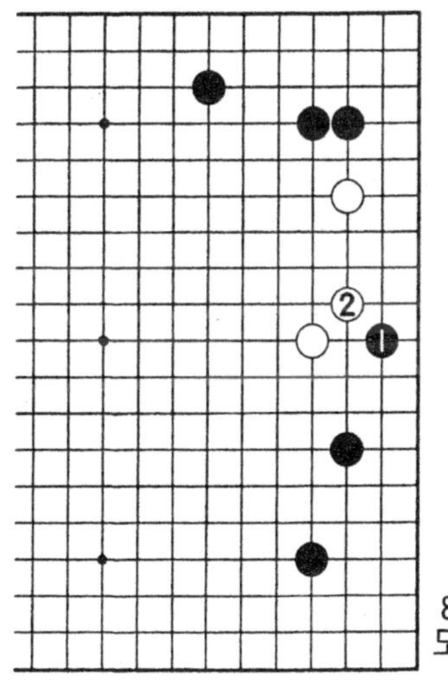

8도

흑1로 집을 벌면서 공격합니다. 이것도 손해를 보는 수는 아니지만, 겨냥이 나쁩니다.

백2 정도로 놓여 이 이상의 공격은 바랄 수 없읍니다.

흑1은 나쁜 수는 아니지만 찌르기가 부족, 미지근한 공격입니다.

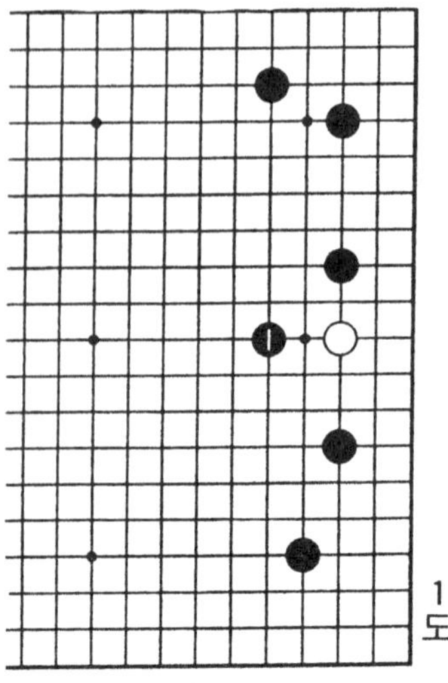

위에서부터

공격에도 위에서부터 공격하는 것이 **좋**은 경우와 그렇지 않은 경우가 있다.

1 도

이런 경우는 흑1로 위에서부터 공격하는 것이 좋읍니다. 흑1을 칼끝이라고 합니다.

이 칼끝은 공격에 매우 유리한 수단으로, 즉, 백이 놓고 싶은 곳에 놓아 백의 진로를 막고 있는 것입니다.

2 도

흑1로 아래에서부터 가는 것은 좋지 않읍니다. 아래에는 어차피 집은 불가능하므로 칠 필요가 없고, 백 한 점을 취할 경우, 흑1이 헛된 수가 됩니다.

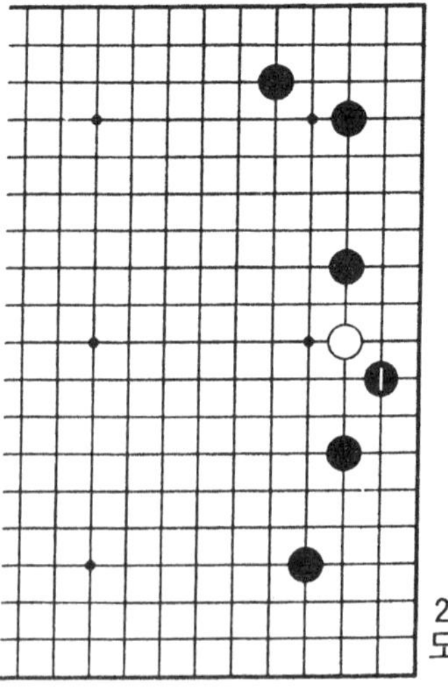

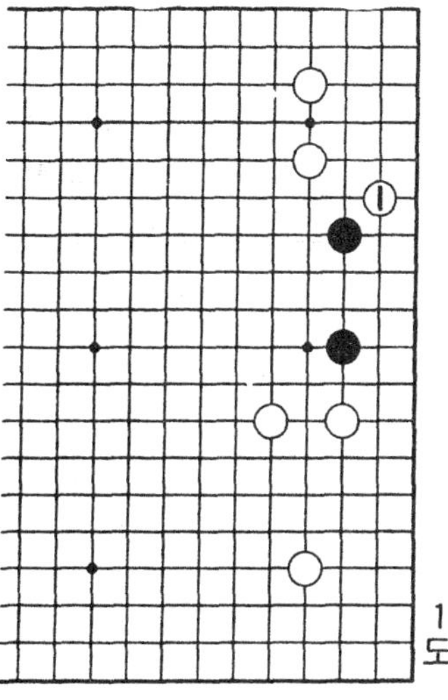

아래에서부터

아래에서부터 공격하지 않으면 안될 경우도 있다.

1 도

이런 배치일 때는 백은 1로 아래에서부터 공격하지 않으면 안됩니다.

허점을 찔러 흑의 눈모양을 빼앗아, 흑을 쫓고 있는 것입니다.

2 도

백1로 위에서부터 공격해 봅시다.

흑은 2로 미끄러져 안정되어 버립니다. 게다가, 흑은 집이 증가하고 백은 집이 줄어듭니다.

백1은, 말하자면 이득이 없는 수로, 좋은 공격이 아닙니다.

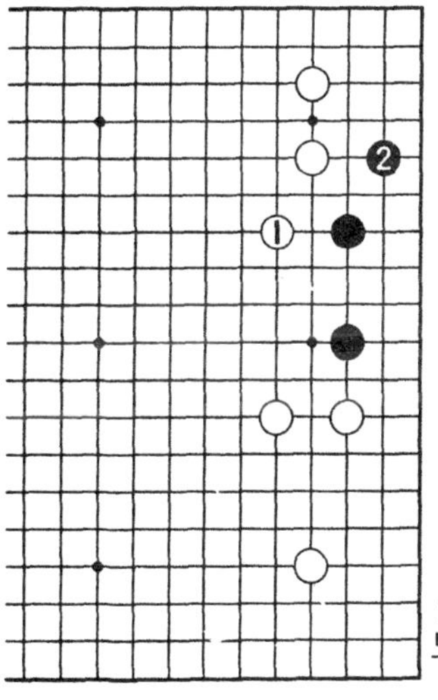

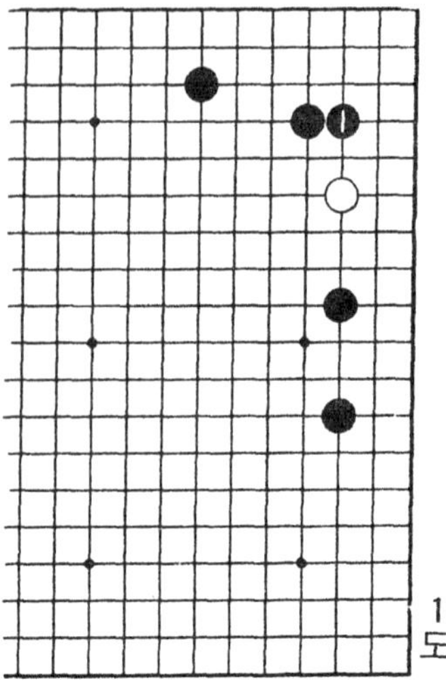

1도

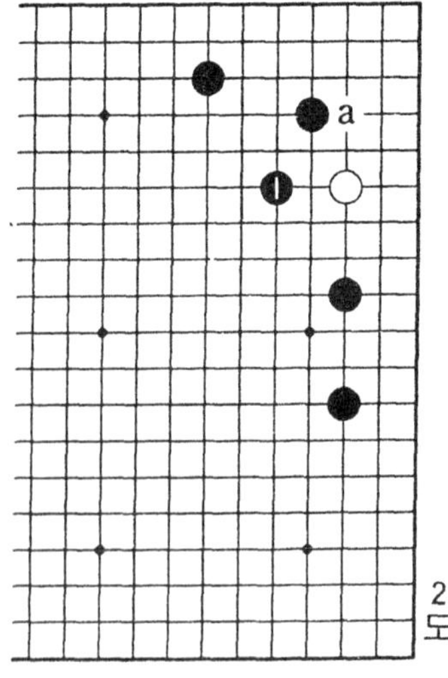

2도

테크닉

공격에도 여러 가지 테크닉이 있어, 그것을 적절하게 사용해야 한다.

1도

흑1로 잘 막고 있는 것이 좋은 수. 얼핏 보면 지키고 있는 것처럼 보이지만 그렇지 않읍니다. 실은 이것이 최대의 공격인 것입니다.

흑1은 백에 풀 여지를 주지 않는 수로 백은 도망치는 수밖에 없읍니다.

2도

흑1로 위에서부터 가는 것은 위세는 좋지만 좋은 수는 아닙니다. 백에는 a에 붙인다거나 여러 가지 풀 방법이 있어, 흑1은 조

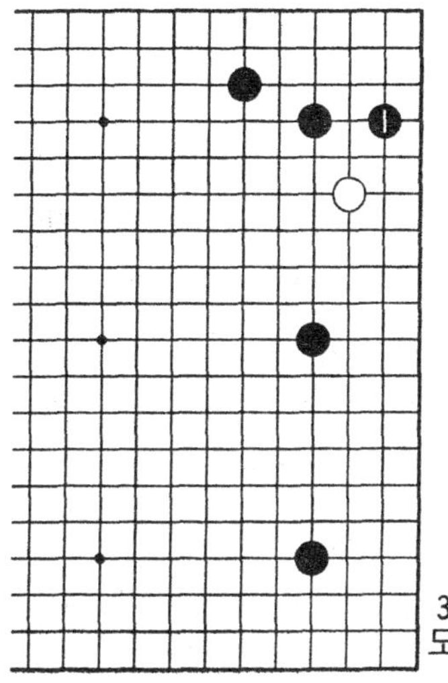

3
도

금도 공격하고 있는 것
이 되지 않습니다.

3 도

흑1로 막고 있는 것
이 좋은 수. 이 수가
귀의 집을 둘러싼 수
라는 것은 말할 것도
없읍니다.

그러나, 이 경우는 귀
를 지키고 있는 동시
에 백을 공격하고 있
읍니다. 흑1이 백에
대해 최대 최강의 공격
수인 것입니다.

4 도

흑1로 위에서부터
공격하고 있읍니다. 위
세는 좋아, 백을 강력
하게 공격하고 있는 듯
이 보입니다.

그러나, 그렇게 보일
뿐, 그 열매는 강력한
것이 아닙니다. 백에는
a의 붙임 등 얼마든지

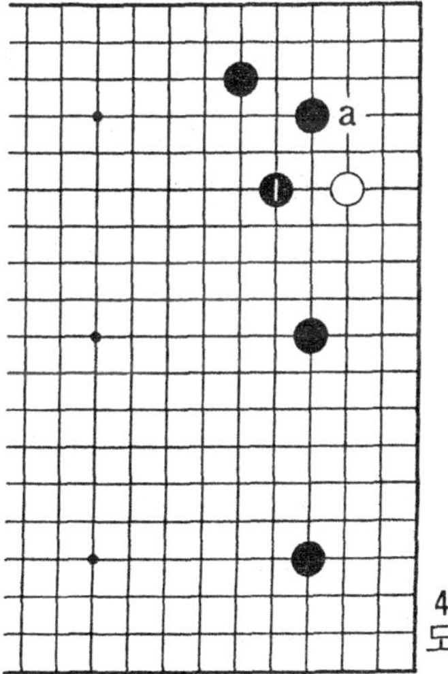

4
도

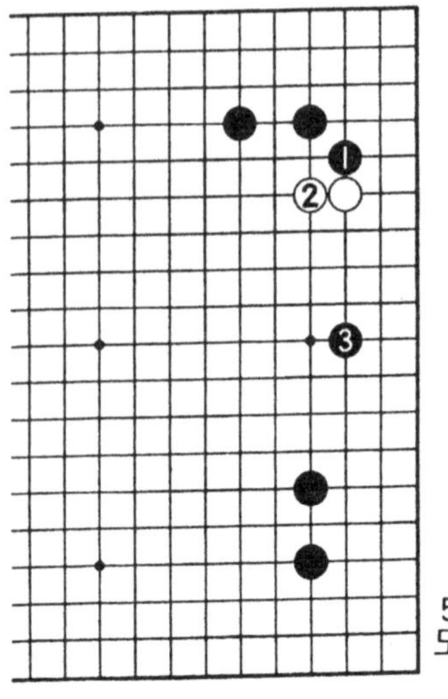

5
도

풀 길이 있읍니다.

5 도

상대의 돌을 공격하기 위해서는 집을 만들기 어렵게 공격하는 것이 유효합니다.

흑1로 마늘모 붙이고, 백2로 겹치게 한 다음 3으로 공격하는 것이 좋은 공격 방법. 겹치게 하는 것은 집을 만들기가 어려워집니다.

6 도

단순히 흑1로 풀었다고 합시다.

백은 2에서 4로 간단하게 근거를 갖고 안정되어 버립니다. 흑에게는 이 이상 공격당하지 않읍니다.

5도의 흑1로 마늘모 붙인 것은 이 백2로 미끄러지지 않기 때

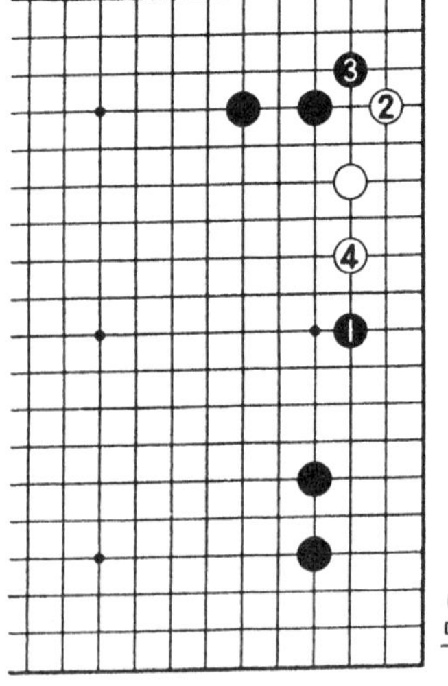

6
도

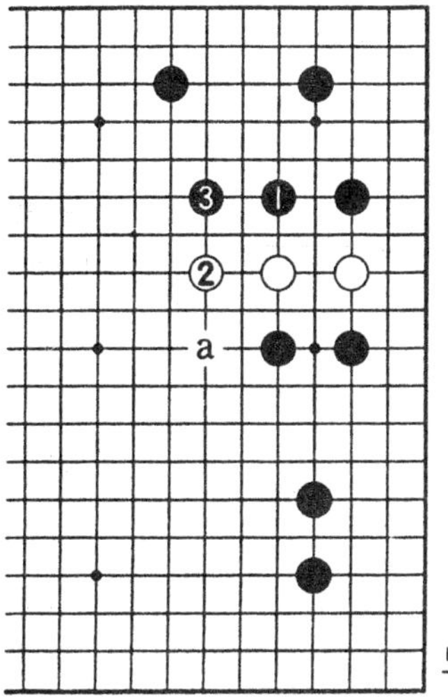

7
도

문이었읍니다.

7도

이런 경우는 흑1로 뛰어 공격하는 것이 좋은 치기입니다.

흑3까지 상변의 흑집은 입체적으로 부풀어 올라갔읍니다. 이와 같이 집을 증가시키며 상대의 돌을 공격하는, 이것이 가장 유효한 공격 방법입니다.

흑3에서는 a로 아래쪽을 부풀려 올리는 것도 있읍니다.

8도

흑1로 공격합니다. 이것은 직선적이고, 맛이 있는 공격 방법은 아닙니다.

백을 2로 일부러 자신의 집이 될 듯한 곳으로 쫓읍니다.

8
도

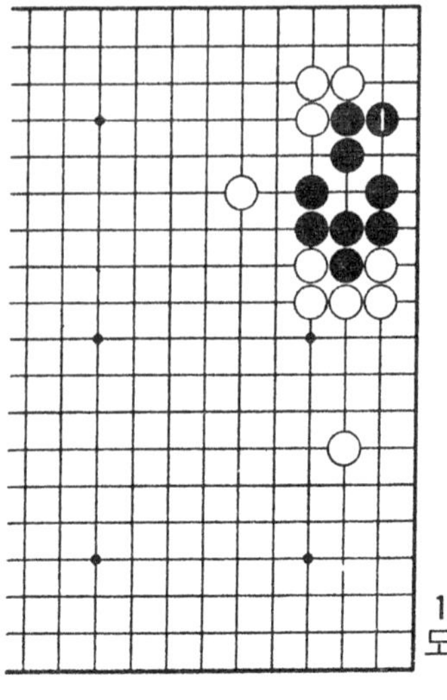

2. 수비

빨리 살기

　상대에게 공격당할 듯한 돌은 일찌기 살리는 것이 좋다.

　1도

　흑1로 빨리 살리는 것이 좋은 수입니다. 살면, 이 이상 공격당할 염려도 없고 뒤를 늘려 칠 수 있읍니다.

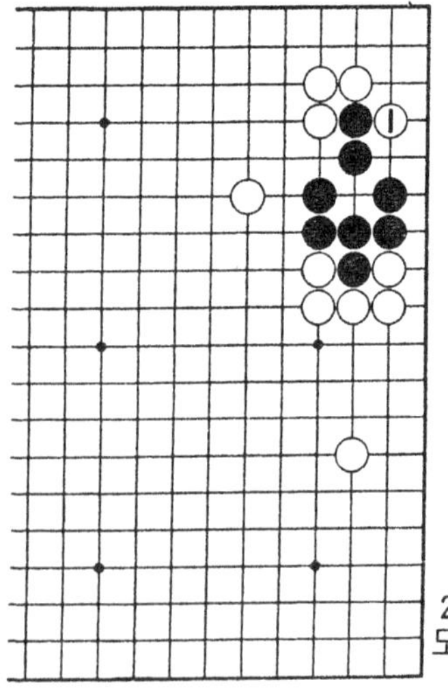

　2도

　반대로 백1로 쳐지면 흑은 살 수 없읍니다. 흑은 방랑의 여행을 떠나야 하고, 그런 만큼 손해를 보는 것에는 변함이 없읍니다.

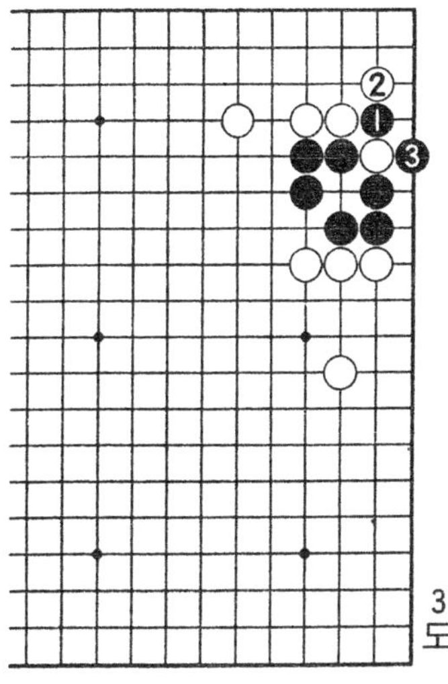

3도

이런 경우도 재빨리 흑1로 끊어 잡아 살리는 것이 좋은 것입니다.

흑3까지 완전한 삶. 이렇게 되면 백은 이미 이 이상 공격할 수 없고, 흑은 뒤를 얼마든지 강하게 칠 수 있읍니다. 일찍 살리는 것이 이득.

4도

반대로 백1로 붙였다고 합시다. 이 수자체도 큰 수이지만, 그보다도 흑의 집을 빼앗는 것이 큽니다.

흑은 2로 도망쳐 내지 않으면 안되고, 흑은 이것을 공격당하는 것에 의해, 그만큼 손해를 본다는 것에는 변함이 없읍니다.

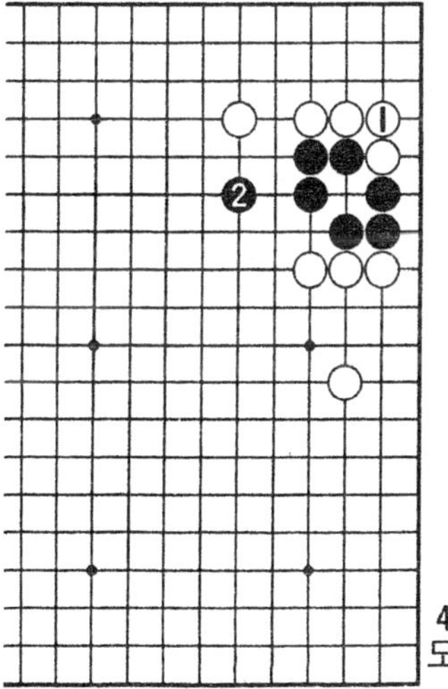

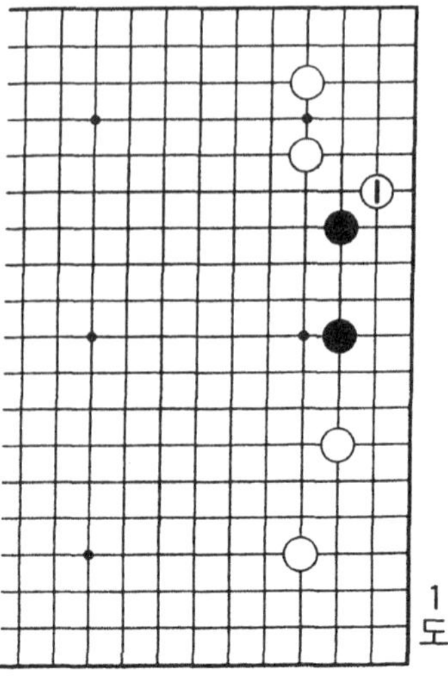

집을 넓힌다

공격당하기 전에 집을 넓히면서 수비. 일석 이 조.

1 도

백1로 쳐지면 백집 이 증가하고, 그와 동 시에 흑은 공격당하게 됩니다. 이런 것이 되 어서는 참을 수 없읍 니다.

2 도

흑1로 집을 넓히면 서 백의 공격을 당하 지 않는 것, 이것이 좋 은 치기 방법입니다.

흑1은 자신의 집을 넓히면서 백의 집을 줄 이고 있는 상당히 효과 적인 수라는 것을 알 수 있을 것입니다. 이 렇게 되면 절대로 도 망칠 수 없는 것으로, 치는 것과 치지 않는

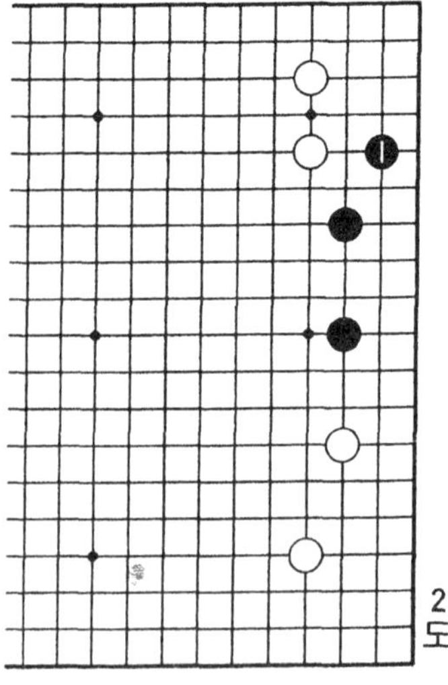

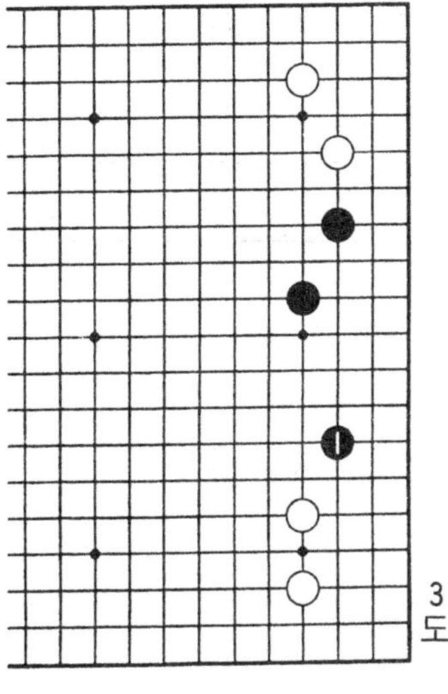

3도

것은 천지차이.

3도

이런 경우는 흑1이 절호의 한 수가 됩니다.

흑1은 자신의 집을 넓히면서, 더우기 백집을 줄이려고 하고 있읍니다. 상당히 좋은 곳으로, 치지 않으면 안 될 한 수라고 할 수 있읍니다.

4도

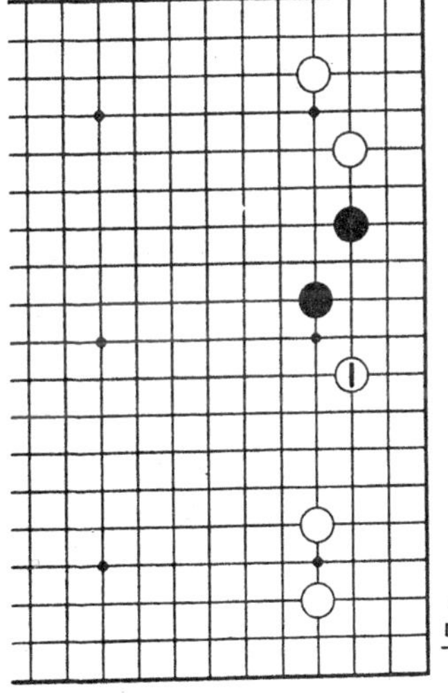

4도

반대로 백에서부터 1로 쳐지고 보면 그 차이를 잘 알 수 있읍니다.

백집이 증가, 흑집은 줄어 있읍니다. 흑집이 줄어 있다기 보다, 그대로 있다가는 백으로부터 공격당하는 것입니다.

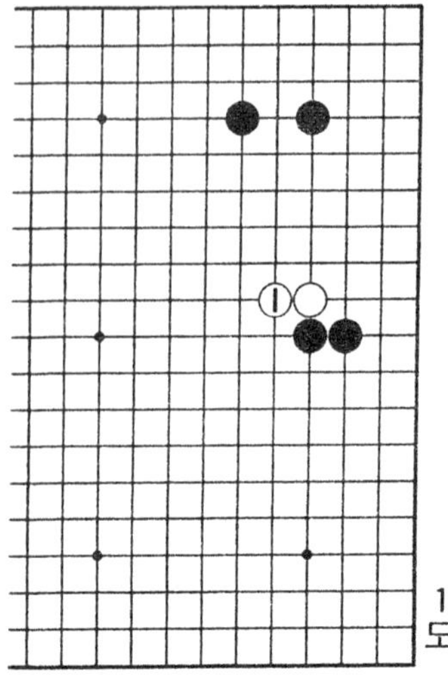

1도

도망치다

버릴 수 없다. 돌은 도 망치지 않으면 안된다. 도망치는 데도 수단이 있다.

1도

백은 1로 도망쳐 내 지 않으면 안됩니다.

반대로 흑에서부터 1로 젖혀 잡히면 우 상 일대가 큰 집이 되 어 버립니다.

2도

백1로 뛰어 가볍게 도망쳐 내는 수도 있읍 니다. 이 수도 상당히 좋은 수입니다.

도망치는 방법에도 여러 가지가 있읍니다. 요는 흑에게 강력하게 공격당하지 않도록 잘 도망쳐야 하는 것입니 다.

백1로 뛰는 것은 유

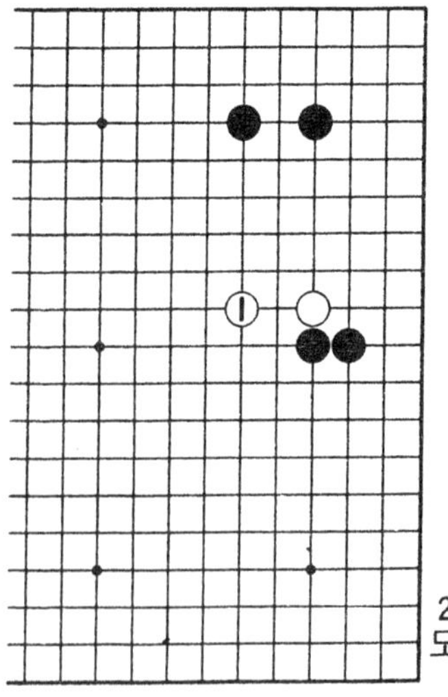

2도

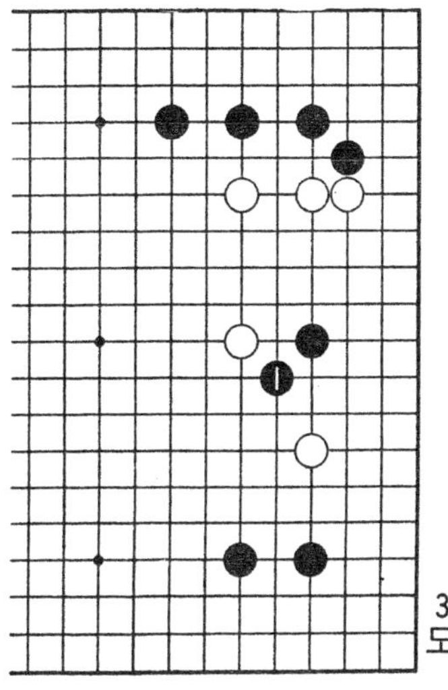

3도

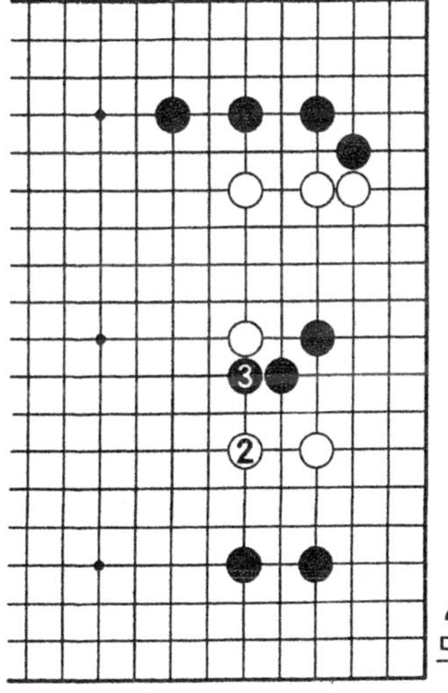

4도

력한 수단입니다.

3도

도망쳐 내기에도 타이밍이 있읍니다. 위험하지도 않는데 도망칠 필요도 없고, 반대로 도망쳐야 했었는데 라고 생각할 때는 이미 늦어 아무 일도 되지 않읍니다.

흑1은 지금이 그 기회. 이미 한 수 백에 놓여지면 수는 늦읍니다.

4도

이어서 백2의 뛰기라면 흑은 3으로 끝. 흑은 이로써 중앙에 머리를 내어, 아무런 불안도 없읍니다.

도망치는 경우는 너무 주저하지 말고 가능한 빨리 중앙으로 머리를 냅니다.

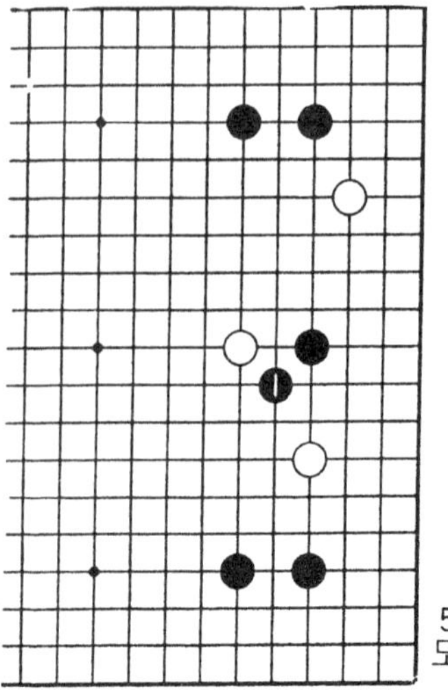

5 도

5 도

혹은 상하 양쪽에 도망칠 길이 있으므로, 도망치려면 아직 서둘 필요는 없읍니다. 그러나, 백에 이미 한 수쳐지면 이번에야말로 도망쳐야 되는 것입니다.

혹으로써는 혹 1 로 쳐 도망치면서 백을 분단, 국면을 유리하게 이끌려고 합니다.

6 도

혹 1·3 으로 이쪽으로 도망쳐 내는 것도 가능합니다. 이 경우는 어느쪽으로 도망치느냐는 주위의 상황에 따릅니다.

이것도 혹은 도망치고 있다고 하기 보다, 백을 갈라 공격하고 있는 듯한 기분이 강한, 상당히 좋은 수입니다.

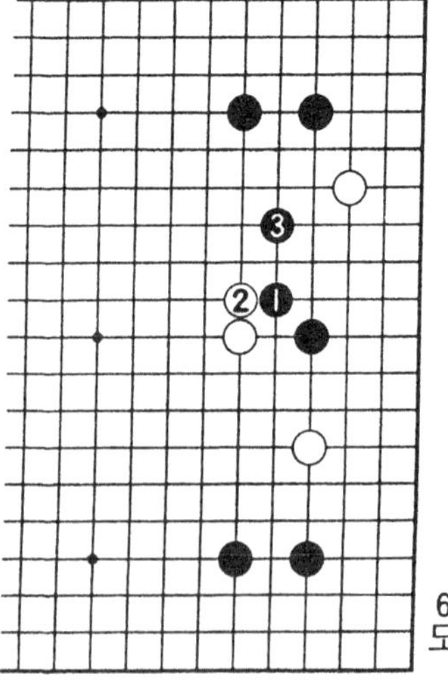

6 도

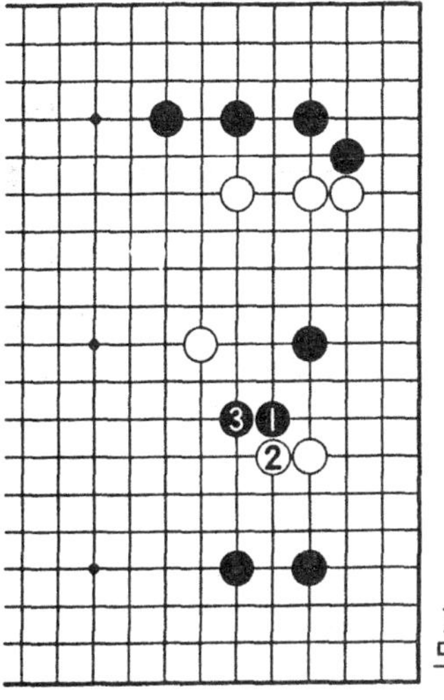

7
도

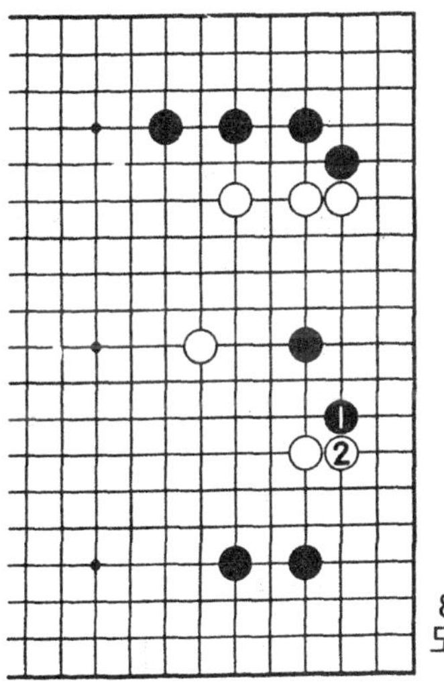

8
도

7도

백에 이미 한 수 놓여지면 큰일입니다. 여기에서 흑은 도망치지 않으면 안되는데, 그러기 위해서는 흑1·3으로 머리를 내는 것이 좋습니다.

아뭏든 도망쳐 낼 때는 너무 주저하지 말고 쭉 중앙으로 머리를 내는 것이 좋읍니다.

8도

가운데에서 살아 있으려고 하던가, 흑1로 치는 사람이 자주 있읍니다. 아니 그보다 초보자인 경우에는 대개 이런 풍으로 치고 싶어 하는 것입니다.

그러나, 이것은 좋지 않읍니다.

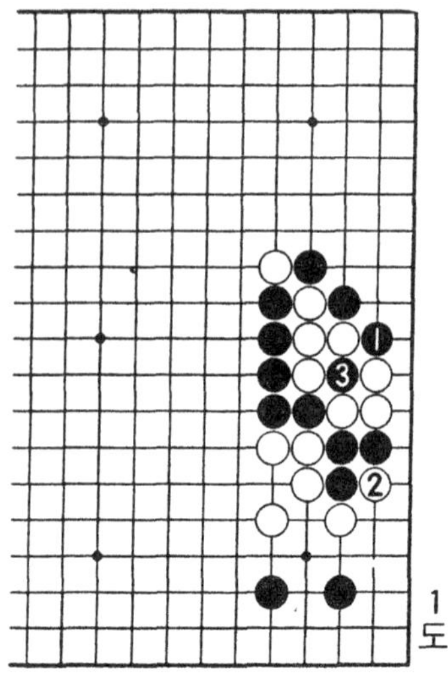

대체하기

문자 그대로, 자신도 잡지만 상대에게도 준다.

1도

흑1의 단수에 백은 3으로 잇지 않을 수 없습니다. 그러나 백은 2로 단수하여 흑 세 점을 잡고 흑은 3으로 백 네 점을 잡게 됩니다.

2도

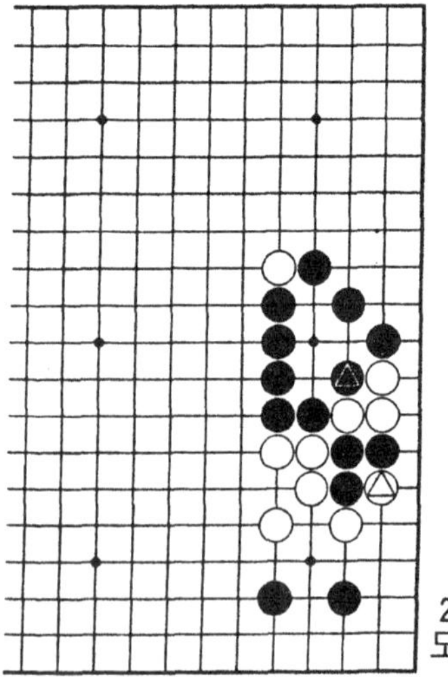

결과를 정리하여 보았읍니다.

흑은 ●으로 네 점을 잡고, 백은 △으로 흑 세 점을 잡아 대체되는 것입니다.

이와 같이 자신도 잡는 대신에 상대에게도 줍니다. 이것을 대체하기라고 합니다.

화려한 가르기입니

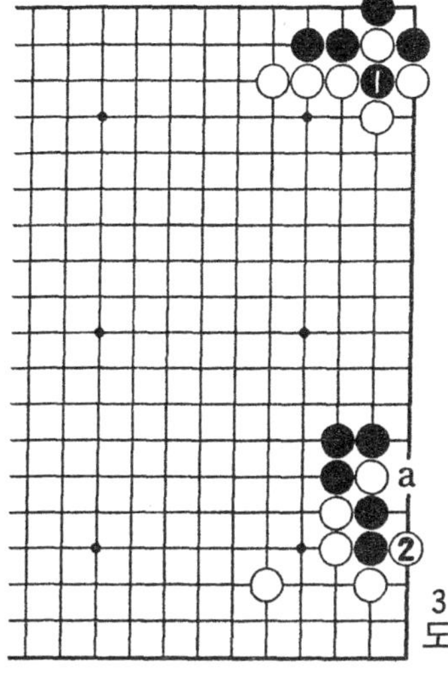

다.

3도

위쪽에서 패가 발생하고 있읍니다. 지금 흑이 1로 패를 따낸 때. 백은 패 세우기에 아래쪽, 백 2로 쳤읍니다.

이어서 흑은 a로 빼고, 백 패를 되따내어 패를 계속할 수도 있읍니다. 그러나, 패 세우기에 관계되느냐 어떠냐로——

4도

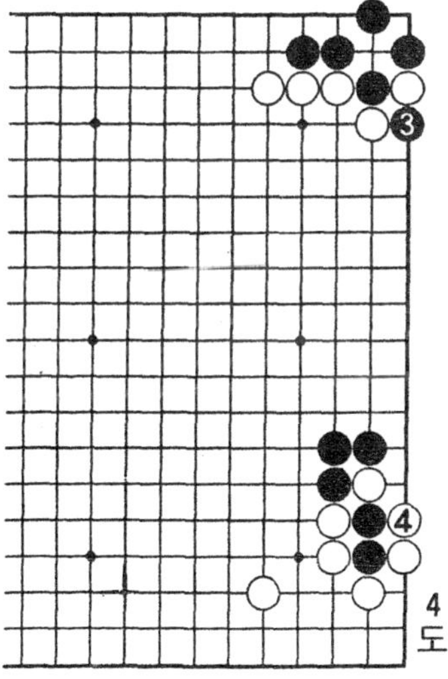

흑은 3으로 패를 따 버렸읍니다. 백도 4로 흑 두 점을 잡읍니다. 이것도 대체입니다.

대체의 손익은 상당히 어려운 문제이므로 여기에서는 섬세하게 설명하지 않겠읍니다. 대략 반이면 좋다고 기억해 둡니다.

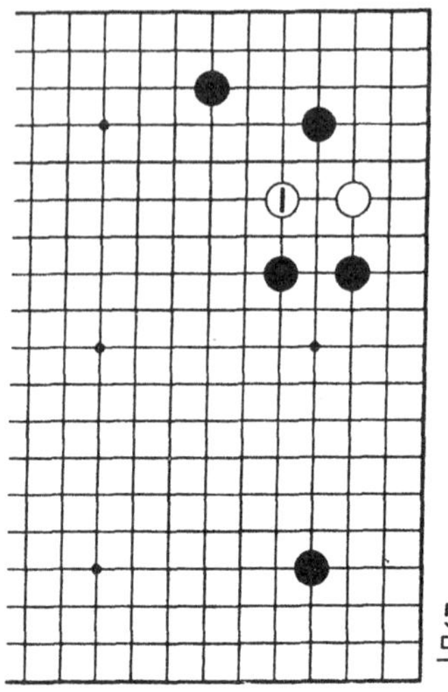

5도

5도

실전에 임하면, 어떤 때에 대체할 것인지 생각해 봅시다.

백1로 도망쳐 내는 수는 좋은 수가 아닙니다. 잡혀지는 일은 없다고 해도, 이것은 추격당해 손해를 입읍니다. 백으로써는 이득이 없읍니다. 그래서—

6도

백은 1로 3·3에넣어 대체를 꾀하는 것이 좋은 작전이 됩니다.

혹은 2의 누르기. 2에서 a로 이쪽을 누르는 것은 백2로 건너게 되어 손해입니다.

백1의 3·3 넣기는 실전에서도 자주 나옵니다. 당신도 이미 경험했읍니까?

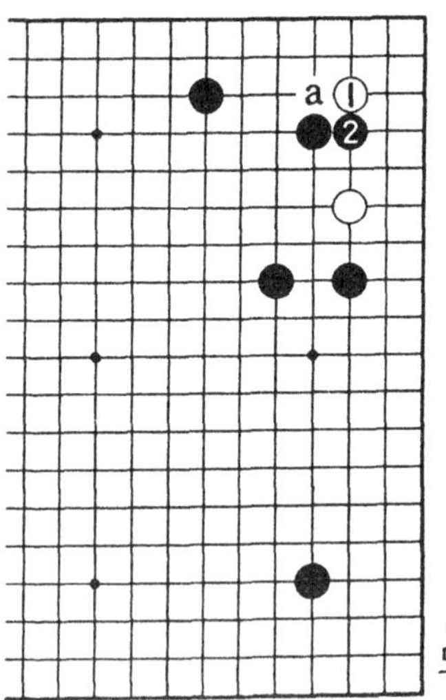

6도

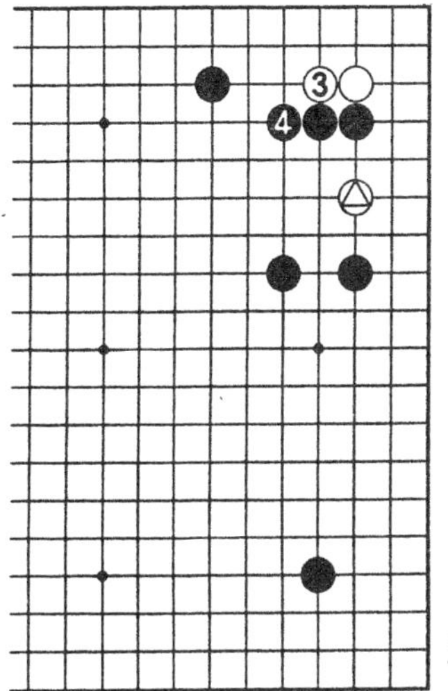

7 도

7
도

7 도

이어서, 백3, 흑4 가 됩니다.

여기까지 가면 백이 무엇을 하려 하고 있는 것인지, 이미 알 수 있을 것입니다.

그렇죠. 백은 △ 한 점을 버리는 대신에 귀를 확보하려고 하는 것입니다.

즉 귀와 대체하려는 것입니다.

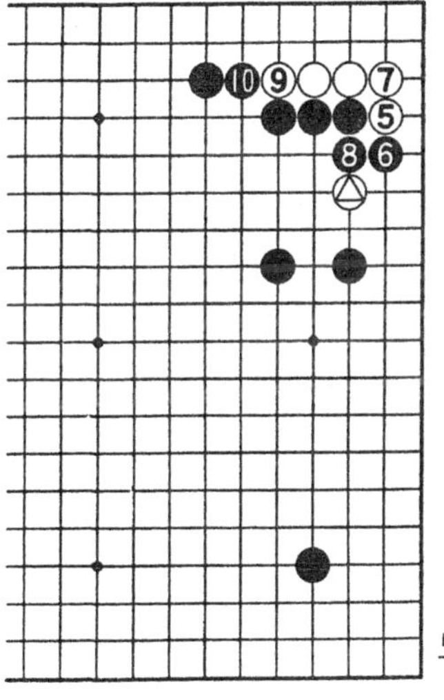

8
도

8 도

좀 수수가 많아져 두렵읍니다. 그러나, 구획을 짓는 곳으로 흑10 까지 나타내었읍니다.

이 결과는 이미 분명합니다. 백은 △의 한 점이 잡혔지만, 귀를 확보했읍니다. 대체입니다.

접바둑으로 보는 실전의 공격 방법 4

훌륭

흑2·4. 좋은 수이다.

백1로 뛰어들어 갔읍니다. 얄미운 수입니다. 그러나, 이에 눈을 팔지 않고 흑2로 전진한 것은 훌륭. 보통은 대개의 경우 백이 친 곳에 붙여 치는 것입니다. 그러나 백으로써는 둘러싸 주지 않으면 의외로 곤란한 것입니다.

백3에 흑4, 실로 훌륭한 수입니다. 초보자는 좀처럼 두려워 놓지 못하는 것입니다.

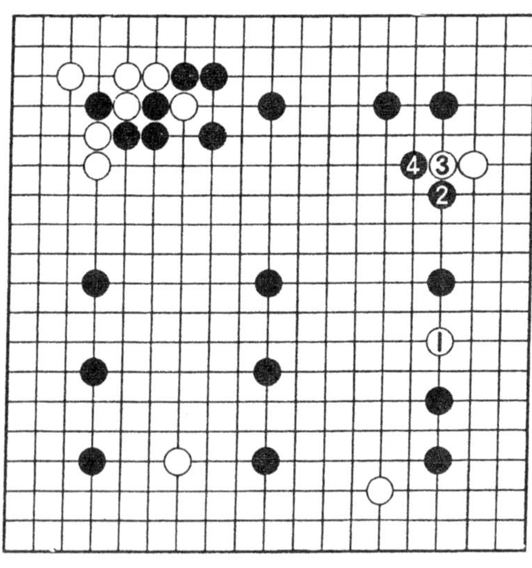

제5장

집의 확보

자신의 생각으로는 집이 될 것 같았지만, 어지럽혀져, 거의 집이 되지 않읍니다. 이런 일이 자주 있읍니다.

어떻게 되면 완전한 집이라고 할 수 있을까요. 그리고 그 집은 대략 몇 집인가요. 여기에다 쉽게 종반도 설명하겠읍니다.

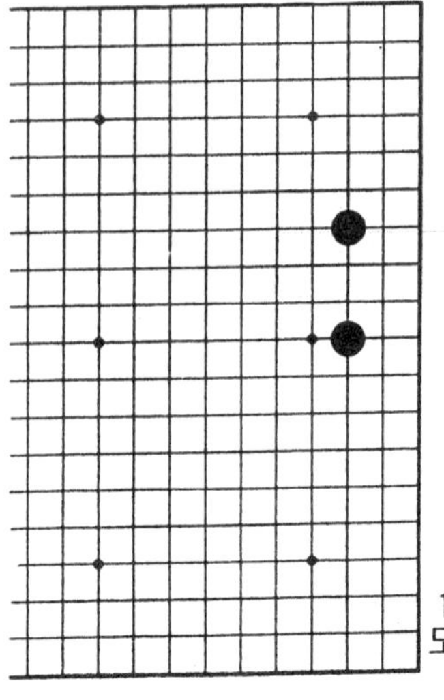

1도

1. 집의 넓이 계산

바둑은 집의 대소를겨루는 게임. 그렇다면 계산은 뺄 수 없다.

1도

흑의 두 칸 벌리기의 이 준비는 대략 몇 집으로 보이는가요?

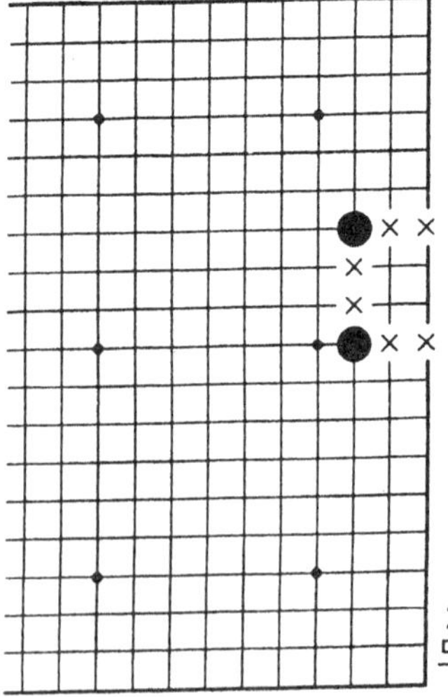

2도

2도

아직 확실치는 않지만, ×표시의 안이 집으로써 4집으로 보면 좋을 것입니다. 이것은 어디까지나 일단의 짐작이고, 이 이상이 될지도 모르고 이하가 될지도 모릅니다.

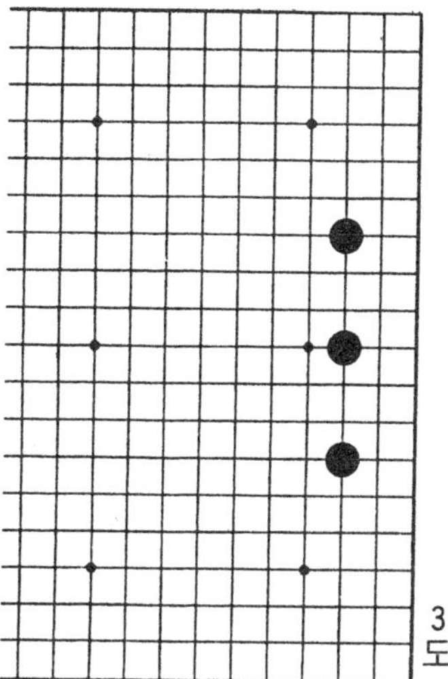

3 도

3 도

이와 같은 준비는 몇 집으로 보이는가요. 아뭏든 자신의 집은 많은 집으로 세기 쉽지만, 전망할 수 있는 최소의 것을 위해서는 최소의 경계선 내부를 집으로 전망하면 좋은 것입니다.

4 도

×표시를 일단의 경계선이라고 보고, 안의 집을 세면 10집.

따라서 이 형은 10집이라고 보아 둡니다. 이와 같이, 집의 계산은 생각되어지는 최소의 경계선을 상정하여 그 안의 집을 계산하면 되는 것입니다. 익숙해지면 그다지 어렵지 않습니다.

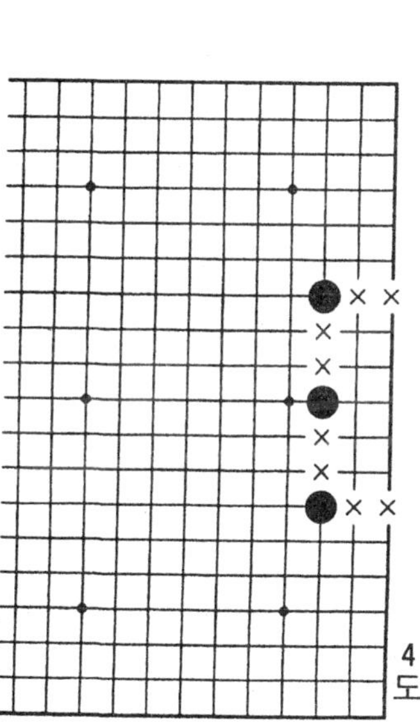

4 도

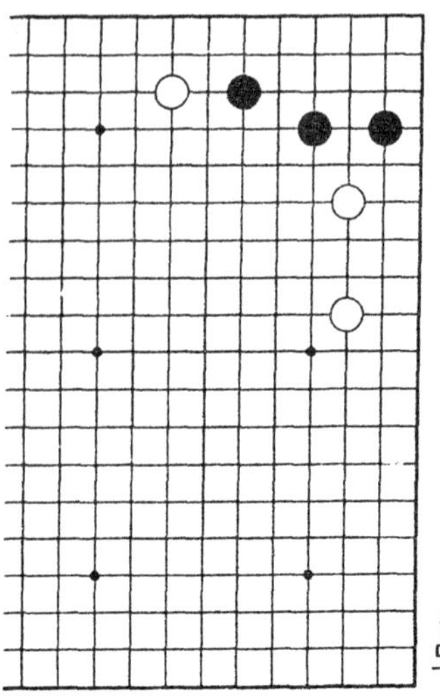

5
도

5도

실전에도 자주 나오는 형입니다. 이 귀의 흑의 집은 몇 집이라고 볼 수 있나요?

이런 형은 가끔 나오므로, 그때마다 계산하는 것보다 외워 두면 편리합니다.

보기만 하여도 대충은 알 수 있으나 역시 우선은 계산해 봅시다.

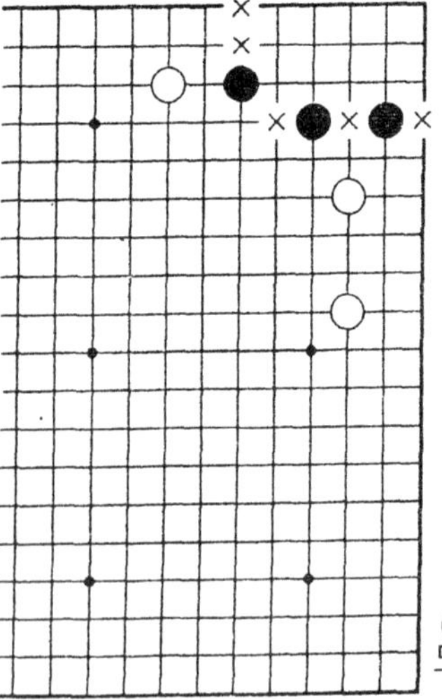

6
도

6도

×표시를 경계선으로 합니다. 안의 공점은 15군데이므로, 귀의 흑은 15집의 집으로 봅니다. 귀의 날일자에서부터 굳힌 형은, 대략 15집이라고 외워 두면 편리합니다.

다른 것으로 자주 나오는 형은 대강 외워 두는 것이 좋을 것입니

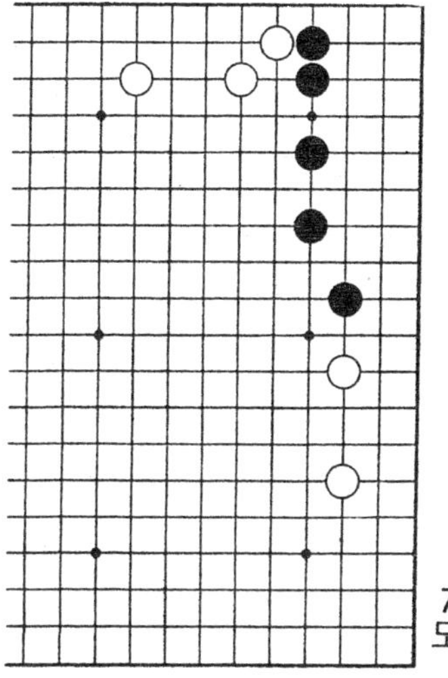

7
도

7도

혹은 상당히 집답게 되어져 갔읍니다. 아직 확정된 것은 아니지만, 거의 확정되었다고 해도 좋을 것입니다.

실전 도중에 계산하는 경우는, 대개 이런 형이 됩니다.

이 혹은 몇 집으로 보이는가?

8도

아직 다소의 변동의 여지는 있지만, × 표시를 일단 경계선으로 합니다.

안의 집을 세면 24집. 그리고 이 혹은 일단 24집의 집으로 보지만, 후에 쳐지는 방법에 따라 변동되는 것이므로 최종적으로는 수정해야 합니다.

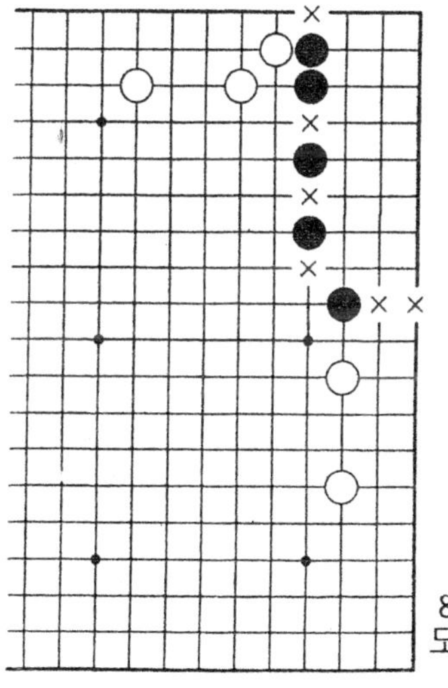

8
도

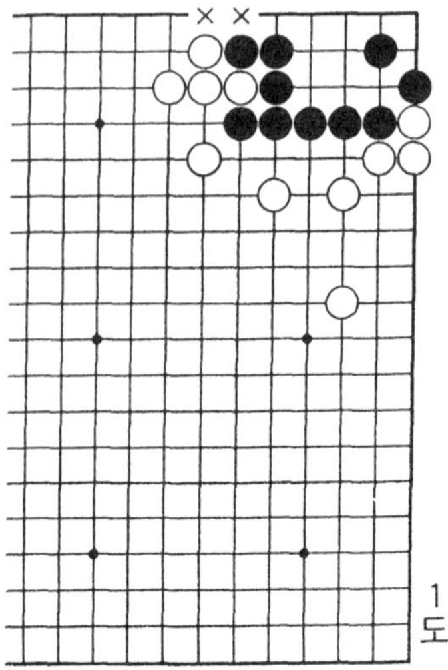

정확한 계산

집이 확정된다면 정확한 계산을 해야 한다.

1도

귀의 흑의 집은 이미 거의 확정되어 있읍니다. 이 상태에서는 예에 의해 흑백 × 표시의 내리기로 보아 흑집 11집으로 합니다.

2도

그러나, 실제로는 백에서부터 1·3으로 쳐질 지도 모릅니다.

그렇게 되면 흑집은 10집이 되고, 1도에 비해 1집 줍니다.

3도

이 흑을 몇 집의 집이라고 볼 것인가?

아직 다소 비어 있는 곳이 있지만, 여기까지 오면 거의 정확한 계산이 가능합니다.

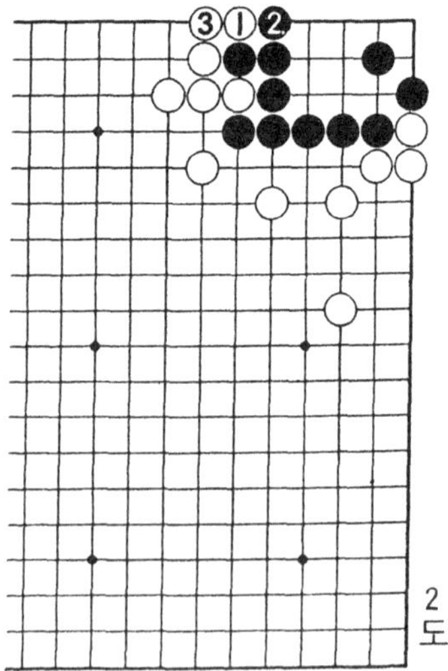

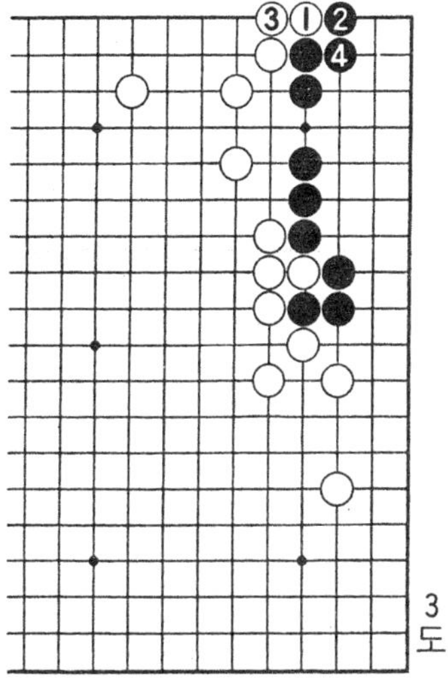

3도

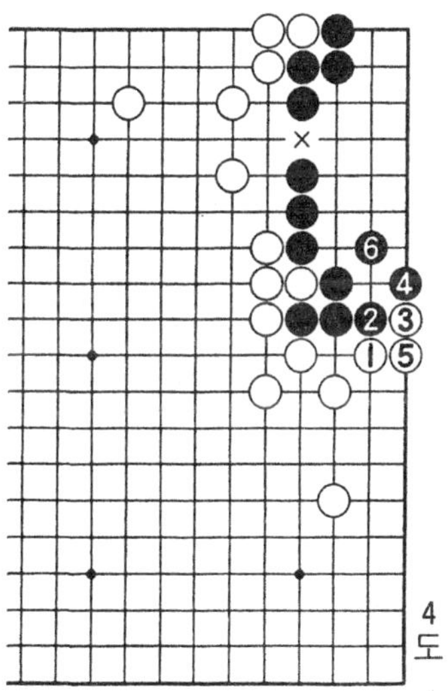

4도

그러기 위해서는 종반전의 지식이 필요하므로, 일단 사고 방식이라고 할 수 있는 것을 나타내 두기로 하겠읍니다. 백1에서 흑4까지, 이렇게 됩니다.

4도

우변은 백에 1에서 5까지 선수로 종반전이 되어진 것이라고 보아 둡니다. 예에 의해 × 표시를 경계선으로 계산하면 흑집은 19집입니다.

흑이 반대로 1로 대각선으로 치면 흑집은 늘지만, 백에 1로 쳐질 가능성이 크므로, 이렇게 보아 두어도 좋을 것입니다.

2. 끌어모음
반단의 젖혀잇기

제1선의 젖혀 잇기
가 끌어모으기의 기본.
실전에서 익숙해지면
매우 간단.

1도

백의 차례로써 어떻
게 끌어모을까요?

2도

백은 1로 젖힙니다.
귀의 흑집을 작게 하
려는 것입니다.

3도

흑은 손을 빼면 큰일
입니다. 백1로 쳐져
흑집은 엉망이 되어
버립니다. 백1에서는
a로 뛰는 수도 있읍니
다.

4도

그러므로 흑은 2도
에 이어서, 흑1로 누

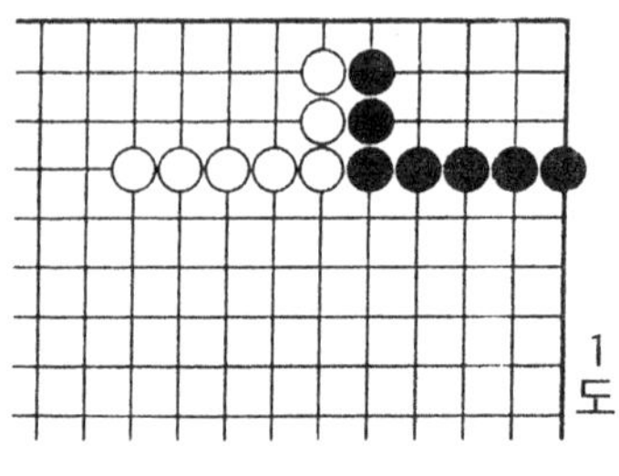

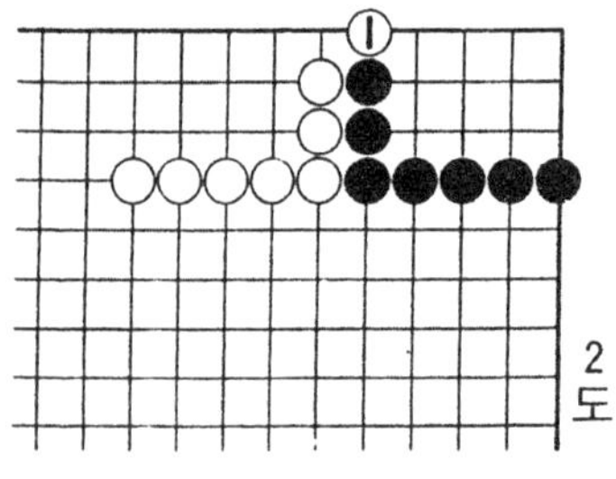

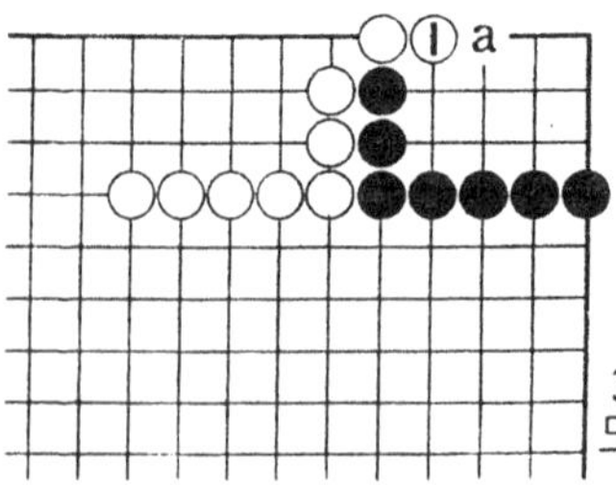

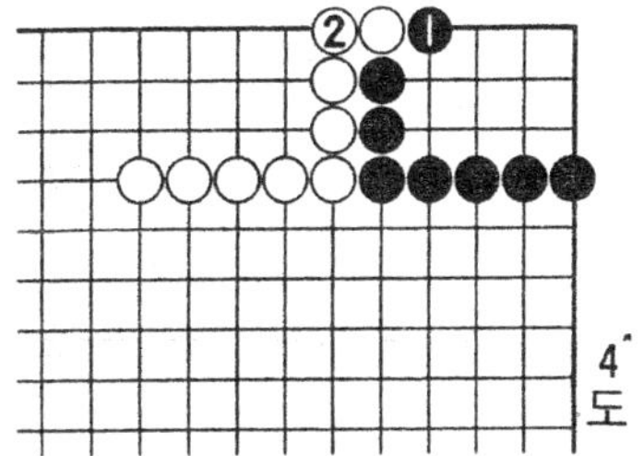

4 도

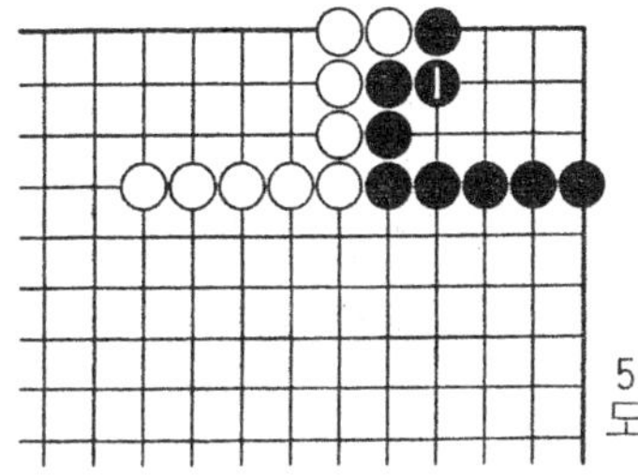

5 도

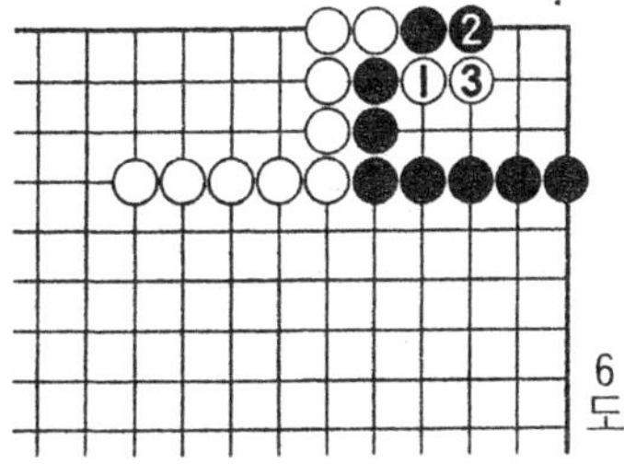

6 도

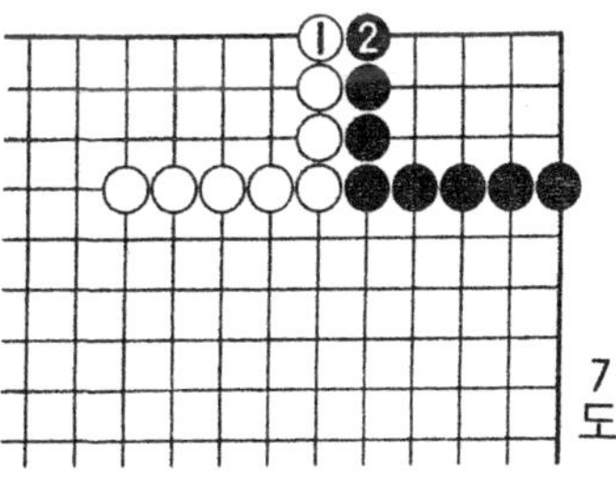

7 도

르지 않으면 안됩니다. 이렇게 쳐 귀의 집을 확보합니다. 백 2 의 잇기가 되는데, 흑은 이대로는 안됩니다.

5 도

흑 1 로 이어지면 안됩니다. 이것으로는 귀를 확보할 수 없읍니다.

6 도

흑이 손을 빼면 어떻게 되는가?

백 1 로 끊겨 곤란합니다. 흑 2 로 도망쳐도 백 3 으로 쫓겨, 어디까지 가도 도망칠 수 없읍니다.

7 도

5 도와 비교해 봅시다. 5 도는 흑집 10 집. 본도는 12 집. 그 집의 차가 있읍니다.

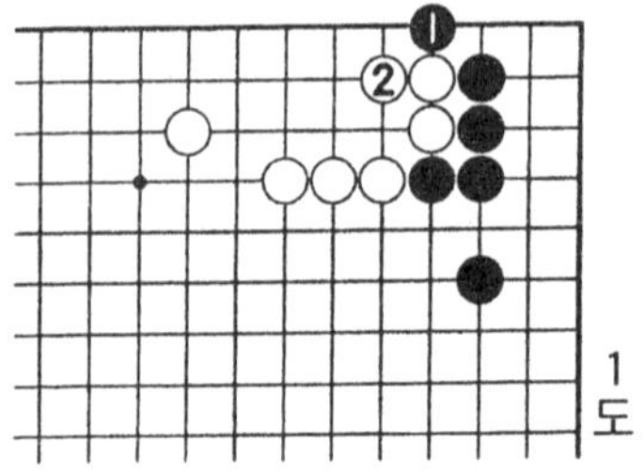

큰 젖힘

반단의 젖히기에 눌러 지지 않는 경우가 있다. 끌어모으기로써도 크다.

1도

흑1의 젖히기에 백은 2로 후퇴됩니다.

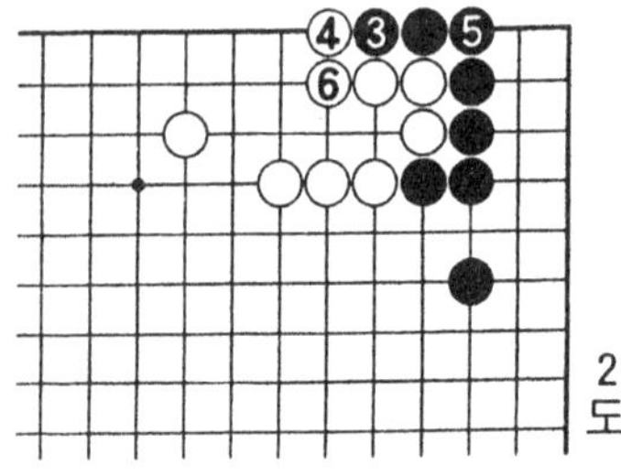

2도

백6까지, 백의 집은 작아졌읍니다.

3도

1도, 흑1에 대해백은 어째서 2로 늦추지 않으면 안되는가?

백1로 눌러 봅시다. 그러나, 이것은 흑2로 끊겨 곤란합니다. 백3으로 빼도──

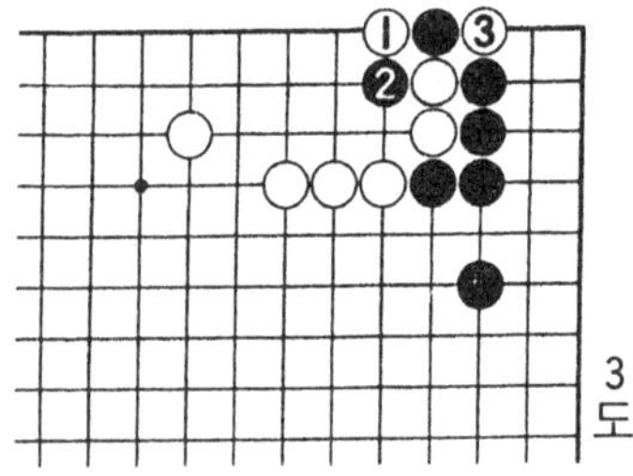

4도

흑4로 놓여져 백은 곤란합니다. 백a로 밀 수 없다는 것을 알 것입니다.

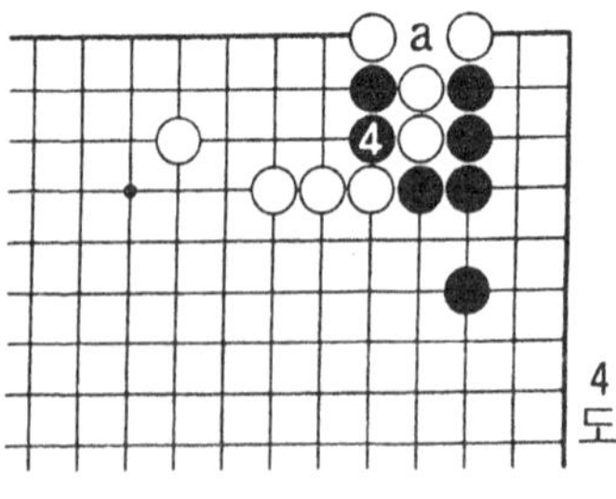

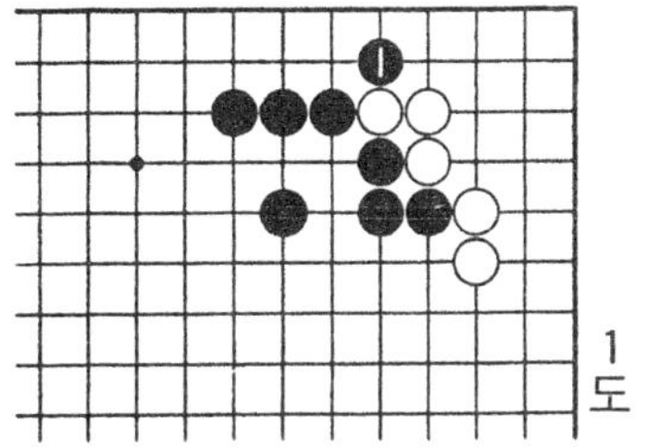

1도

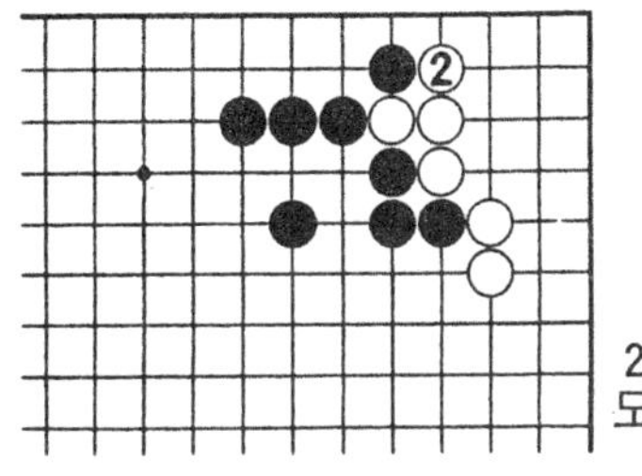

2도

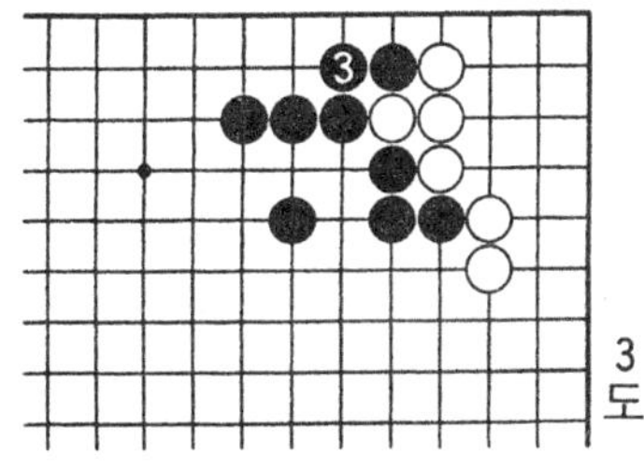

3도

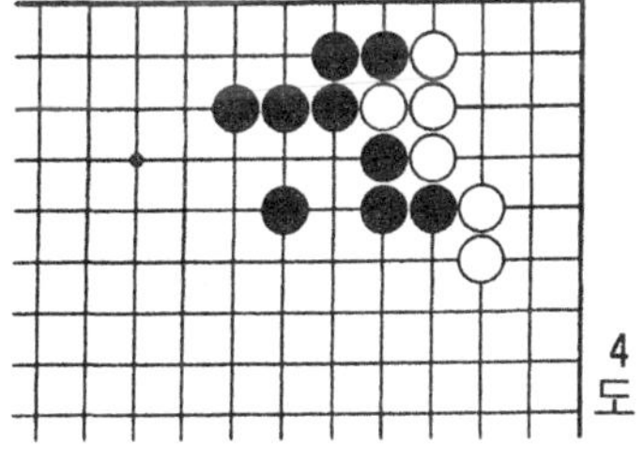

4도

제2선의 젖혀잇기

제2선의 끌어모음은 여러 가지. 우선 젖혀 잇기를 기억해 두는 것에서부터 시작한다.

1도

흑1의 젖히기에서부터 스타트합니다.

2도

백은 2로 누릅니다. 손 빼기는 흑에 2로 쳐져 큽니다.

3도

이어서 흑은 3으로 잇읍니다.

흑3도 이것을 치지 않으면 백에게 반대로 3으로 끊겨 큰 손해를 봅니다.

4도

완성된 그림입니다.

이로써 일단 일단락인데, 흑에는 이제부터 또 좋은 끌어모으기가

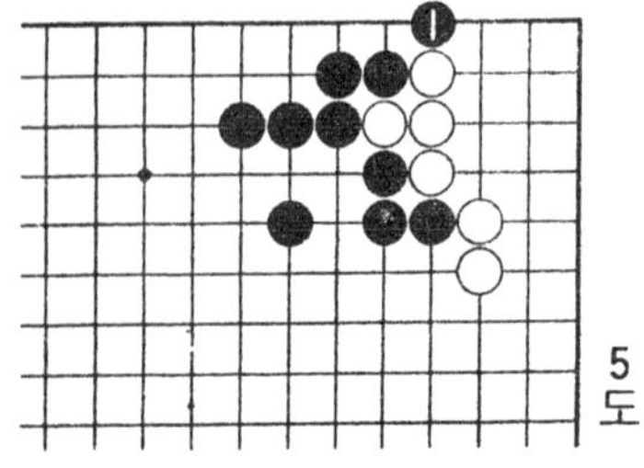

5도

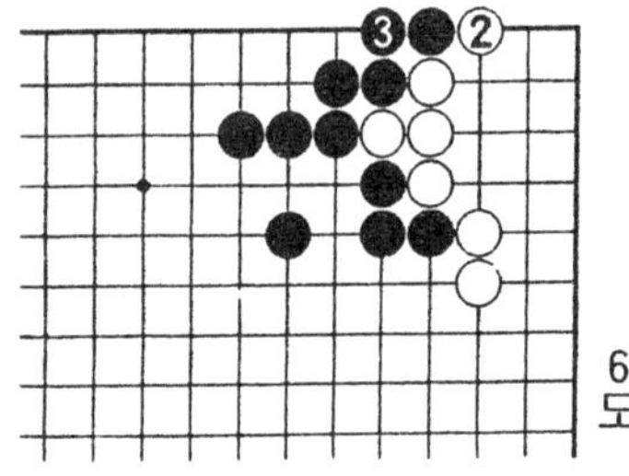

6도

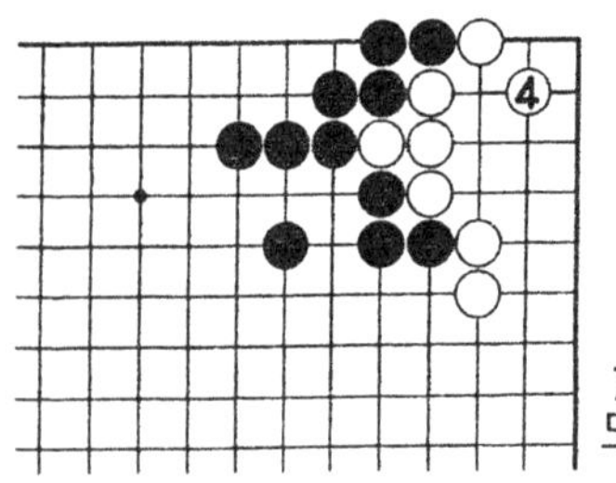

7도

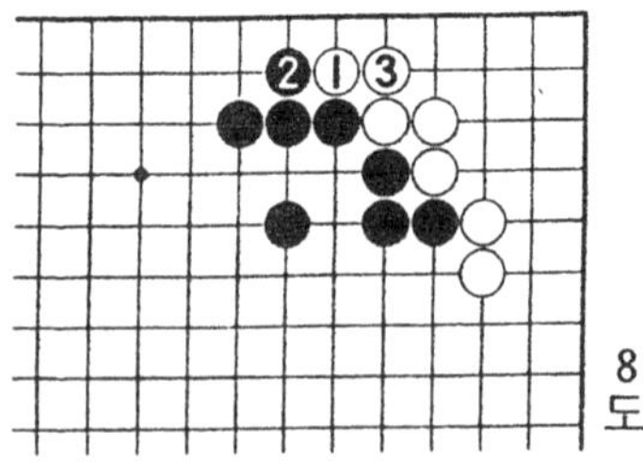

8도

있읍니다.

5도

이 형은 흑에서부터 1의 젖히기 이하의 끌어모으기가 거의 약속되어 있읍니다.

6도

이어서, 백2의 누르기에서부터 흑3의 잇기까지가 됩니다.

7도

백은 4로 준비하지 않으면 안됩니다. 이로써 일단락인데, 흑은 1도, 흑1로 젖힌 때부터 여기까지를 일련의 끌어모으기라고 볼 수가 있읍니다.

8도

백이 반대로 1·3으로 젖혀이었다고 합시다. 7도와 비교해 봅시다.

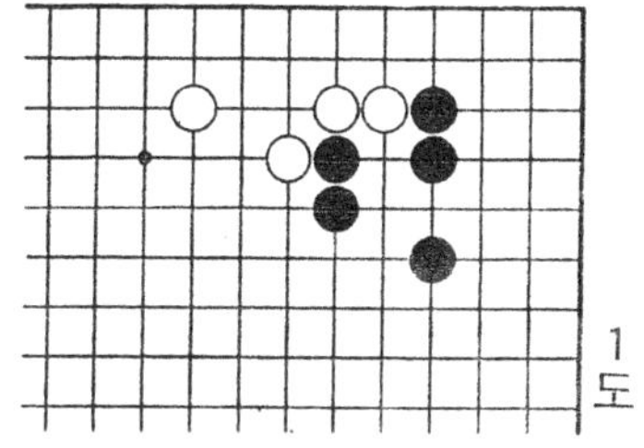

1 도

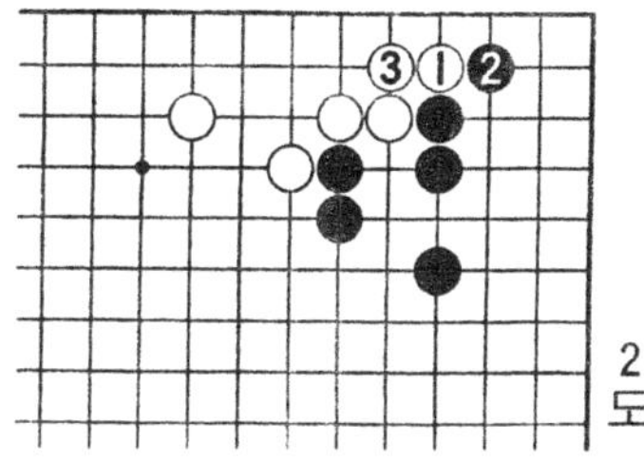

2 도

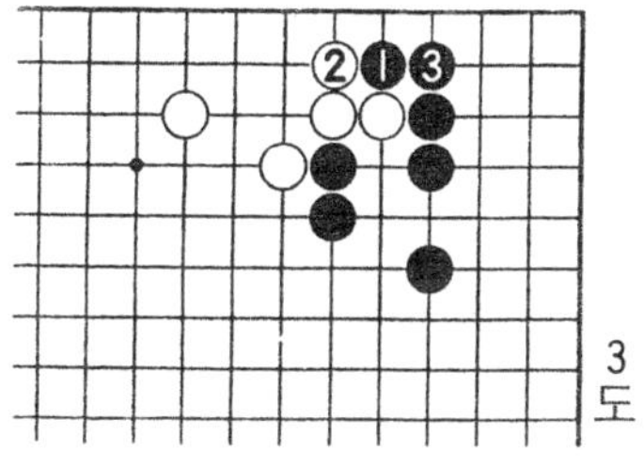

3 도

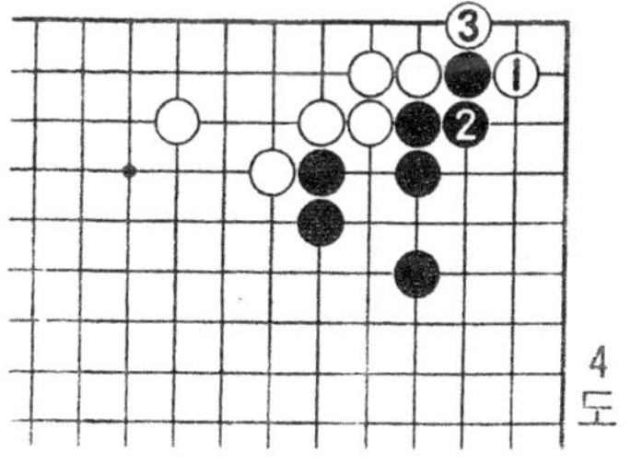

4 도

목표를 남긴다

조금 고급스러운 이야 기. 장래의 목표를 포함한 끌어모으기를 이해할 수 있으면 한 사람의 몫을 해낼 수 있다.

1 도

붙여 뻗기의 정석의 형입니다.

2 도

백에서부터 끌어모으는데 1·3 의 젖혀잇기가 큽니다. 귀에는 목표가 남읍니다.

3 도

반대로 흑에서부터 1·3 으로 젖혀잇는 것도 큰 끌어모음입니다. 2 도와 같은 형, 역시 10집의 크기임을 기억해 둡니다.

4 도

2 도의 형입니다.

마늘모

마늘모는 큰 끌어모음. 비교적 빠른 단계에서 놓여지는 수단.

1 도

끌어모으기에서는 선수 후수가 큰 문제가 되지만, 여기에서는 그것은 일단 도외시하고, 큰 끌어모음이라는 감을 잡기로 합니다.

흑 1 의 마늘모가 큰 끌어모음. 백 2 의 받기는 어쩔 수 없습니다.

2 도

이어서, 흑 3 , 백 4 가 되고──

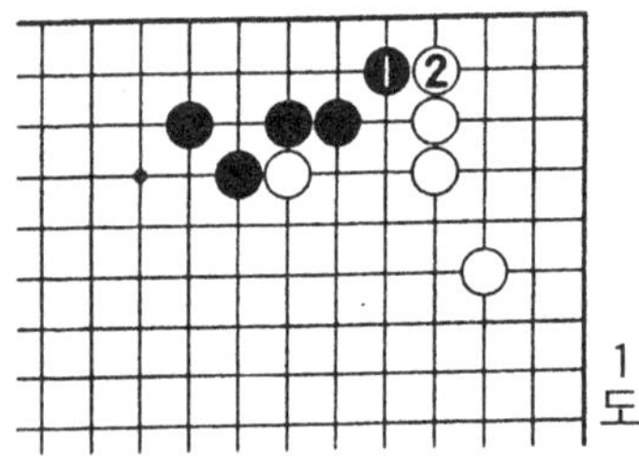

1 도

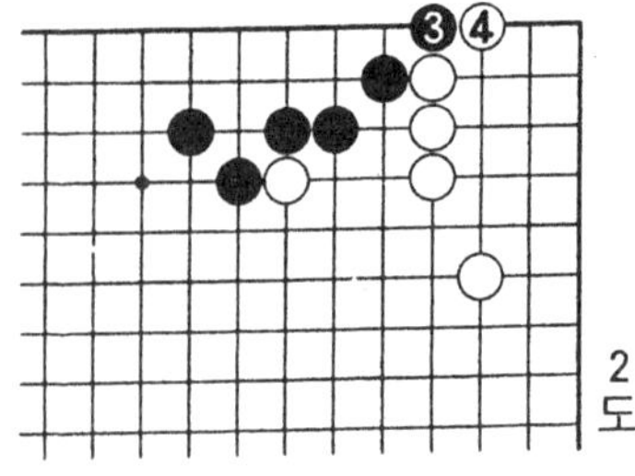

2 도

3 도

흑 5 , 백 6 까지로 일단락. 흑은 선수로 큰 끌어모음을 쳤습니다.

4 도

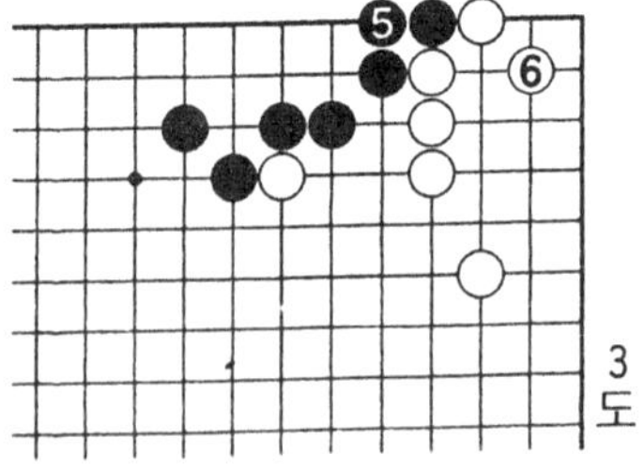

3 도

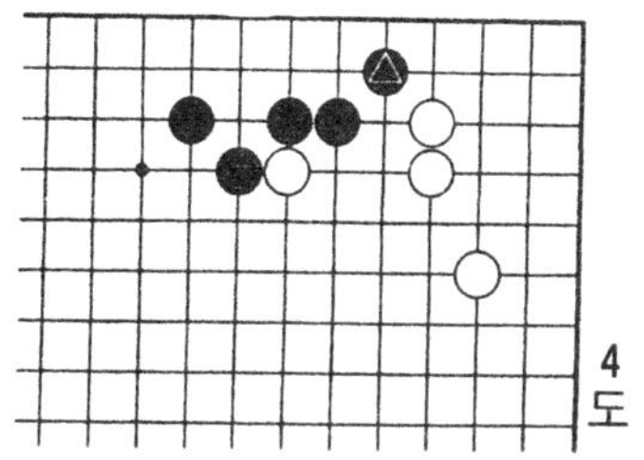

4도

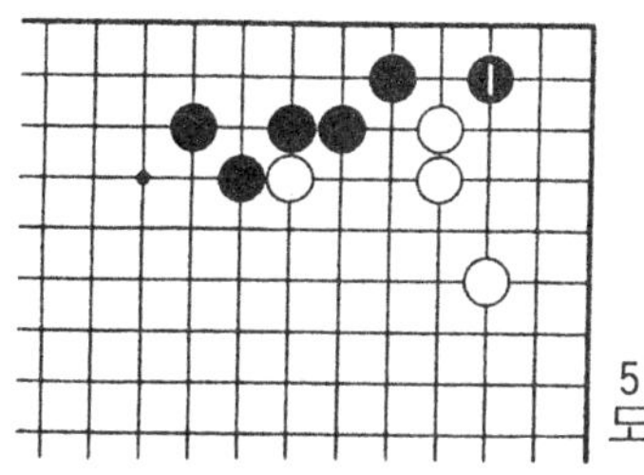

5도

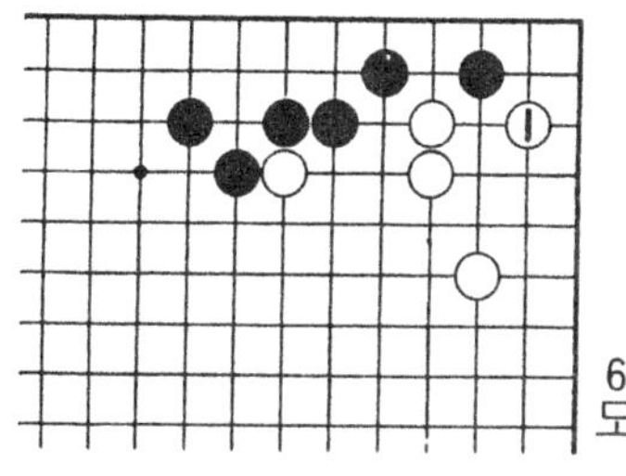

6도

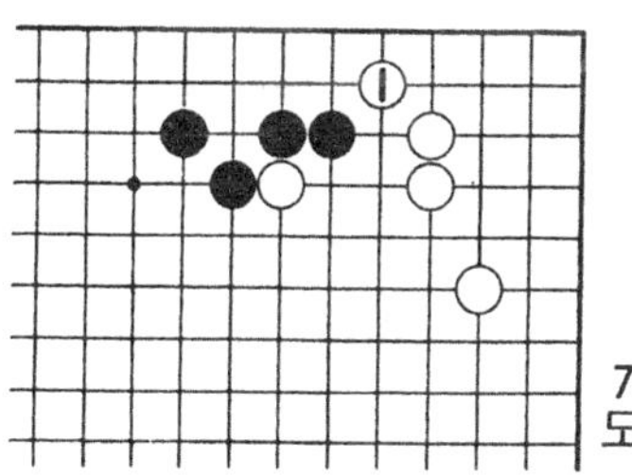

7도

●의 마늘모에 백이 손을 뺐다면 어떻게 될까요?

5도

흑은 1로 뛰어들어 갑니다. 몇 집의 수인지, 계산법이 어려우므로 그것은 뒤로 미루지만, 십수 집이 되는 큰 수입니다. 백은 여기에 손 빼기는 아직 없읍니다.

6도

백은 1로라도 받지 않을 수가 없읍니다. 백집은 상당히 작아졌읍니다

7도

반대로 백이 1로 친 그림과 비교해 봅시다. 보기에도 차가 큽니다.

백집만이 아니고, 흑집의 증감도 계산에 넣지 않으면 안됩니다.

계산법

끌어 모으기의 크기를 바르게 알기 위해서는 계산법을 알지 않으면 안 된다.

1 도

우선은 기본에서부터. 흑부터 또는 백부터 a점에 치는 것은 각각 몇 집의 수일까요?

흑이 쳐도, 백이 쳐도 수의 크기는 같읍니다.

2 도

흑1로 칩니다. 흑은 a점에 1집 만들어졌읍니다.

3 도

백1로 치면 1집도 만들어지지 않읍니다. 끌어모으기의 크기는 각각 치는 경우의 차가 한 수의 크기입니다. 이 경우는 각각 1

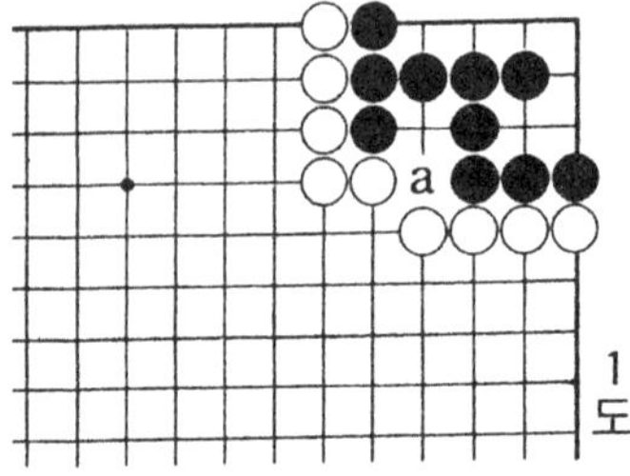

1
도

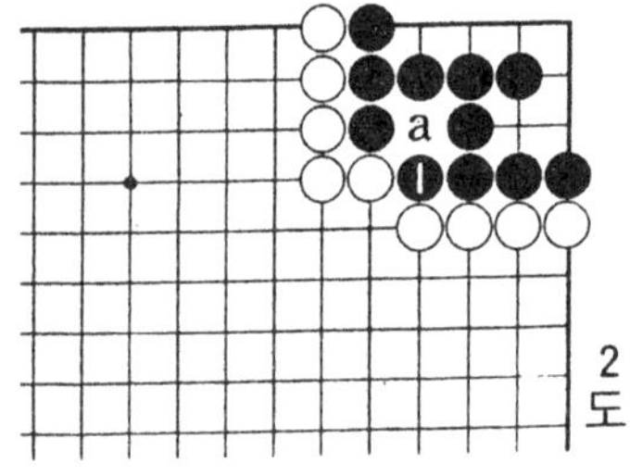

2
도

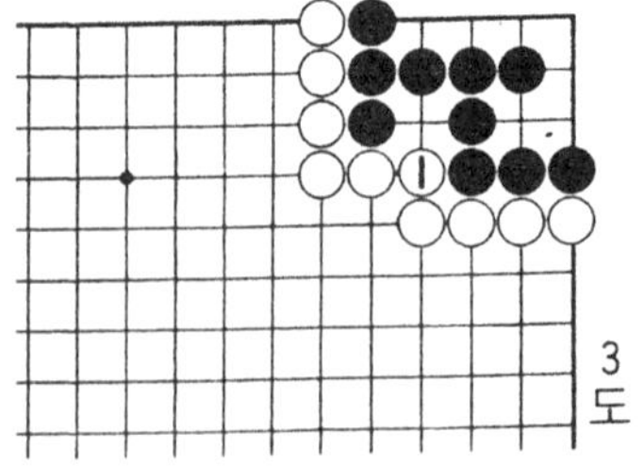

3
도

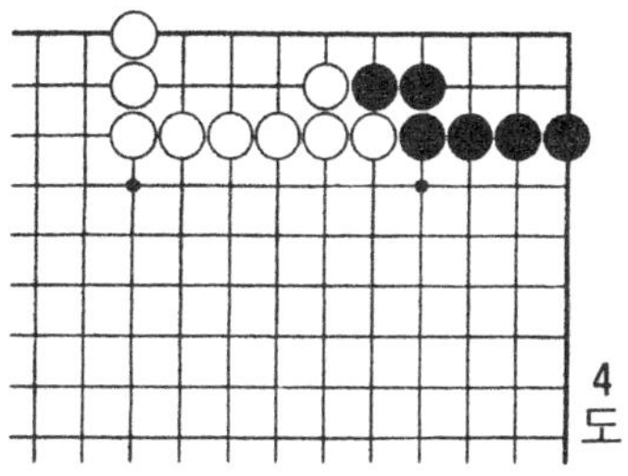

4도

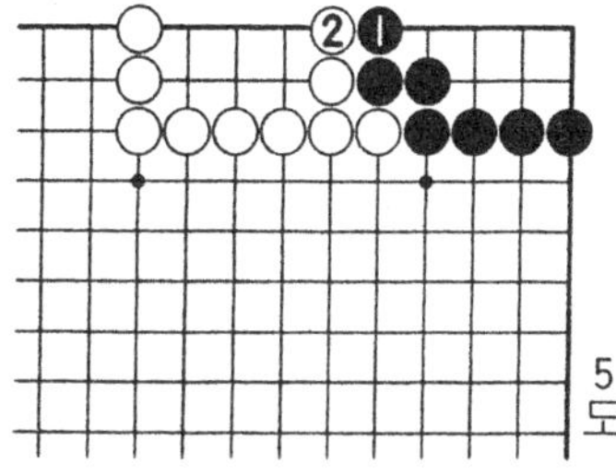

5도

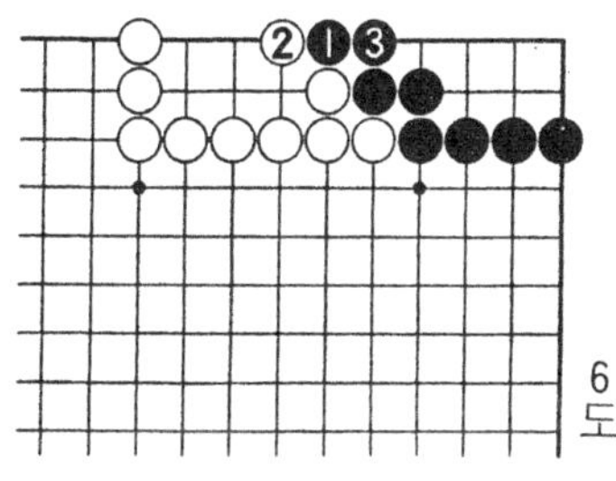

6도

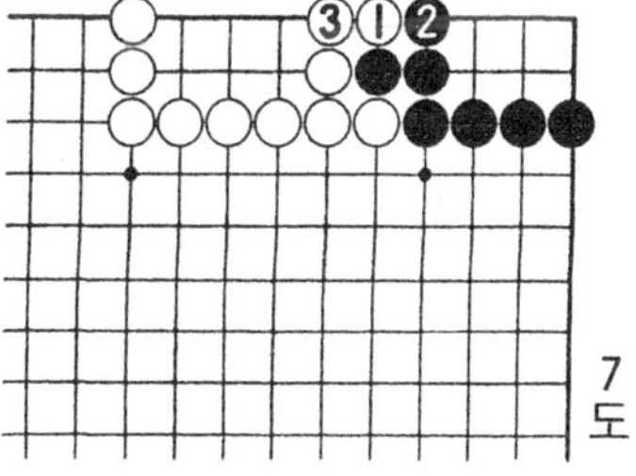

7도

집.

다시 반복하지만, 같은 장소를 상대가 친 경우와 이쪽이 친 경우의 차(출입)가 한 수의 크기입니다. 따라서, 흑이 친 그림과 백이 친 그림을 상정하여, 그 차를 냅니다.

이런 경우의 끌어모으기는——

5도

이것으로는 찌르기 부족.

6도

흑에서부터 1·3으로 끌어모읍니다. 흑집은 7집. 백집은 5집.

7도

백에서부터 끌어모읍니다. 흑집이 6집, 백집도 6집. 그 차이는 2집. 따라서 6

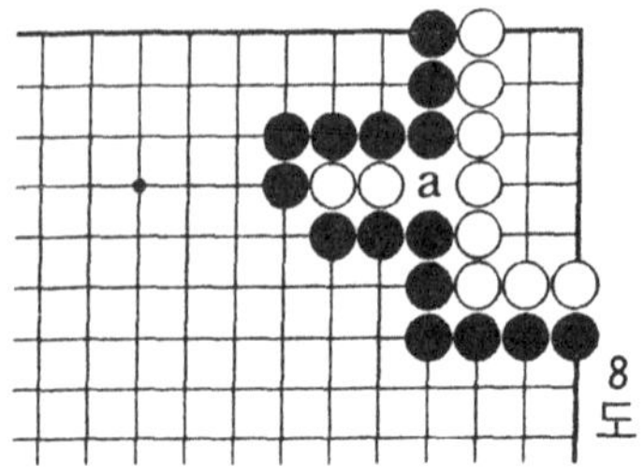

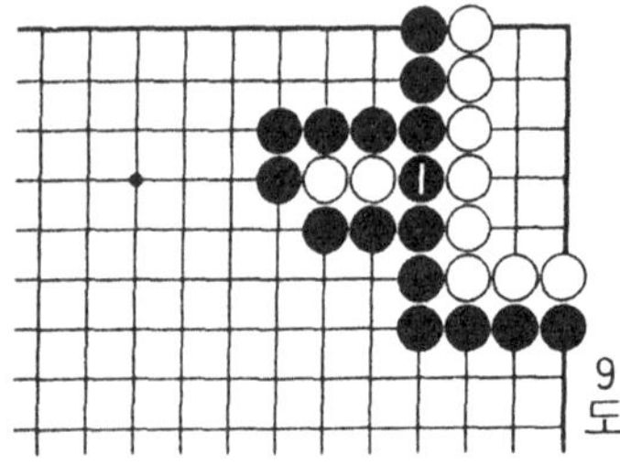

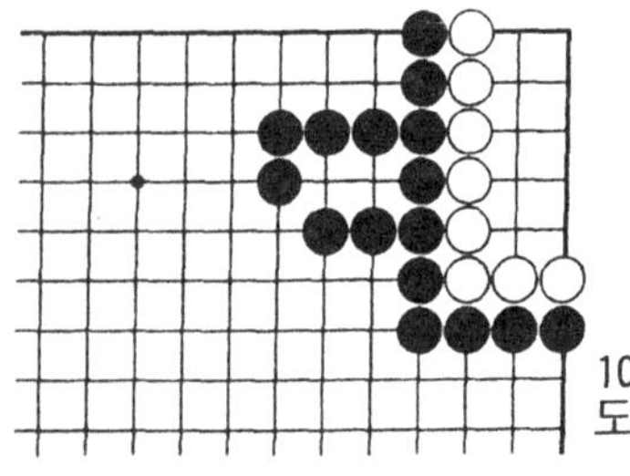

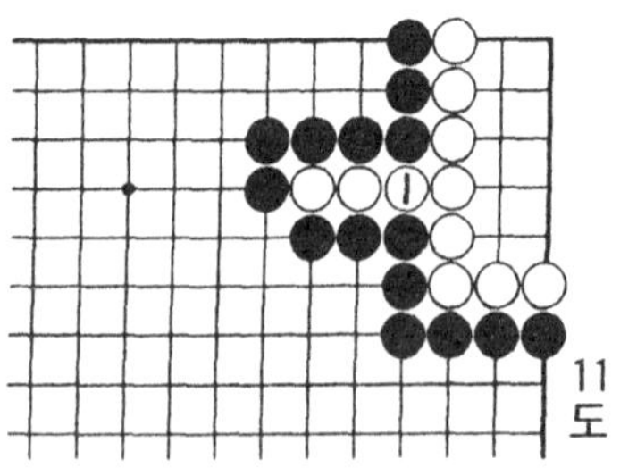

도도, 7도도 2집의 수
입니다.

8도

흑에서부터 a로 백
두 점을 잡은 수, 반대
로 백a로 잇는 수는 몇
집의 수일까요? 끌어
모음의 경우는 흑이 쳐
도, 백이 쳐도 집수는
같습니다. 어느쪽의 수
가 큰 일은 없습니다.

9도

흑1로 백 두 점을
잡았습니다.

10도

쳐올린 그림입니다.
흑은 2집의 집과 따
낸 백 두 점을 합해 4
집의 집이 되었습니다.

11도

백1로 이어 보았읍
니다. 백1로 잇는 것
에 의해 흑집은 1집
도 불가능. 즉 흑이 4

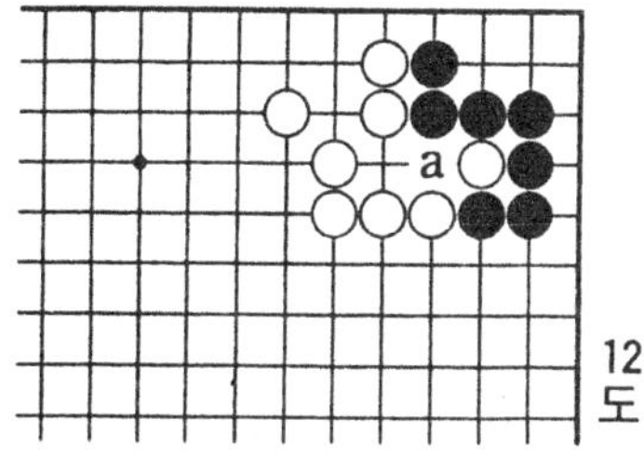

집 만들어진 것을 제로로 한 것으로, **9도**의 흑1과 같은 4집의 수가 됩니다.

12 도

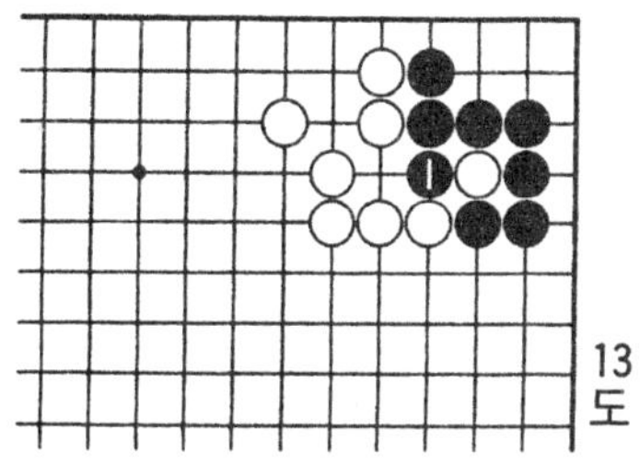

흑에서부터 a로 친 수는 각각 몇 집의 수일까요? 물론 흑이 쳐도, 백이 쳐도 한 수의 크기는 같습니다.

13 도

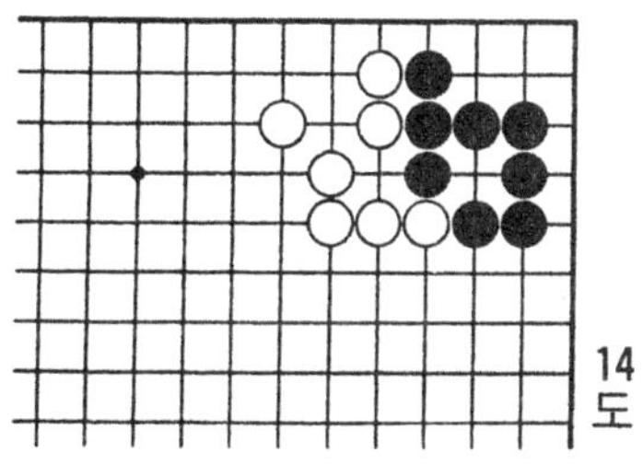

흑1로 백 한 점을 잡았읍니다. 흑집은 몇 집 증가할까요?

14 도

흑은 1집의 집과 따낸 백 한 점을 합해 2집이 되었읍니다. 그러므로 2집의 수——라고 생각해서는 안됩니다.

15 도

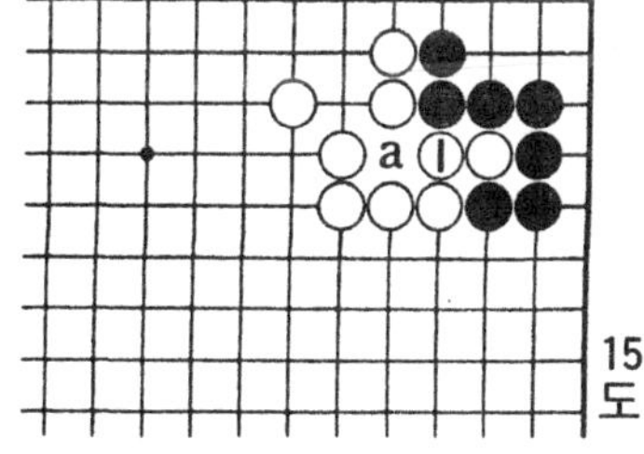

반대로 백이 1로 치면 백은 3집의 수입니다.

3. 수가 있는 집

끊기로 곤란하다

틈이 남아 있으면 불완전. 끊겨 곤란한 경우가 자주 있다.

1도

이로써 완전한 집이라고 보는 사람은 없는가?

2도

백에서부터 1로 쳐져 흑 두 점이 취해졌읍니다.

3도

흑은 1 또는 a로 준비하지 않으면 완전한 집이라고 할 수 없읍니다.

4도

초심자 중에는, 이런 상태에서 완전한 집이라고 생각하고 있는 사람이 의외로 많은 것

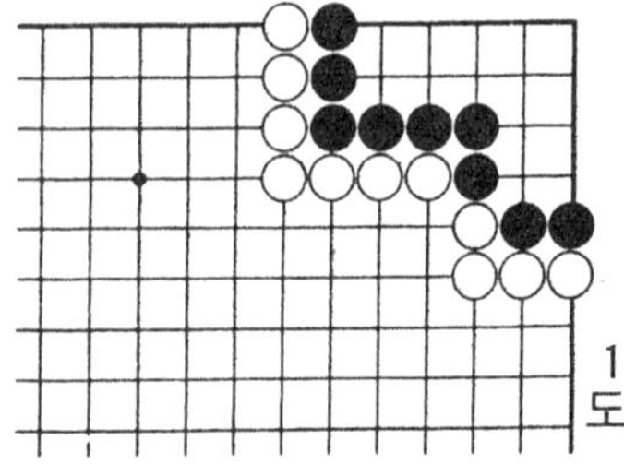

1도

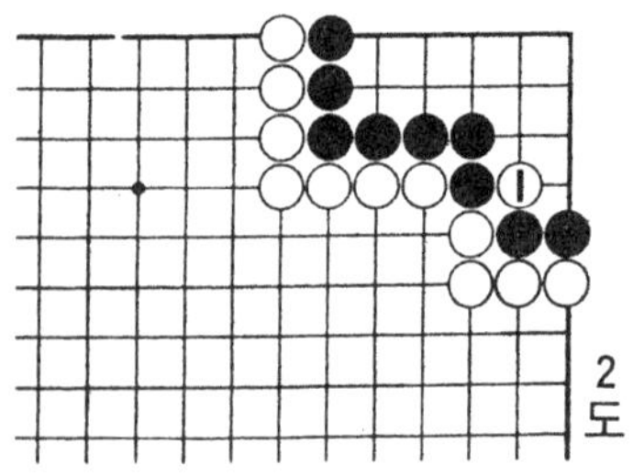

2도

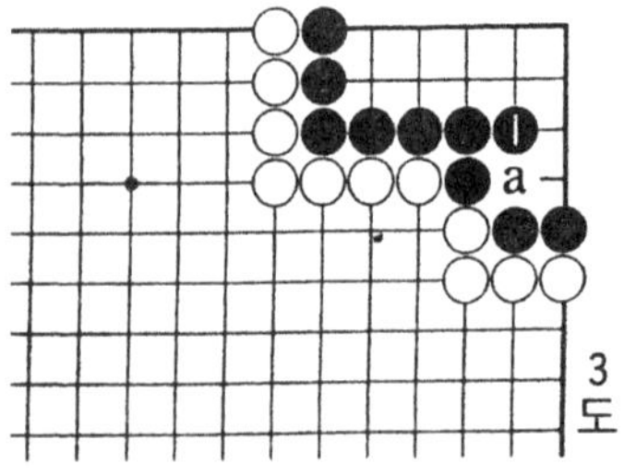

3도

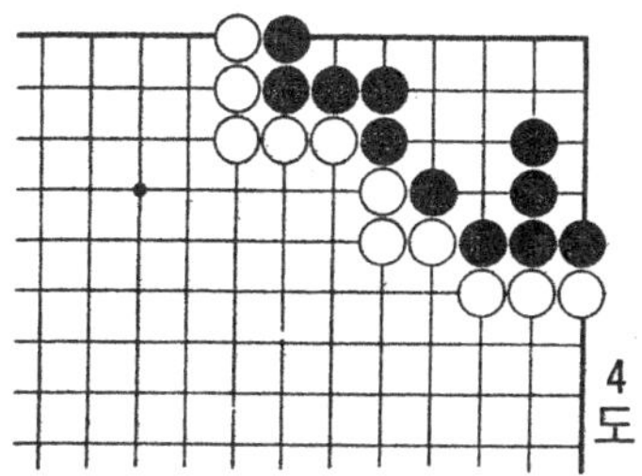

4도

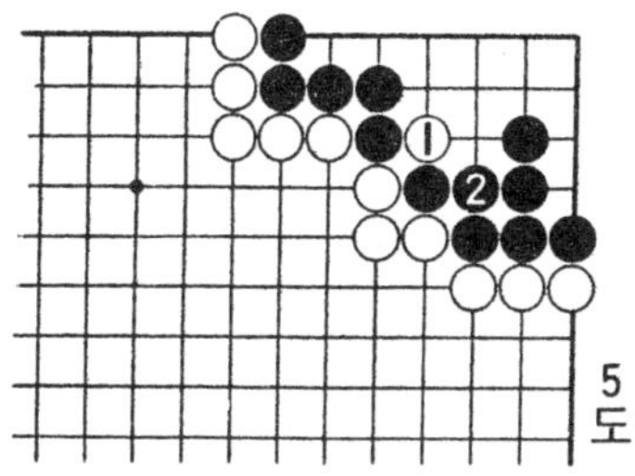

5도

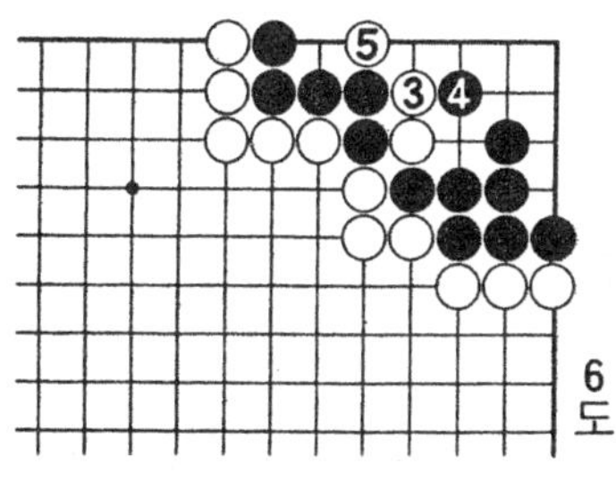

6도

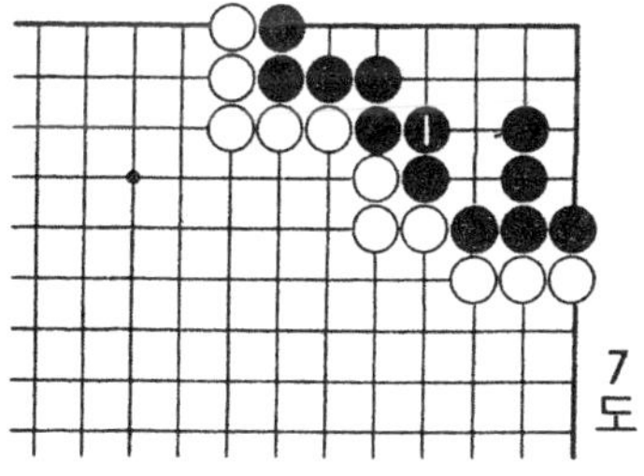

7도

입니다.

흑에는 아직 수가 남아 있읍니다.

5도

백1로 끊읍니다. 흑은 단수이므로 2로 붙이는 수밖에 없읍니다. 여기까지 오면 이제 알 것입니다.

6도

이어서, 백은 3으로 칩니다. 흑4로 쳐도 백5로 쳐져, 흑 다섯 점이 먼저 단수가 되어 잡혀 버립니다.

7도

흑1로 대비해 두지 않으면 완전한 집이라고 할 수 없읍니다. 그러나, 초보자 중에는 서로 알아차리지 못하는 경우가 있읍니다.

8도

좀 어려워졌읍니다.

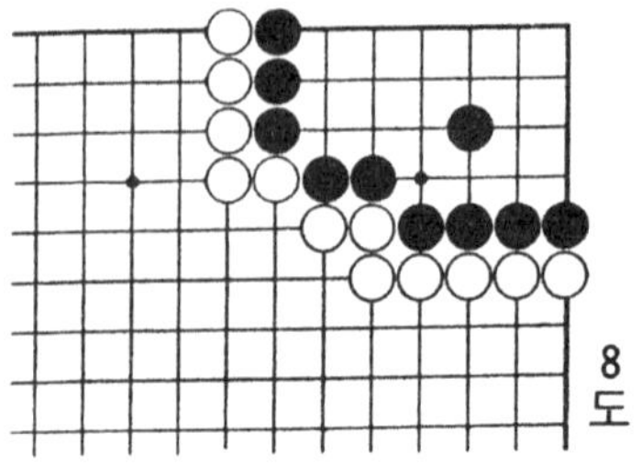

8도

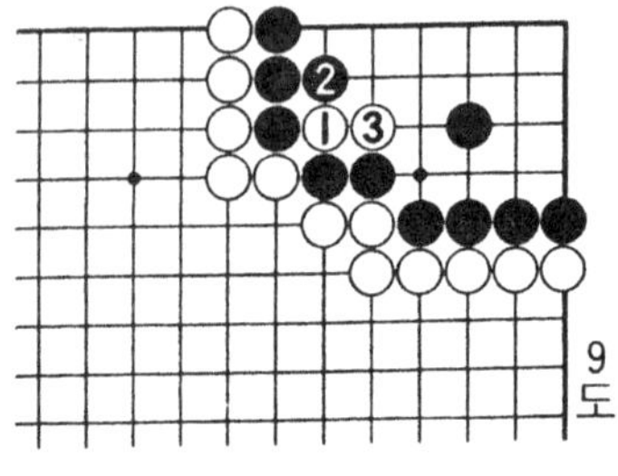

9도

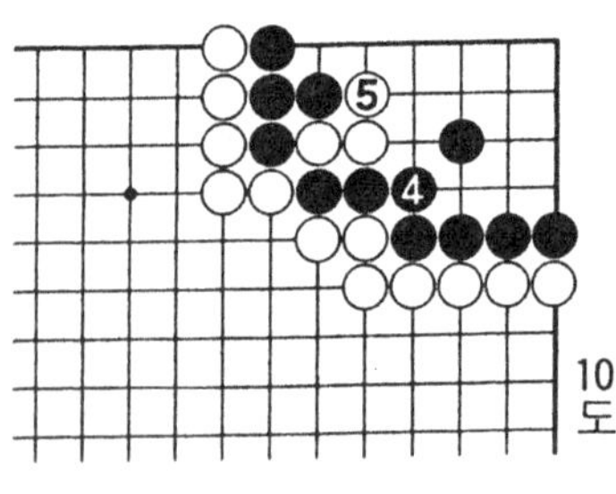

10도

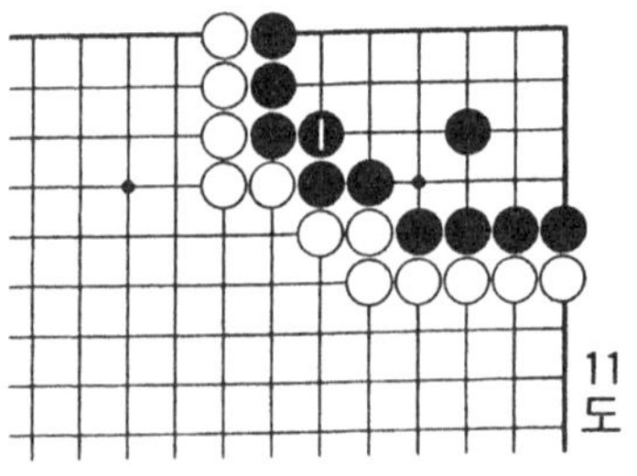

11도

얼핏 보면 완전한 흑 집으로 보입니다. 그러나, 잘 보기 바랍니다.

9도

백 1로 끊겨 흑은 곤란합니다. 흑 2로 단수해도 백 3으로 뻗어져 흑은 치는 수가 궁핍해져 버립니다.

10도

이어서, 흑은 단수이므로 4로 잇는 수밖에 없읍니다. 백 5로 쳐져 흑 네 점은 잡혀 버립니다.

11도

흑은 1로 쳐, 단점을 대비해 두지 않으면 완전한 집이라고 할 수 없읍니다. 잘 주의해야 합니다.

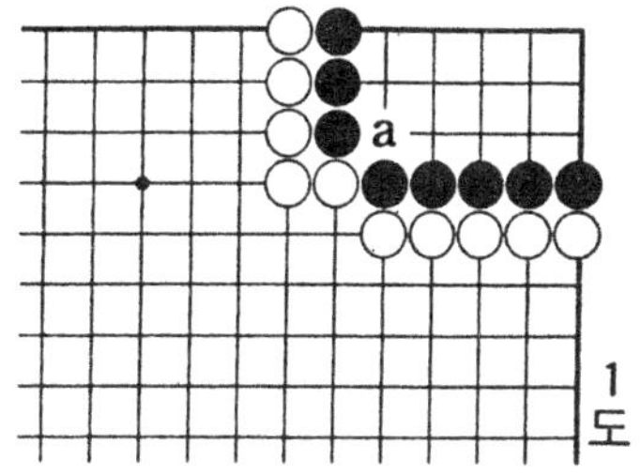

1도

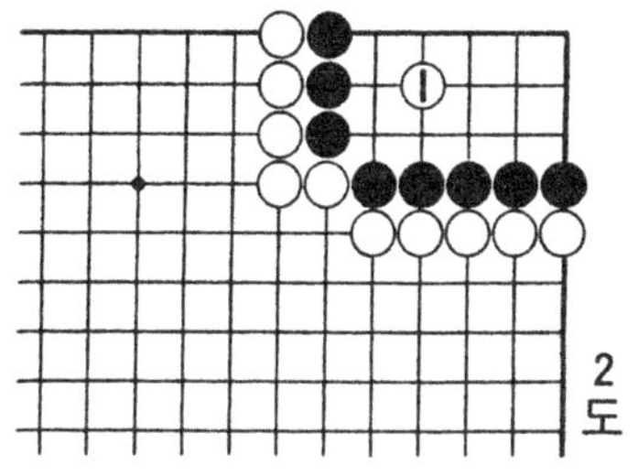

2도

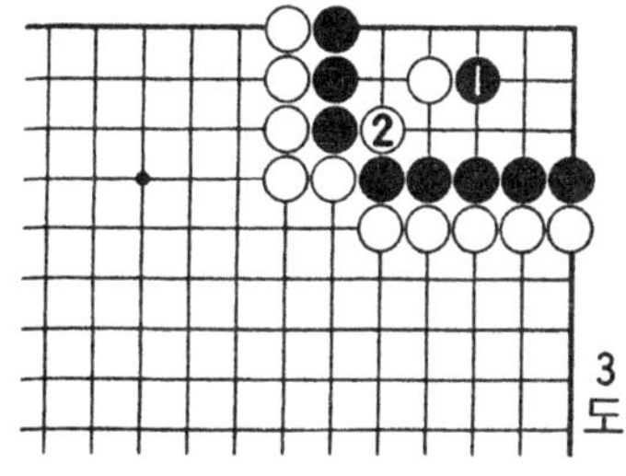

3도

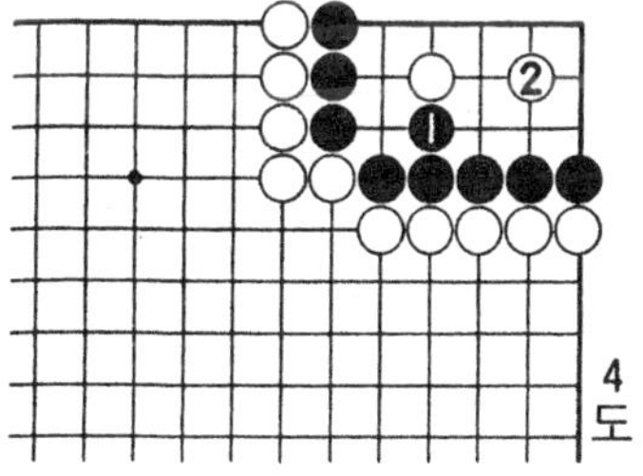

4도

끊지 않고 찌른다

틈을 찌르기 위해서는 끊기뿐이라고 한정할 수는 없다.

1도

a의 흑을 끊지 않고 찌릅니다.

2도

백1의 놓기가 급소로, 이것으로 어떻게든 수가 됩니다.

3도

흑1이라면 백2로 끊겨 흑 세 점이 잡혀 버립니다.

4도

흑1이라면 백2로 뛰어져, 이것은 이미 완전한 수입니다. 결과는 어려우므로, 여기에서는 후의 변화는 생략하겠지만, 흑은 아뭏는 무사하게는 끝나지 않읍니다.

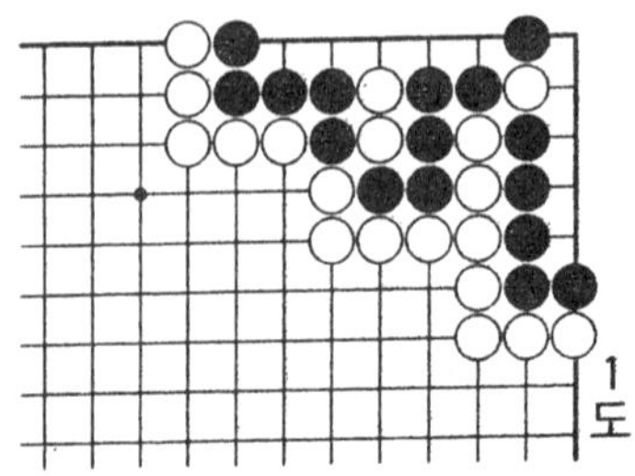

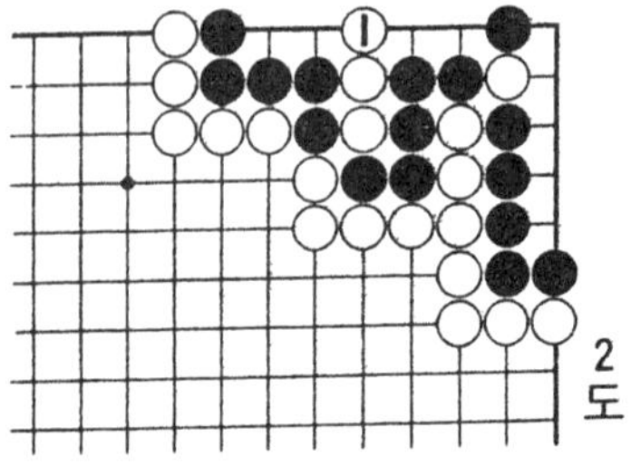

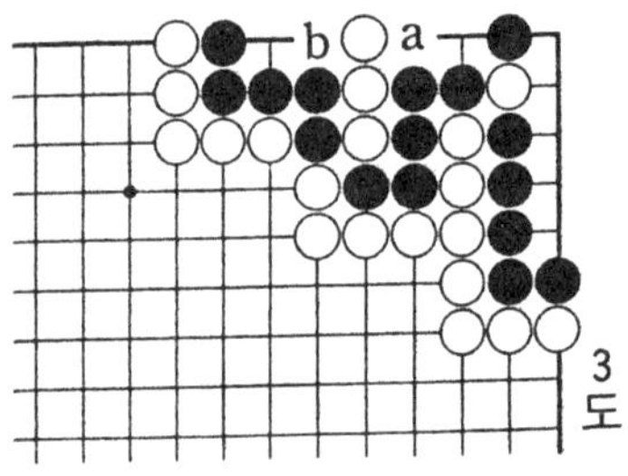

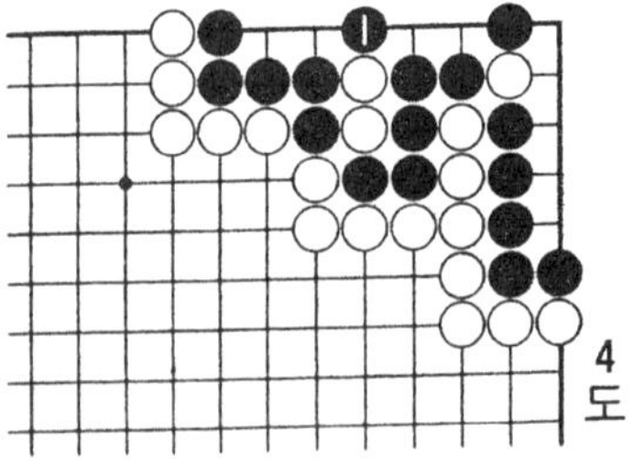

공배 막힘

돌이 끼어들어 오면 공배 막힘이 맹점이 된다.

1도

여기에서 수가 남아 있는 것을 알아차린다면, 이미 입문은 졸업이라고 할 수 있을 것입니다.

2도

백 1의 내리기. 흑의 비명이 들리는 듯합니다.

3도

전도를 정리한 형입니다. 다시 한번 잘 보기 바랍니다. 이미 알았는가. 흑은 공배 막힘으로, a와 b의 양쪽 모두 칠 수 없습니다.

왼쪽의 흑 다섯점은 잡혀 버렸습니다.

4도

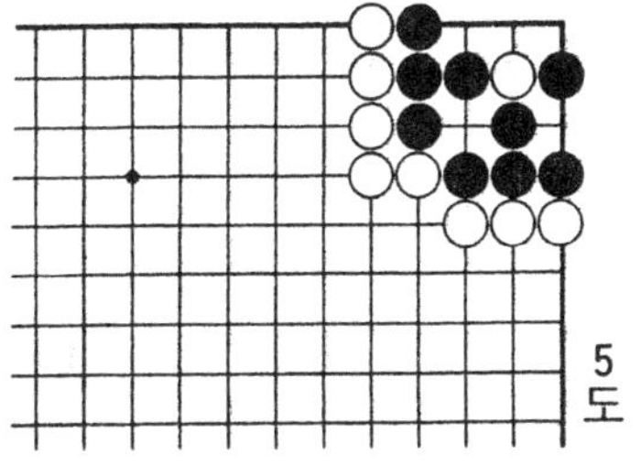

5 도

혹은 1로 쳐 빼지 않으면 안됩니다.

5 도

좀 복잡한 형입니다. 귀의 혹은 완전한 집인가? 조금 어려운 문제일지도 모릅니다.

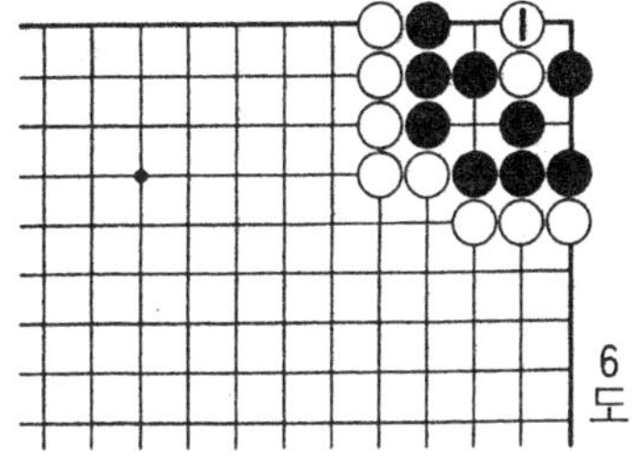

6 도

6 도

백1로 뻗어 봅니다. 여기까지 왔는데도, 이것이 도대체 무엇인지 모르는 사람도 많을 것입니다.

이것은 어쩔 수 없습니다.

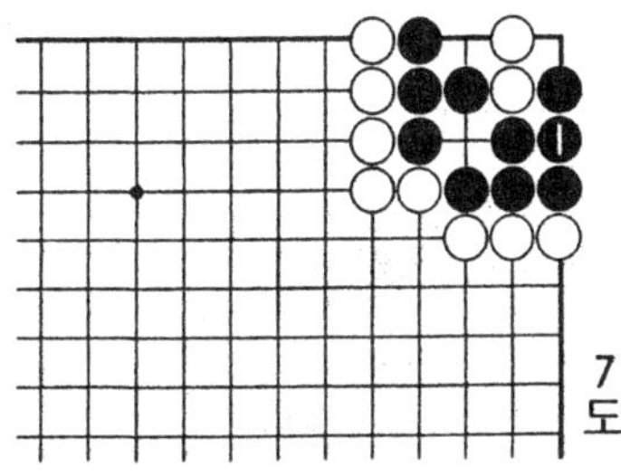

7 도

7 도

혹1로 이어, 백 두 점을 잡아 봅니다.

8 도

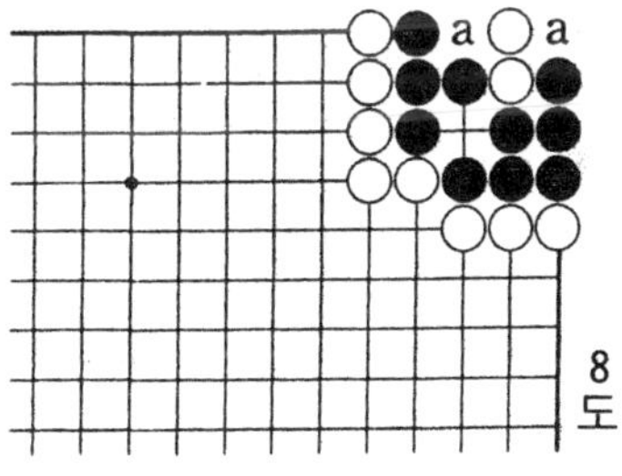

8 도

이와 같은 형이 되었읍니다. 잘 보면, 혹은 양쪽 a점에 넣을 수 없다는 것을 알 수 있읍니다.

접바둑으로 보는 실전의 공격 방법 5

작전

흑은 백을 가두는 작전.

흑은 쭉쭉 뻗는 좋은 바둑을 치고 있읍니다. 앞으로 급성장할 것임에 틀림없읍니다.

흑2·4·6. 모두 좋은 수입니다. 자세한 것을 이야기 하려면 끝이 없지만, 이 시점에 있어서, 큰 방향이 좋은 것입니다. 즉, 흑은 백을 밖으로 내지 말고 가두는 것입니다. 이런 생각이 바르고 좋은 것입니다.

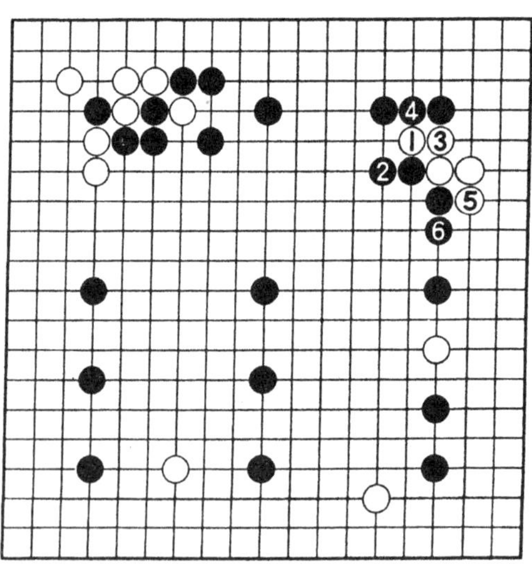

제6장

올바른 끝내기

막 외울 무렵에는, 언제 어디서 어떻게 바둑이 끝나는지, 그것을 잘 모릅니다. 뭐가 뭔지 알 수 없는 중에 돌을 만지는 것입니다. 이 장에서는 올바른 끝내기 방법, 집을 세는 방법을 다루겠습니다.

1. 끝내기

손 쓰기

공배가 막히면 수가 될 무렵에는 최후로 손 쓰기가 필요하다.

1도

끝내기 바로 전의 장면입니다. 흑백 모두, 이미 칠 곳은 거의 없습니다.

이 국면을 스타트하여, 이하 모두 만들어 승패가 결정되기까지를, 순서에 따라 잘 보기 바랍니다.

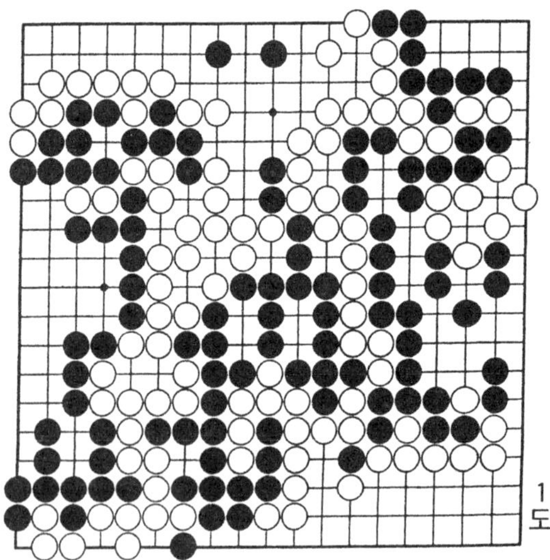

2 도

백선입니다.

백 1 로 쳐 갔읍니다. 이에 대해 혹은 2 로 백 두 점을 빼 두지 않으면 안됩니다. 백 1 은 선수의 끌어모음이었읍니다.

이대로는 알기 어려울지도 모르지만, 백 a 로 공배를 메꾸면, 혹 b 에 잇지 않으면 안됩니다. 이 때, 혹 2 가 없으면 백 2 로 쳐져 혹의 큰 돌이 잡혀져 버립니다.

혹 2 에서는 b 로 이어도 같지만, 2 로 빼 두는 쪽이 좋은 것입니다.

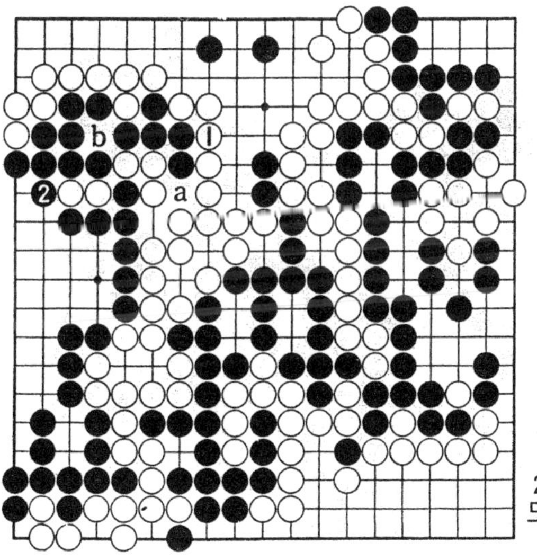

2 도

3도

이어서, 백1·3으로 젖혀잇기. 흑도 4·6으로 젖혀이어 바둑은 끝났읍니다.

뒤는 이미 1집의 수도 없읍니다.

실제는 이것으로 서로에게 끝내기임을 확인시켜, 손을 쓸 곳에는 손을 쓰고, 공배를 메꾼 다음 승패를 인정하게 되는 것입니다.

그러나, 단숨에 거기까지 가는 것은 어려울 것이라고 생각되므로, 그것을 순서에 의해 가보겠읍니다.

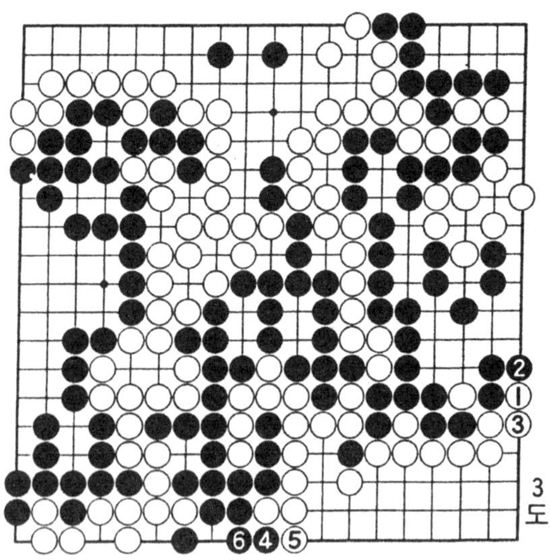

3도

4도

백1로 메꾸면 혹은 단수이므로 2로 잇지 않으면 안됩니다. 그리고 백3, 혹4로 잇읍니다. 각각 a 의 점이 막히면 단수가 되므로 잇지 않으면 안된다는 것을 알 수 있을 것입니다.

이와 같이 공배가 메꿔져 가면 손 쓰기가 필요한 곳은, 각각 손 쓰기를 해야 합니다.

이 국면에서는, 손 쓰기가 필요한 곳은 이미 한 곳도 없읍니다.

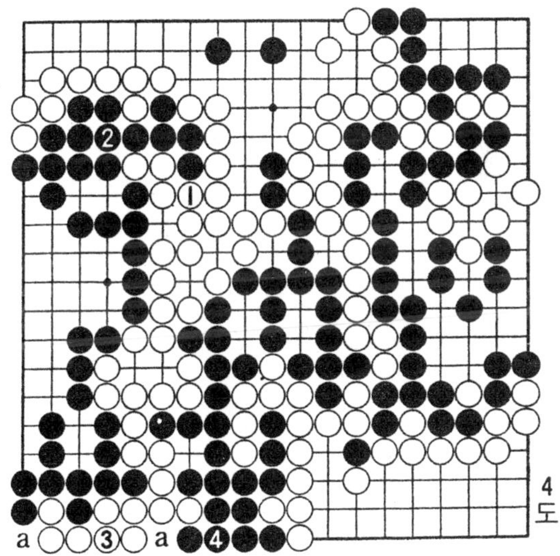

4도

공배

공배란 어느 쪽이 쳐도 1 집도 되지 않는 곳.

1도

이로써 바둑은 완전히 끝났읍니다. 이제 어느 쪽이 쳐도 1 집이 될 곳은 한 곳도 없읍니다.

그러나, 아직 공배가 비어 있읍니다. 공배란 어느 쪽이 쳐도 1 집도 되지 않는 공점이라는 뜻으로, × 표시가 그곳입니다.

만들기 전에 이 점을 메꾸지 않으면 안됩니다.

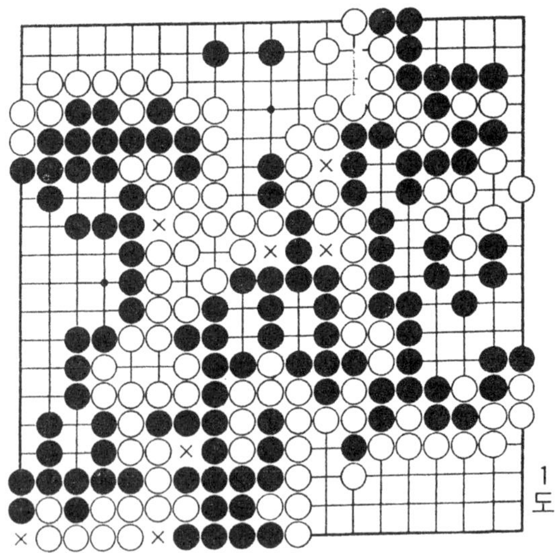

2도

공배는 쳐도 1집이 되지 않으므로, 어느 쪽이 쳐도 같은 것입니다. 그러므로 서로 적당하게 메꿔 가는 경우가 많은 것입니다.

그러나, 바르게는 서로 순서에 의해 메꿔 가는 것이 매너이므로, 그런 습관을 익혀 두도록 합니다.

흑부터 쳤다고 합시다. 흑1에서부터 순서에 따라 메꿔 가, 흑7로 공배도 다 메꿔졌습니다.

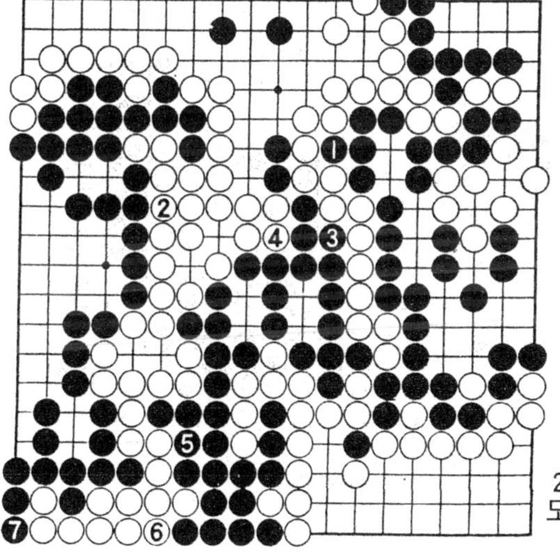

죽은 돌

각각의 집 속의 죽은 돌을 발견, 만들기 전에 그것을 집어 올린다.

1도

드디어 만드는(승패 확인) 것인데, 그 전에 각각의 집 속의 죽은 돌(포로)을 찾아내 그것을 집어 올립니 다.

이 경우는 ●와 △이 각각의 포로로 죽은 돌입니 니다. ●와 △은 이미 어떻게도 살릴 수는 없습니다.

집어 올린 돌은, ●가 5개, △이 10개입니다.

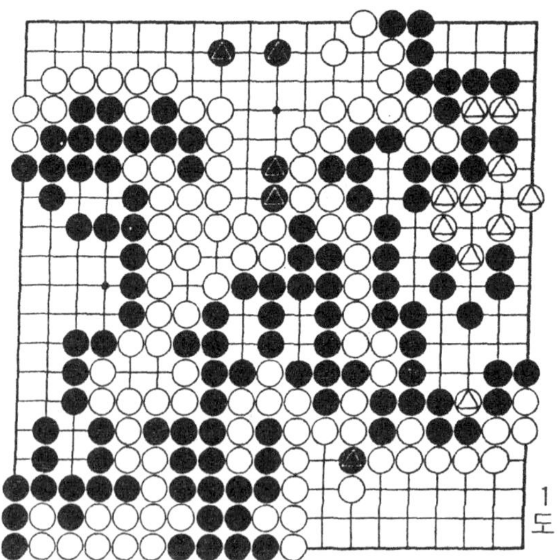

2 도

각각의 죽은 돌을 집어 올려 이렇게 되었읍니다.

이에 서로가 따낸 돌을 메꿔 만들어 가는 것입니다. 따낸 돌에는, 앞 페이지에서 집어 올린 죽은 돌과 그 이전에 따낸 돌이 있읍니다.

이 국면에서 말하자면, 전에 a 점에서 백 두 점을 따 냈읍니다. 실제로는 그 이전에도 딴돌이 있는 것이 보 통이지만, 귀찮으므로 여기에서는 제로로 합니다.

잡은 돌을 딴돌이라고 부르는데, 흑쪽이 딴돌(잡은 백돌)은 앞 페이지에서 집어 올렸던 죽은 돌 10개와 a 점에서 잡은 두 개를 합해 12 개.

백쪽의 딴돌(잡은 흑돌)은 5 개가 되는 것입니다.

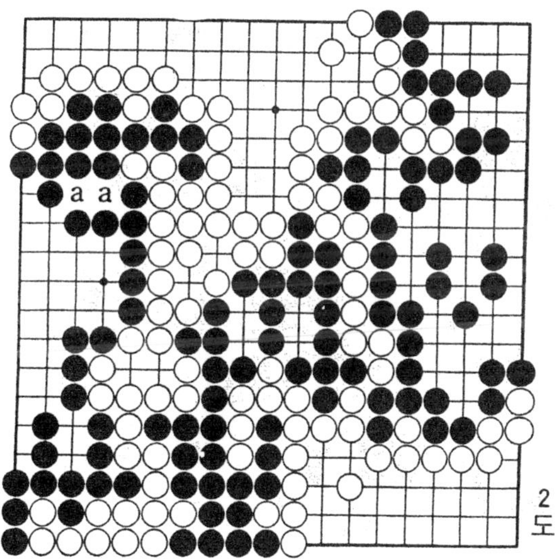

2. 만들다

딴돌의 처리

딴돌은 만들기 전에, 각각 집 속에 메꿔 간다.

1도

백이 딴돌(●)은 5개. 흑의 딴돌(○)은 12개. 그것을 각각의 집에 메꿔 갑니다. 어디에 메꿔도 이치는 같지만, 나중에 세기 쉽도록(정리하기 쉽도록) 떨어져 있는 곳이나, 파고들어간 부분에 메꿔 갑니다.

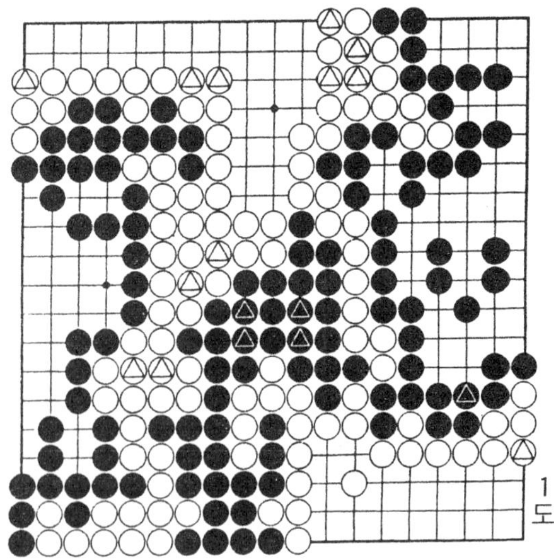

2도

서로에게 딴돌을 다 메꾼 결과도입니다.

이로써 서로의 집도 모두 결정되었읍니다.

이대로의 상태로 서로의 집을 세도 좋은 것입니다.

그러나, 이대로는 돌이 들쑥날쑥하여 세기 어렵읍니다. 그래서 이제부터 세기 쉽도록 정리합니다.

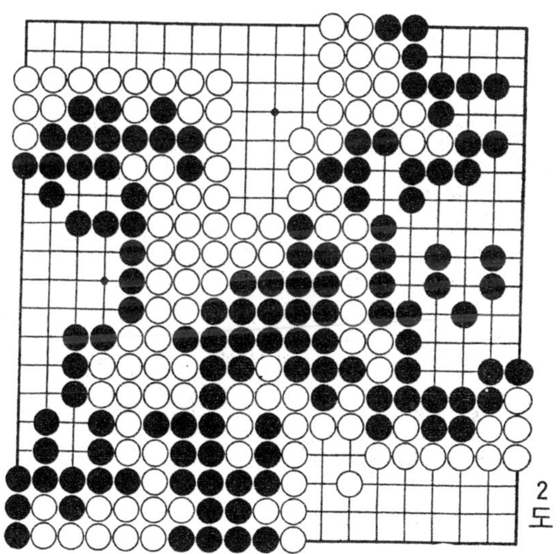

집의 계산

각각의 집이 몇 집 있는지 계산하여, 승패를 확인한다.

1도

본도를 기초로 만드는 것입니다. 만들기란, 각각 세기 쉽도록 정리하여, 몇 집의 집인지 계산하는 것을 말합니다.

만들기에도 기술이 있고, 그만큼 기력을 나타내는 것입니다.

각각의 집 속이라면 돌을 어디로 움직여도 좋고, 결과도 변함이 없습니다. 예를 들면 흑 집 속이라면 흑 돌은 어디로 옮겨도 좋습니다. 간단한 이치입니다. 이것을 잘 이용하는 것입니다.

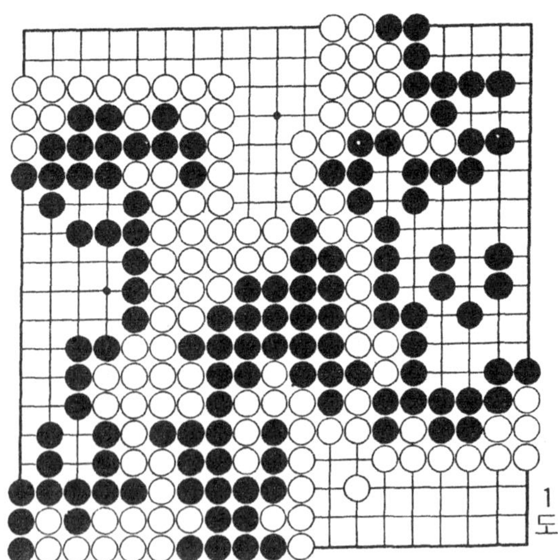

2 도

드디어 만들기 작업에 들어간 것인데, 그것을 구체적으로 설명하기로 합시다.

예를 들면, 우상 ⚫의 두 점을 × 표시의 장소로 이동시킵니다. 또 하변 ⚪을 한길 위의 × 표시로 이동시킵니다.

이런 요령으로, 각각의 집 속에 있는 돌을 끝쪽으로 가져가, 세기 쉬운 형으로 만들어 가는 것입니다.

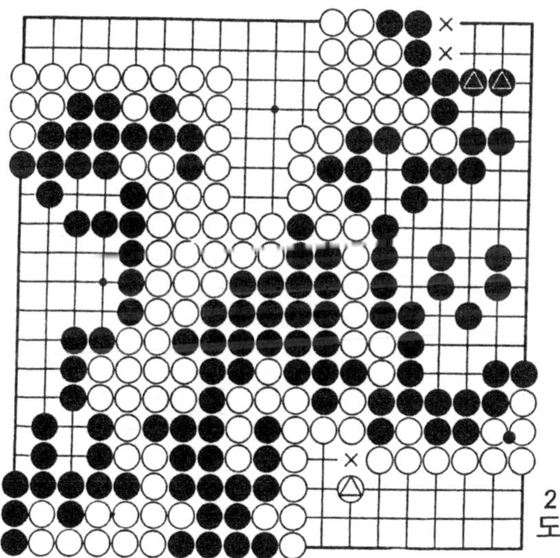

2 도

3도

맨 가운데의 돌을 끝으로 붙여 이런 형으로 만들어 보았읍니다.

상당히 세기 쉬워졌읍니다. 이로써 세도 좋을 정도입니다. 그러나, 또 한 가지 연구할 것이 있읍니다.

예를 들면 좌상의 백집을 봅시다. 이것이라면 첫눈에 20집이라는 것을 알 수 있읍니다. 이런 식으로 만드는 것이 좋은 만들기인 것입니다.

다시 한번, 좌상의 백집을 봅시다. 끝에서 화점까지가 딱 10눈입니다. 이것을 잘 이용하는 것입니다.

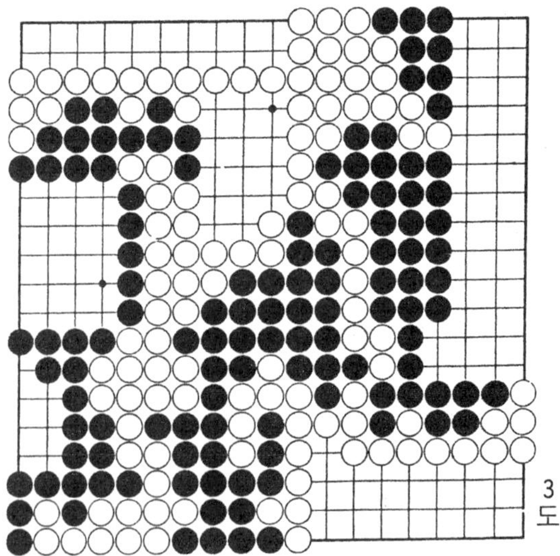

3도

4 도

앞 그림과 같읍니다.

여기에서 또 한 가지 마음에 걸리는 것이 있읍니다. 각각의 경계선에 ●이나 △이 있는 것입니다. 이치는 같고, 기능적으로도 아무런 변함은 없어, 이대로도 지장은 없읍니다.

그러나, 아름답지 않으므로 가능하면 피하고 싶은것입니다.

그것은 간단히 가능합니다. 예를 들면 좌상 ● 두 점과 △ 두 점을 바꾸면 되는 것입니다.

이런 요령으로 좀더 정리하면──

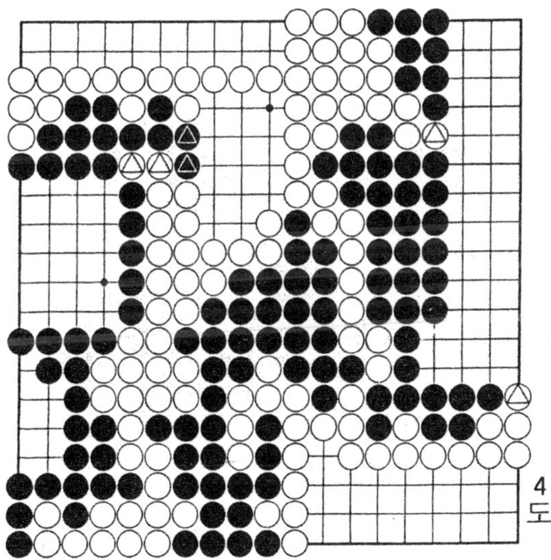

4 도

집의 비교

각각의 집을 계산하여, 어느 쪽이 많은지 그 차이를 확인한다.

1 도

이런 형으로 정리했읍니다. 상당히 잘 되었읍니다. 이것으로 거의 완벽합니다.

그러나, 잘 보면 흑백 모두 a 점이 파여 있는 것을 알 수 있읍니다. 그래서 ●와 ◎ 을 각각 a 점으로 이동시켰읍니다.

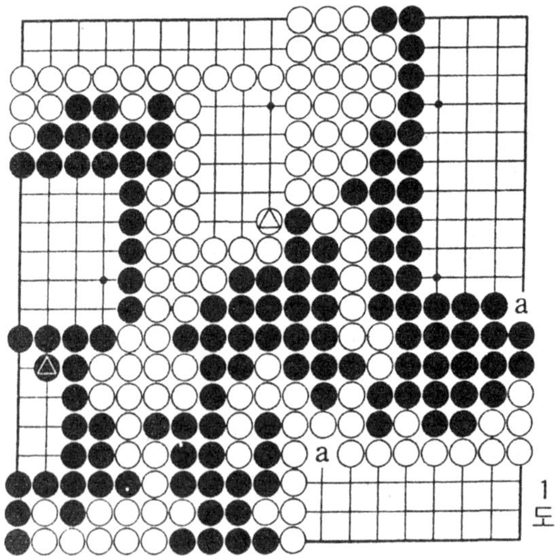

2 도

아름다운 형이 완성되었읍니다.

자, 계산을 해봅시다.

흑집은 40집＋20집＋8집, 계 68집.

백집은 20집＋15집＋24집, 계 59집.

즉 흑의 9집 승리인 것입니다.

이로써 일국의 바둑은 무사히 끝났읍니다.

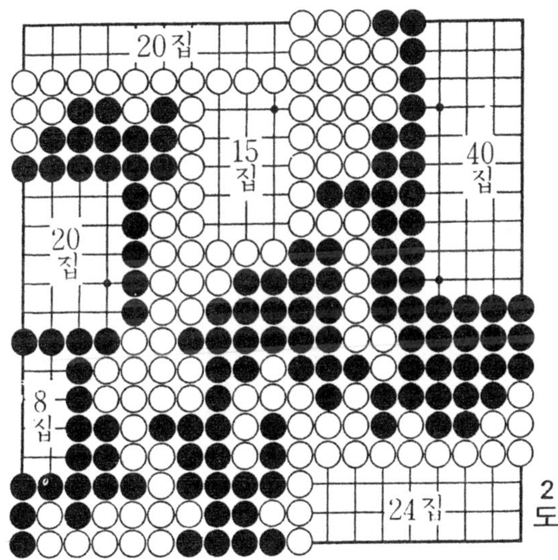

접바둑으로 보는 실전의 공격 방법 6

두껍다

흑은 속이 두꺼워 불패의 태세

흑 6에서는 a로 치는 강력한 수가 있었다.

그러면 백은 b로 치는 패가 되고 백을 취할지 모른다

그러나 그것은 아직 무리이니 괜찮을 것이다.

흑 8로 붙이는 것이 두꺼운 좋은 수이다.

안이 두꺼워 武宮正樹 9단을 방불케 하다.

아름다운 아가씨이지만 바둑도 매우 아름다워 앞으로

가 기대됩니다.

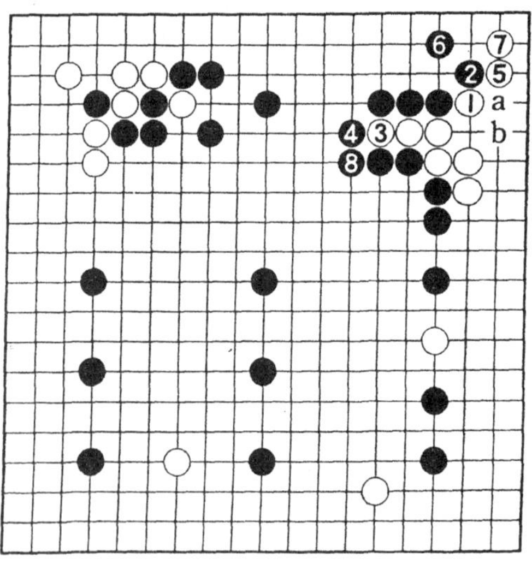

판 권
본 사
소 유

땅은 이렇게 만든다

2012년 2월 25일 인쇄
2012년 2월 28일 펴냄

엮은이/ 프로바둑연구회
펴낸이/ 최 상 일
펴낸곳/ 太乙出版社
서울특별시 중구 신당6동 52-107 (동아빌딩내)
등록/1973년 1월 10일(제4-10호)

＊잘못된 책은 구입하신 곳에서 교환해 드립니다.

■주문 및 연락처

우편번호 100-456
서울특별시 중구 신당6동 52-107 (동아빌딩 내)
전화 / 2237-5577 팩스 / 2233-6166
ISBN 89-493-0359-0   13690

기초 러시아語會話

編輯部 編

太乙出版社

러시아어 회화 초보자를 위하여

그동안 철의 장막으로 둘러쳐진 대표적인 나라로만 우리의 기억 속에 남아있던 소련은 최근 들어 적극적인 북방정책을 표방하는 정부 당국의 정책에 힘입어 상당히 관심적인 나라가 되었다.

경제협력 사절단이 소련으로 파견되는가 하면, 정치 지도자들이 소련을 방문하여 상호 협력 관계 개선을 도모하고 있는 것도 요즈음의 두드러진 국내 정치상황 변화의 하나라고 할 수 있을 것이다.

여기에 발맞추어 대다수 국민들의 러시아어에 대한 관심도도 부쩍 늘어나고 있다. 그러나 그동안 소외되어 온 탓으로 국내에는 아직 이렇다 할 「러시아어 교본」이나 「기초 러시아어 회화」에 관한 책자가 발행되어지지 않고있는 현실이었다.

흔히 현대를 4 대 초강국시대라고 하는데 그 중에는 당연히 소련이라는 거대한 나라도 포함되어있다. 미국, 일본에 이어 소련이라는 나라는 중국과 더불어 북방진영으로서는 무시못할 파워를 세계 속에 과시하고 있는 것이다.

이러한 추세 속에서 우리 정부가 온국민이 바라고 기다

려 왔던 민주화와 더불어 북방정책을 적극적으로 추진하기 시작했다는 점은 참으로 잘한 일이라는 생각도 든다.

그 나라를 알기 위해서는 먼저 그 나라의 언어를 알지 않으면 안된다는 것 쯤은 누구라도 이해할 수 있을 것이다. 소련이라는 나라와 국가적으로 혹은 민간 차원에서의 교류를 위해서는 무엇보다도 먼저 그 나라의 언어를 익히지 않으면 안될 것이다. 교류는 의사의 소통을 전제로 하는 만남이다. 의사(意思)의 소통은 언어의 소통에서부터 비롯된다. 그러므로 언어를 모르면 결코 그 나라와는 교류를 할 수가 없게 되는 것이다.

최근에 나라에서는 소련의 광대한 시베리아에 우리나라 경제 및 자본의 투자를 시도하고 있다는 신문기사를 접하고 있다. 만약 우리나라 기업들이 소련으로 진출하여 자본 투자를 시작하게 된다면 우선적으로 필요한 인력은 바로 러시아어를 잘 구사할 줄 아는 사람이 될 것이다.

지금까지는 러시아어를 마스터한 사람들이 그다지 많지 않다고 하지만, 차츰 관심을 가진 사람들이 많이 불어나게 되고 또한 나라에서도 적극적으로 러시아어 교육에 힘을 쓰게 된다면 보다 훌륭한 인력이 양성되리라 믿어진다.

정치 및 경제의 대국으로 우리나라가 진출하여 그들과 정치 및 경제적인 교류를 원만히 해낼 수 있다면 우리나라를 부강하게 만드는데는 상당한 도움이 되리라고 생각한다. 그리고 그렇게 되기를 갈망하는 작은 애국의 충정에서 보다 많은 독자들에게 러시아어에 대한 관심을 고취시키고, 나아가 러시아어를 익히는데 일조를 하고자 이 책을 기획하여 제작하게 된 것이다.

처음부터 어려운 학문 속으로 선뜻 뛰어든다는 것은 여간 무리가 아니라고 믿어지기에 가장 쉬우면서도 누구나 관심을 가지고 가까이 접근할 수 있도록 기초적인 사항들만 모아서 엮은 「기초 회화」책이므로 큰 부담감 없이 펼쳐들고 공부할 수가 있을 것이다.

아울러 이 책을 통하여 단순히 "러시아어"만을 익힌다고 생각하지 말고 러시아의 모든 것을 배우고 익힌다는 생각으로 관심을 가져주기 바란다. 또한 이 책이 독자 여러분의 러시아어 공부에 작은 도움이라도 된다면 더없는 다행이라 생각한다.

편저자 씀.

차 례

러시아어 회화를 위한
기초 문법

인쇄체의 대·소문자

А а 아	Б б 베	В в 붸
Г г 게	Д д 데	Е е 예
Ё ё 요	Ж ж 줴	З з 제
И и 이	Й й 이 끄라뜨꼬예	К к 까
Л л 엘	М м 엠	Н н 엔
О о 오	П п 뻬	Р р 에르
С с 에쓰	Т т 떼	У у 우
Ф ф 에프	Х х 하	Ц ц 쩨
Ч ч 체	Ш ш 솨	Щ щ 쉬차
Ъ ъ 뜨보 르딕즈닉 (경음부)	Ы ы 의	Ь ь 마호끼 즈닉 (연음부)
Э э 에	Ю ю 유	Я я 야

필기체의 대·소문자

Аа 아	*Бб* 베	*Вв* 붸
Гг 게	*Дд* 데	*Ее* 예
Ёё 요	*Жж* 줴	*Зз* 제
Ии 이	*Йй* 이 끄라뜨꼬예	*Кк* 까
Лл 엘	*Мм* 엠	*Нн* 엔
Оо 오	*Пп* 뻬	*Рр* 에르
Сс 에쓰	*Тт* 떼	*Уу* 우
Фф 에프	*Хх* 하	*Цц* 쎄
Чч 체	*Шш* 솨	*Щщ* 쉬차
Ъъ 뜨뵤르디 즈닉 (경음부)	*Ыы* 의	*Ьь* 마흐끼 즈닉 (연음부)
Ээ 에	*Юю* 유	*Яя* 야

명사 변화

		여성	남성	중성
단수	주격	—а (я)	—.	—о
	생격	—ы (и)	—у	—а
	여격	—е	—.	—у
	대격	—у (ю)	—. 혹은—а.	—о
	조격	—ой (ей)	—ом (ем)	—ом
	전치격	—е	—е	—е

		여성	남성	중성
복수	주격	—ы	—ы	—а
	생격	—.	—ов	—.
	여격	—ам	—ам	—ам
	대격	—ы	—ы 혹은—ов	—а
	조격	—ами	—ами	—ами
	전치격	—ах	—ах	—ах

※ 남성 명사 대격에서 생체 명사일 경우는 주격 대신 생격을 사용한다.

ex)) я жду брата.

형용사 변화

		남 성	여 성	중 성
단수	주격	-ый (-ой, ий)	-ая (-яя)	-ое (-ее)
	생격	-ого (-его)	-ой (-ей)	-ого (-его)
	여격	-ому (-ему)	-ой (-ей)	-ому (-ему)
	대격	-ый	-ую (-юю)	-ое (-ее)
		또는 -ого		
	조격	-ым (-им)	-ой (-ей)	-ым (-им)
	전치격	-ом (-ем)	-ой (-ей)	-ом (-ем)

		남성 · 여성 · 중성
복수	주격	-ые (-ие)
	생격	-ых (-их)
	여격	-ым (-им)
	대격	-ые (-ие)
		또는 -ых (-их)
	조격	-ыми (-ими)
	전치격	-ых (-их)

인칭대명사

		1인칭	2인칭	3인칭	
단수	주격	я	ты	он, оно	она
	생격	меня	тебя	его	её
	여격	мне	тебе	ему	ей
	대격	меня	тебя	его	её
	조격	мной	тобой	им	ей
	전치격	мне	тебе	о нём	о ней

		1인칭	2인칭	3인칭
복수	주격	мы	вы	они
	생격	нас	вас	их
	여격	нам	вам	им
	대격	нас	вас	их
	조격	нами	вами	ими
	전치격	нас	вас	о них

※ ты는 '너', вы는 '당신'이라는 존칭의 의미와, 복수 '당신들'로 동시에 쓰이며, 윗사람일지라도 친근감을 표현할 땐 ты를 사용한다.

※ 3인칭 대명사가 전치사와 함께 쓰일 땐 н이 첨가된다.

수사

개수사	순서 수사
1. один, одна, одно	первый
2. два, две, два	второй
3. три	третий
4. четыре	четвёртый
5. пять	пятый
6. шесть	шестой
7. семь	седьмой
8. восемь	восьмой
9. девять	девятый
10. десять	десятый
11. одиннадцать	одиннадцатый
12. двенадцать	двенадцатый
13. тринадцать	тринадцатый
14. четырнадцать	четырнадцатый
15. пятнадцать	пятнадцатый
16. шестнадцать	шестнадцатый
17. семнадцать	семнадцатый
18. восемнадцать	восемнадцатый
19. девятнадцать	девятнадцатый
20. двадцать	двадцатый
21. двадцать один, одна, одно;	двадцать первый
30. тридцать	тридцатый
40. сорок	сороковой
50. пятьдесят	пятидесятый
60. шестьдесят	шестидесятый
70. семьдесят	семидесятый

80.	восемьдесят	восьмидесятый
90.	девяносто	девяностый
100.	сто	сотый
101.	сто один	сто первый
200.	двести	двухсотый
300.	триста	трёхсотый
400.	четыреста	четырёхсотый
500.	пятьсот	пятисотый
600.	шестьсот	шестисотый
700.	семьсот	семисотый
800.	восемьсот	восьмисотый
900.	девятьсот	девятисотый
1,000.	тысяча	тысячный
2,000.	две тысячи	двухтысячный
5,000.	пять тысяч	пятитысячный
10,000.	десять тысяч	десятитысячный
100,000.	сто тысядч	сто тысячный
1000,000.	миллион	миллионный
2,000,000.	два миллиона	двухмиллионный
1,000,000,000.	миллиард 혹은 биллион	миллиардный 혹은 биллионнный

※ 명사의 경우 2, 3, 4 다음에 단수생격, 5 이상 다음엔 복수생격이 온다.

    ex) два стола, две школы

        пять столов, пять школ

※ 형용사의 경우 수사 2 이상 다음엔 복수 생격이 온다.

    ex) два новых стола.

단어

─요일─ понедельник 월요일
вторник 화
среда 수
четверг 목
пятница 금
суббота 토
воскресенье 일

요일은 전치사 в 와 대격으로 때를 나타낸다.

(~요일에)

ex) в понедельник в субботу (

─달─ январь 1월
февраль 2월
март 3월
апрель 4월
май 5월
июнь 6월
июль 7월
август 8월
сентябрь 9월
октябрь 10월
ноябрь 11월
декабрь 12월

달은 전치사 в 와 전치격으로 때를 나타낸다.
(~월에)

ex) в январе в авгсте

방향	восток	동
	запад	서
	юг	남
	север	북

—계절—

весна	봄
лето	여름
осень	가을
зима	겨울

계절은 조격을 사용해서 때를 나타낸다.
(〜계절에)

ex) весной, летом, осенью, зийой

—호칭—　мать　어머니　　　отец　아버지
(가족관계)　сестра　누이　　　брат　형
　　　　　：старший брат　형　младший брат　아우
　　　　старшая сестра　누나　младшая сестра　여동생
　　　　бабушка　할머니　дедушка　할아버지
　　　　тётя　아주머니　　дядя　아저씨
　　　　племянница　조카딸　племянник　조카
　　　　жена　아내　　　　муж　남편
　　　　дочь　딸　　　　　сын　아들

—아침, 낮, 저녁—

утро　아침

день　낮

вечер　저녁

ночь　밤

조격으로 때를 나타낸다.

ex)　утром, днём, вечером, ночью

기초 러시아어 회화

1. Что это?
쉬또　에떠

А : Что это?
쉬또　에떠

В : Это книга
에떠　끄니가

А : Кто это?
끄또　에떠

В : Это Фёдор.
에떠　표도르

Он студент
온　스뚜젠뜨

1. 이것은 무엇입니까?

A : 이것은 무엇입니까?

B : 이것은 책입니다.

A : 이 사람은 누구입니까?

B : 이 사람은 표도르입니다.

　　그는 학생입니다.

что : 무엇

это : 이것

кто : 누구

он　: 그 사람

2. Чьи эти вещи?
체이 에디 베쉬

А : Чей это галстук
체이 에떠 갈스뚝

В : Это галстук отца.
에떠 갈스뚝 아짜

А : Чьё это платье?
치요 에떠 쁠라찌예

В : Это платье матери
에떠 쁠라지예 마쩨리

2 . 이것들은 누구의 물건입니까?

A : 이것은 누구의 넥타이입니까?
B : 이것은 아버지의 넥타이입니다.
A : 이것은 누구의 원피스입니까?
B : 이것은 어머니의 원피스입니다.

주 вещь : 물건
отец : 아버지
мать : 어머니

3. Как вас зовут?
깍 바스 자부뜨

A ：Как вас зовут?
깍 바스 자부뜨

B ：Меня зовут Владимр Иванович
미냐 자부뜨 블라지미르 이바노비치

Соколов.
사깔로프

А как ваше имя?
아 깍 바쉐 이먀

A ：Моё имя Наталья.
마요 이먀 나딸야

Очень рада вас видеть
오첸 라다 바스 비제찌

3. 이름이 무엇입니까?

A : 이름이 무엇입니까?

B : 블라지미르 이바노비치 스꼴로프
입니다.

그런데 당신의 이름은 무엇입니까?

A : 나의 이름은 나딸리야입니다.

당신을 만나서 매우 기쁩니다.

주 как : 어떻게
Звать : 부르다.
рад, рада : 기쁘다.
видеть : 보다.
вас : 당신을
имя : 이름

4. Это моё имя
에떠 마요 이먀

A : Катя! Катя! Где ты?
까쨔 까쨔 그제 뜨이

B : Ты меня звала?
뜨이 미냐 즈발라

A : Нет.
네뜨

Я звала мою кошку катю
야 즈발라 마유 꼬쉬꾸 까쮸

B : Ну что ты, это моё имя.
누 쉬또 뜨이 에떠 마요 이먀

4. 그건 제 이름입니다

A : 까쨔! 까쨔! 어디 있니?

B : 날 불렀니?

A : 아니.

나는 내 고양이 까쨔를 불렀어.

B : 이런, 그건 내 이름이야.

주 где : 어디에

ты : 너

Hy что ты : 맙소사, 이런

5. Вы женаты?
브이　줴나뜨이

A : Иван, вы женаты?
이반　브이　줴나뜨이

B : Да, я женился пять лет назад.
다　야　줴닐샤　빠찌　례드　나자드

A : Как её зовут?
깍　예요　자부드

B : Её зовут Ольга.
예요　자부드　올가

А вы замужем, Маша?
아　브이　자무젬　마샤

A : Нет, ещё
네뜨　잇쑈

у меня есть невеста.
우　미냐　예스찌　네볘스따

5. 결혼하셨습니까?

A : 이반, 결혼하셨어요?

B : 네, 5년 전에 했습니다.

A : 그녀의 이름은 무엇입니까?

B : 그녀의 이름은 올가입니다.

　　당신은 결혼하셨습니까, 마샤?

A : 아니오, 아직.

　　약혼자가 있습니다.

주 женаты : 장가들다.

Назад : 전에

Замужем : 시집가다.

пять лет : 5년

ещё : 아직

Невеста : 약혼자 .

6. У меня сильный характер
우 미냐 씰느이 하락쩨르

A : Мой муж теперь не курит.
모이 무쉬 찌삐리 녜 꾸리뜨

B : О! у него сильный характер!
오 우 녜보 씰느이 하락쩨르

A : У него?
우 녜보

Это у меня сильный характер.
에떠 우 미냐 씰느이 하락쩨르

6. 저는 끈질긴 성격을 가졌습니다

A : 제 남편은 이제 담배를 피우지 않아요.

B : 오, 그는 강인한 성격을 지녔군요.

A : 그가요?

강인한 성격을 가진건 저랍니다.

주 муж : 남편
курить : 담배피우다.
сильный : 강한
теперь : 지금, 이제
у : ~에, ~에게
характер : 성격

*у +него : 모음이 겹치는 경우 자음 н 첨가.

7. У вас есть дети?

우　바스　예스찌　제찌

A : У вас есть дети?

우　바스　예스찌　제찌

B : Да, есть.

다　예스찌

A : Сколько у вас детей?

스꼴꼬　우　바스　지쩨이

B : Трое детей.

뜨로예　지쩨이

мы любим друг друга.

므이　류빔　드룩　드루가

7. 아이들이 있습니까?

A : 당신에겐 아이가 있습니까?

B : 네, 있습니다.

A : 몇 명 있습니까?

B : 세 명입니다.

　　우리는 서로서로 사랑합니다.

주　есть : 있다.

сколько : 몇

друг друга : 서로 서로를

дети : 아이들

любить : 사랑하다.

8. Кто красивее?
끄또　　끄라시볘에

A : Скажи, девочка, кто красивее:
스까쥐　제보치까　끄또　끄라시볘예

папа или мама?
빠빠　일리　마마

B : Не буду вам отвечать,
네　부두　밤　아뜨볘차찌

потому что
빠따무　쉬또

Не хочу обижать маму.
네　하추　아비쫘찌　마무

8. 누가 더 예쁩니까 ?

A : 꼬마야, 아빠와 엄마중 누가 더
　　예쁜지 말해 주겠니 ?

B : 당신에게 대답하지 않겠어요,
　　왜냐하면 엄마를 화나게 하고 싶지
　　않으니까요.

주　сказать : 말하다.
　　девочка : 꼬마, 여자아이
　　красивый : 예쁜
　　быть : есть 의 미래형
　　потому что 왜냐하면
　　пстму чать : 대답하다.
　　хотеть : 원하다.
　　обижать : 화나게 하다.

9. Надо делать!
나도 젤라찌

A : Ты делаешь задание?
뜨이 젤라이쉬 자다니예

B : Нет, мама.
녜뜨 마마

Я пью чай с молоком.
야 삐유 차이 스 멀라꼼

A : Надо делать это сейчас!
나도 젤라찌 에떠 씨촤스

Мальчик, ты не видел, где мой
말칙 뜨이 녜 비젤 그제 모이

журнал?
주르날

B : Я видел его в машине.
야 비젤 이보 브 마쉬네

9. 해야 할 필요가 있다 !

A : 숙제하고 있니?

B : 아뇨, 엄마

　전 우유를 넣은 차를 마시고 있어요.

A : 지금 숙제를 해야 한다 !

　애야, 내 잡지가 어디 있는지 못봤니?

B : 차 안에서 봤어요.

주　*c +조격 : ~와

делать : 하다.

задание ; 숙제, 임무

пить : 마시다.

чай : 차

молоко : 우유

надо : ~할 필요가 있다. ~해야 된다.

мальчик : 소년

машина : 자동차

10. Здравствуйте!
즈드라스부이쩨

А : Здравствуйте, господин
즈드라스부이쩨　　　　가스빠진

Морозов. приятное утро.
마로조프　　　　쁘리야뜨노예　우뜨러

В : Здравствуйте, госпожа Иванова.
즈드라스 브이쩨　　　　가스빠좌　　　이바노바

Как ваше здоровье?
깍　　바쉐　　　즈다롭예

А : Хорошо, спасибо. А вы?
하라쇼　　　스빠시바　　　아　　브이

В : Тоже хорошо.
또줴　　　　하라쇼

Мне нужно путешествовать.
므네　　누쥐노　　　뿌쩨쉐스뜨보바쩨

А : Счастливого пути!
스차스뜰리보버　　　뿌찌

В : Спасибо, привет вашей семье.
스빠시바　　　쁘리볘뜨　　　바쉐이　　　셈예

10. 안녕하세요 !

A : 안녕하세요, 마로조프씨,
    좋은 아침입니다.

B : 안녕하세요, 이바노바 여사.
    건강은 어떠세요?

A : 좋습니다. 고맙습니다, 당신은?

B : 역시 좋습니다.
    저는 여행을 갈 것 같아요.

A : 좋은 여행이 되시길 !

B : 고마워요, 가족에게 안부 전해
    주세요

주 господин, госпожа ～씨
    хорошо : 좋아요.
    нужно : 필요하다.
    привет : 인사
    семья : 가족

11. Хочу познакомиться
하추　　　빠즈나꼬미짜

A : Я хочу познакомиться с
야　하추　　　빠즈나꼬미짜　　　스

вашим другом.
바쉼　　　드루곰

B : Хорошю, охотно.
하라쇼　　　아호뜨너

Это мой друг, Семён
에떠　모이　드룩　　　세묜

У него весёлый характер
우　네보　　　벼숄르이　　　하락쩨르

C : Здравствуйте, очень рад вас
즈드라스부이쩨　　　오첸　라드　바스

видеть.
비제찌

A : Разрешите представиться вам.
라즈레쉬쩨　　　쁘례드스따비짜　　　밤

B : Очень рад познакомиться
오첸　　　라드　　　빠즈나꼬미짜

с вами.
스　　바미

11. 인사하고 싶습니다

A : 당신의 친구와 인사하고 싶습니다.

B : 좋습니다, 기꺼이.

이쪽은 제 친구, 세묜입니다.

그는 명랑한 성격을 가졌습니다.

C : 안녕하세요, 만나서 매우 반갑습니다.

A : 당신에게 제 소개를 하도록 허락해

주세요.

당신과 알게 되어 매우 기쁩니다.

주 познакомиться : 알고지내다. 인사하다.

разрешить : 허락하다.

＊c ＋조격 : ～와

12. Извините, пожалуйста
이즈비니쩨   빠좔스따

A : Может быть, вы не знакомы?
모줴뜨   브이찌   브이 녜   즈나꼬므이

B : Нет, я не помню вас.
네뜨 야 니   뽐뉴   바스

A : Извините, пожалуйста.
이즈비니쩨   빠좔스따

B : Ничего, не беспокойтесь
니체보   녜   베스빠꼬이쩨씨

12. 죄송합니다

A : 혹시, 아는 분 아니세요?
B : 아니오, 전 당신을 기억하지
    못하겠네요.
A : 죄송합니다.
B : 전혀, 신경쓰지 마세요.

주 Может быть : 혹시, 아마
знакомы : 아는사람. (복수)
помнить : 기억하다.

13. Поздравляю с новым годом!
빠즈드라블랴유　스　노브임　고돔

A : Поздравляю с новым годом!
빠즈드라블랴유　스　노브임　고돔

B : С иовым годом!
스　노브임　고돔

A : За вас.
자　바스

Желаю успехов во всём
젤라유　우스뻬홉　보　프숌

и счастья!
이　스차스찌야

B : Благодарю вас.
블라거다류　바스

13. 신년을 경축합니다 !

A : 신년을 경축합니다 !

B : 새해예요 !

A : 당신을 위해 (건배합시다.)
모든 곳에서의 성공과 행운을
바랍니다.

B : 고맙습니다.

주 год : 해
за : 를 위해, ～에게

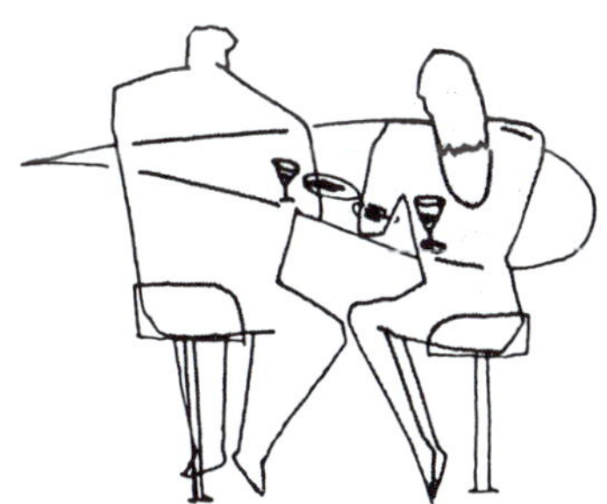

14. Поздравляю с днём рождения!
빠즈드라블랴유 스 뇸 로쥐제니아

A : Владимир, придёте к нам
블라지미르 쁘리죠쩨 끄 남

сегодня вечером.
시보드냐 베체롬

B : Ну, в чём дело?
누 브 쵬 젤로

A : Сегодня у меня день
시보드냐 우 미냐 젠

рождения.
로쥐제니야

B : Поздравляю с днём рождения!
빠즈드라블랴유 스 뇸 로쥐제니야

A : Спасибо.
스빠시바

14. 생일을 축하합니다

A : 블라지미르, 오늘 저녁에 우리집에
　　 와 주게.

B : 글쎄, 무슨 일인가?

A : 오늘이 내 생일이라네.

B : 생일을 축하하네

A : 고맙네.

주 прийти : 오다
　　 рождение : 탄생

15. Столько··· Сколько ···
스꼴꼬   스꼴꼬

А : Завтра у меня день рождения.
잡뜨라   우   미냐   젠   로쥐제니야

В : Ты любишь цветы?
뜨이   류비쉬   쯔뼤뜨이

А : Очень!
오첸

В : Тогда я подарю тебе столько
따그다   야   빠다류   찌볘   스똘꼬

красных роз, сколько тебе
끄라스늬이흐   로즈   스꼴꼬   찌볘

завтра исполнится лет.
잡뜨라   이스쁠니짜   례뜨

А : Хорошо. Я буду ждать.
하라쑈   야   부두   쥐다찌

15. ~을 ~만큼

A : 내일은 내 생일이야.

B : 너 꽃 좋아하지?

A : 굉장히.

B : 그럼 내가 너에게 내일이면 되는
　　나이만큼 붉은 장미를 선물할께.

A : 좋아, 기다릴께.

주　тогда : 그러면
столько : (⋯; сколько) ⋯ 만큼
подарить : 선물하다,
ждать : 기다리다.

16. Какая погода?
까까야   빠고다

A : Мама, какая погода сегодня?
마마   까까야   빠고다   시보드냐

B : Сегодня плохая погода.
시보드냐   쁠로하야   빠고다

Дует ветер и идёт дождь.
두이뜨   뼤쩨르   이   이죠뜨   도쥐

A : Надо Надевать пальто
나도   나졔바찌   빨또

16. 날씨가 어떻습니까 ?

A : 엄마, 오늘 날씨 어때요?
B : 오늘은 날씨가 나쁘구나.
   바람이 불고 비가 온다.
A : 외투를 입는 게 좋겠군.

주 погода : 날씨
   ветер : 바람
   дождь ; 비
   надевать : 입다.
   дуть : 불다
   пдти : 가다, (여기선) 비가 오다.

17. Сколько вам лет?
스꼴고　　밤　레뜨

А : Сколько ему лет?
스꼴고　　예무　레뜨

В : Ему пятнадцать лет.
예무　　빳낫짜찌　　렛

Он ученик.
온　　우체닉

А : Сколько ей лет?
스꼴고　　예이　렛

В : Ей двадцать три года.
예이　드밧짜찌　　뜨리　고다

Она учительница.
아나　　우치찔니짜

17. 당신은 몇 살입니까?

A : 그는 몇 살입니까?
B : 그는 15살입니다.
　　그는 학생입니다.
A : 그녀는 몇 살입니까?
B : 그녀는 23살입니다.
　　그녀는 여선생님입니다.

주　учитель : 선생님
　　учительница : 여 선생님

18. Он старше вас на пять лет
온　스따르쉐　바스　나　빠찌　례뜨

А : Сколько тебе лет, девочка?
스꼴꼬　찌볘　례뜨　제보치까

В : Мне одиннадцать лет.
므녜　아진낫짜찌　례뜨

А : Ну, ты моложе меня на
누　뜨이　멀로제　미냐　나

сорок лет.
쏘록　례뜨

В : Вам пятьдесят один год?
밤　빳지샤뜨　아진　고트

А : Да
다

18. 그는 당신보다 5살이 많습니다

A : 소녀야, 너는 몇 살이니?

B : 저는 11살이예요.

A : 그럼 너는 나보다 40살이 적구나.

B : 당신은 51살인가요?

A : 그렇단다.

주 старше : 더 나이든
моложе : 더 어린

19. Это зависит от того
에떠 자비시뜨 오뜨 따보

A : Мальчик, сколько тебе лет?
말칙 스꼴꼬 찌볘 례뜨

B : Это Зависит от того, с
에떠 자비시뜨 오뜨 따보 스

кем я иду.
껨 야 이두

B : Как так?
깍 딱

B : Когда я иду с папой, мне
꺼그다 야 이두 스 빠뽀이 므녜

шесть лет, а с мамой, четыре
쉐스찌 롓 아 스 마모이 치뜨이례

года.
고다

19. 그것은 이것에 달려 있습니다

A : 꼬마야, 너는 몇 살이니?

B : 그건 제가 누구랑 가느냐에
　　달렸어요.

A : 그게 무슨 말이니?

B : 제가 아빠랑 갈 때는 저는 여섯살이
　　되구요, 또 엄마랑 갈 때는 네 살이
　　되니까요.

주 Зависить от : ～에 달려있다.

20. Какой сегодня день?
까꼬이 시보드냐 젠

A : Какой сегодня день?
까꼬이 시보드냐 젠

B : Сегодня суббота.
시보드냐 수보따

A : Какой день был вчера?
까꼬이 젠 브일 브체라

B : Вчера была пятница.
브체라 브일라 빠뜨니쨔

Завтра будет воскресенье.
잡뜨라 부지뜨 바스끄레센예

20. 오늘은 무슨 요일입니까?

A : 오늘은 무슨 요일입니까?

B : 오늘은 토요일입니다.

A : 어제는 무슨 요일이었습니까?

B : 어제는 금요일이었습니다.
　　내일은 일요일입니다.

주　быть : ～이다.

21. В среду
브　　스례두

A : Когда вы были на стадионе?
꺼그다　브이　브일리　나　스따지오녜

B : В среду.
브　　스례두

A : Куда вы были во вторник?
꾸다　브이　브일리　보　프또르니끄

B : Во вторник некуда не был.
보　　프또르니끄　네꾸다　네　브일

Весь день дома.
볘시　젠　도마

21. 수요일에

A : 당신은 언제 경기장에 갔습니까?

B : 수요일에요.

A : 화요일에는 어디에 갔었습니까?

B : 화요일에는 아무데도 가지
  않았습니다.
  온 종일 집에 있었습니다.

주 B ＋ 대격(요일) : ～요일에.

22. Какое сегодня число?

까꼬예　　시보드냐　　치슬로

A : Какое сегодня число

까꼬예　　시보드냐　　치슬로

B : Сегодня четвёртое февраля.

시보드냐　　치드뵤르또예　　페브랄야

A : Какое число было позавчера?

까꼬예　　치슬로　　브일로　　빠자부체라

B : Второе февраля.

브따로예　　페브랄야

A : Какое число будет после

까꼬예　치슬로　　부지드　　뽀슬례

завтра?

잡뜨라

B : Шестое февраля.

쉐스또예　　페브랄야

22. 오늘은 며칠입니까?

A : 오늘은 며칠입니까?
B : 오늘은 2 월 4 일입니다.
A : 그저께는 며칠이었습니까?
B : 2 월 2 일이었습니다.
A : 모레는 며칠입니까?
B : 2 월 6 일입니다.

주 ※ 날짜를 말할 때는
　　서수의 중성형 + 달의 생격을 사용한다.

23. В октябре
브　　악쨔브례

A : Учебный год в СССР
우체브느이 고트　　브 에스에스에스에르

начинается в октябре?
나취나이쨔　　　브　　악쨔브례

B : В октябре?
브　　악쨔브례

Нет. Это начинается в сентябре.
네뜨　　에떠　　나취나이쨔　　　브　　센쨔브례

A : У вас будет отпуск в июне?
우　　바스　　부지뜨　　오뜨뿌스끄　브　이유녜

B : Нет
네뜨

У нас будет отпуск в
우　　나스　　부지뜨　　오뜨뿌스끄　브

августе.
압구스쩨

23. 10월에

A : 소련에서 학기는 10월에 시작됩니까?

B : 10월요?

　　아니요, 그것은 9월에 시작됩니다.

A : 당신은 6월에 휴가가 있습니까?

B : 아니요.

　　저는 8월에 휴가가 있습니다.

주　*B ＋달의 전치격 : ～월에

24. Где он родился?
그제　온　　로질샤

A : Где он родился?
그제　온　　로질샤

B : Он родился в москве.
온　　로질샤　　브　마스끄볘

Его родина россия.
이보　　로지나　　로시야

A : Когда он родился?
꺼그다　　온　　로질샤

B : Он родился двенадцатое
온　　로질샤　　드볘낫짜또예

апреля тысяча девятьсот
아쁘렐야　　뜨이샤차　　제비찌소뜨

шестьдесят второго года.
쉐스찌지샤뜨　　프따로버　　고다

24. 그는 어디에서 태어났습니까?

A : 그는 어디에서 태어났습니까?

B : 그는 모스크바에서 태어났습니다.
　　그의 조국은 러시아입니다.

A : 그는 언제 태어났습니까?

B : 그는 1962년 4월 12일에
　　태어났습니다.

25. Который час?
까또르이   차스

A : Ну, опять мои часы отстают.
누   아빠찌   마이   치쓰이   옷스따유뜨

Шейла, который час?
쉐일라   까또르이   차스

B : На моих часах половина
나   마이흐   치싸흐   빨로비나

четвёртого.
치뜨뵤르또보

A : Это правильно?
에떠   쁘라빌노

B : Да.
다

A : Ну хорошо, спасибо.
누   하라쇼   스빠시바

B : Ничего пожалуйста.
니체보   빠좔스따

25. 몇 시입니까?

A : 이런, 또 내 시계가 늦는군.
　　셰일라, 몇 시니?
B : 내 시계로는 3시 30분이야.
A : 그것이 정확하니?
B : 응
A : 그럼 좋아, 고마워
B : 뭐 별로

주　час : 시간
　　часы : 시계

26. Сейчас четыре
시차스 취띠례

A : Будьте добры, который час?
붓쩨 다브르이 까또르이 차스

B : Сейчас без пяти (минут) четыре.
시차스 볘스 빠찌 미누뜨 3 : 55 치뜨이례

A : Спасибо.
스빠시바

Скажите, пожалуйста,
스까쥐쩨 빠좔루이스따

центральиый парк далеко
쩬뜨랄느이 빠르끄 달리꼬

ли отсюда.
리 오뜨슈다

B : Нет, близко.
녜뜨 블리즈꼬

26. 4시 입니다

A : 저어 몇 시 입니까?

B : 지금은 3시 55분입니다.

A : 고맙습니다.

　　중앙공원이 여기에서 먼지 어떤지

　　말 해 주세요.

B : 아니요, 가깝습니다.

주 сейчас : 지금

далеко : 먼

ли : ～인지 아닌지

27. Сколько яблок у тебя?
스꼴꼬 야블록 우 찌뱌

А : Скажи, Петя, сколько яблок у
스까쥐 뻬쨔 스꼴꼬 야블록 우

тебя будет, если я дам тебе
찌뱌 부지뜨 예슬리 야 담 짜볘

5 яблок, а потом ты получишь
빠찌 야블록 아 빠똠 뜨이 빨루치쉬

ещё одно?
이쇼 아드노

В : Семь!
셈

А : Ну, почему же семь?
누 빠체무 줴 셈

В : А одно у меня уже есть.
아 아드노 우 미냐 우줴 예스찌

27. 사과 몇 개를 가졌니?

A : 삐쨔, 만약에 내가 너에게
　　5 개의 사과를 주고, 그 다음 네가
　　하나를 더 받는다면? 네가 사과를
　　몇 개나 가지게 되는지 말해주렴.

B : 일곱개요!

A : 아니, 어째서 일곱개지?

B : 이미 제게 하나가 있거든요.

주 яблоко : 사과
　　дать : 주다.
　　получить : 받다.

28. Изучаешь без словаря?
이주차이쉬　　베스　슬로바랴

A : Владимир, здравствуй!
블라지미르　　　즈드라스부이

B : Здравствуй, Максим!
즈드라스부이　　　　막심

Как твои дела?
깍　　뜨바이　　젤라

A : Всё в порядке.
프쇼　브　　빠랴드께

У тебя есть русско-
우　찌뱌　예스찌　루스꼬

корейский словарь?
까례이스끼이　　슬로바리

B : К сожалению, у меня нет
끄　　싸좔례니유　　우 미냐　넷뜨

словаря.
슬로바랴

A : Изучаешь без словаря?
이주차이쉬　　베스　슬로바랴

B : Нет.
녯뜨

На прошлой неделе потерял.
나　쁘로쉴로이　니젤예　빠쩨랼

28. 사전 없이 공부하니 ?

A : 블라지미르, 안녕 !
B : 안녕, 막심 !
　　하는 일은 어떠니 ?
A : 모두가 정상적이야
　　너 노한사전 있니 ?
B : 유감스럽게도, 없는데.
A : 사전없이 공부하니 ?
B : 아니야.
　　지난 주에 잃어 버렸어.

주　дело : 일
　　потерять : 잃다.

29. Извините за беспокойство
이즈비니쩨 자 볘스바꼬이스뜨보

А : Извините за беспокойство, Борис.
이즈비니쩨 자 볘스빠꼬이스뜨보 보리스

В : Ну что вы! Ничего.
누 쉬또 브이 니체보

А : Вы любите русскую литературу?
브이 류비쩨 루스꾸유 리쩨라 뚜루

В : Без сомнения.
베즈 삼녜니야

И сейчас я читаю 《Первая
이 시차스 치따유 뻬르바야

любовь》 Тургенева.
류봅 뚜르게녜바

А : Как раз у меня домашная
깍 라스 우 미냐 다마쉬나야

робота о этой книге.
라보따 아 에또이 끄니게

Прошу вас, не стесняйтесь,
쁘로슈 바스 녜 스쩨스냐이쩨시

пожалуйста.
빠좔스따

29. 방해해서 죄송합니다

A : 방해해서 미안합니다. 보리스.

B : 무슨 말을! 아닙니다.

A : 당신은 러시아 문학을 좋아하시죠?

B : 의심할 여지 없이

지금도 뚜르게네프의 《첫사랑》을

읽고 있습니다.

A : 마침 제게 그 책에 대한 숙제가

있습니다.

부탁하는데 거절하지 말아주세요.

주 стесняться : 사양하다. 거절하다.

30. Помогаете мне в моей работе?
빠모가이쩨　므녜　브　마예이　라보쩨

A : Сергей!　Очень рада вас
세르게이　오첸　라다　바스

видеть. я　искала вас давно,
비제찌　야　아스깔라　바스　다브노

но не видела вас.
노　녜　비젤라　바스

B : Почему,　что случилось
빠체무　쉬또　슬루칠로시

A : Нет, ничего.
녜뜨　니체보

Будьте добры, вы не помогаете
붓쩨　다브로이　브이　녜　빠모가이쩨

мне　в моей работе?
므녜　브　마예이　라보쩨

B : Не откажусь.
녜　오뜨까쥬시

A : Хорошо, спасибо.
하라쇼　스빠시바

30. 제 일을 도와주시겠습니까?

A : 세르게이, 당신을 보게 돼서 너무
기뻐요.
오랫동안 당신을 찾았는데 볼 수가
없었어요.

B : 왜, 무슨 일이 생겼나요?

A : 아니예요, 아무일도.
저, 제 일을 도와주지 않겠어요?

B : 거절하지 않겠어요.

A : 좋아요, 고마워요.

주 пскать : 찾다.
случиться : 일어나다, 발생하다.
помогать＋인칭여격＋전치격
: 누구에게 무엇을 돕다.

31. Сколько этажей дома?
스꼴꼬 에따줴이 돔아

A : Где вы были вчера?
그제 브이 브일리 프체라

B : Я был в библиотеке.
야 브일 브 비블리아쩨께

A : Сколько этажей в вашей
스꼴꼬 에따줴이 브 비쉐이

библиотеке
비블리아쩨께

B : В нашей библиотеке шесть
브 나쉐이 비블리아쩨께 쉐스찌

этажей.
에따줴이

31. 집은 몇 층 건물입니까?

A : 어디에 갔었어요, 어제는?
B : 저는 도서관에 갔었습니다.
A : 당신의 도서관은 몇 층입니까?
B : 우리 도서관은 6 층입니다.

주 дом : 집, 동, 건물

32. Простите, можно войти?
쁘로스찌쩨　모쥐노　바이찌

А : Простите, можно войти?
쁘로스찌쩨　모쥐노　바이찌

В : Да, пожалуйста садитесь.
다　빠좔스따　싸지쩨시

А : Мы с вами на прошлой неделе
므이　스　바미　나　쁘로쉴로이　니젤예

говорили по телефону.
거버릴리　빠　찔리포누

Моя фамилия Соколов.
마야　파밀리야　사깔로프

В : Ну, здравствуйте!
누　즈드라스부이쩨

Вас приняли в институт,
바스　쁘리냘리　브　인스찌뚜뜨

поздравляю вас.
빠즈드라블랴유　바스

А : Спасибо.
스빠시바

Я очень рад.
야　오첸　라드

32. 죄송합니다. 들어가도 될까요?

A : 죄송합니다. 들어가도 될까요?

B : 네, 앉으세요.

A : 저와 당신은 지난주에 전화로 얘기를
나누었습니다. 저의 성은 소꼴로프
입니다.

B : 오, 안녕하세요!
당신의 연구소 입소가 허락되었습니다.
축하드립니다.

A : 고맙습니다.
너무 기뻐요.

33. Несмотря на холодную погоду?
니스모뜨랴 나 할로드누유 빠고두

А : Куда дети пошли?
꾸다 제찌 빠쉴리

В : Они пошли играть.
아니 빠쉴리 이그라찌

А : Несмотря на холодную
니스모뜨랴 나 할로드누유

погоду?
빠고두

В : Хотя холодная погода, на
하쨔 할로드나야 빠고다 나

улице было много детей.
울리쩨 브일로 므노거 지쩨이

А : Сейчас пора прийти домой.
시차스 빠라 쁘리이찌 다모이

33. 추운 날씨에도 불구하고 ?

A : 아이들은 어디를 갔습니까?

B : 그들은 놀러 나갔습니다.

A : 추운 날씨에도 불구하구요?

A : 비록 날씨가 춥다 해도, 길거리에는
　　수많은 아이들이 있어요.

A : 이제 돌아올 시간이군요.

주　играть : 놀다.
　　хотя : 비록~ 할지라도

34. Я вот собираюсь погулять.
야 보드 싸비라유시 빠굴랴찌

A : Сегодня чудесная погода.
시보드냐 추제스나야 빠고다

Я вот собираюсь погулять.
야 보드 싸비라유시 빠굴랴찌

B : Действительно!
제이스뜨비찔노

Вчера щёл дождь весь день,
브체라 숄 도쉬 볘시 졘

но сегодня дождя не будет.
노 시보드냐 도좌 녜 부지뜨

Ну, мне не весело.
누 므녜 녜 볘셜로

A : Почему?
빠체무

B : Потому что я должен быть
빠따무 쉬또 야 돌좬 브이찌

дома, у меня экзамены завтра.
도마 우 미냐 엑자멘느이 잡뜨라

34. 나는 산책하러 가려던 참이다

A : 오늘은 멋진 날씨야.

나는 산책하러 가려던 참이다.

B : 정말!

어제는 종일 비가 왔지만, 오늘은

올 것 같지 않군.

아, 나는 즐겁지 못해.

A : 왜?

B : 왜냐면 난 집에 있어야 돼, 내일

시험이 있거든.

35. Кто открыл окно?

꼬또 아뜨끄르일 아끄노

A : Кто открыл окно?

꼬또 아뜨끄르일 아끄노

B : Это я.

에떠 야

Я открыл окно, потому что

야 아뜨끄르일 아끄노 빠따무 쉬또

было очень жарко.

브일로 오첸 좌르꼬

Вы хотите есть мороженое?

브이 하찌쩨 예스찌 마로쥐노예

A : А я люблю не мороженое,

아 야 류블류 녜 마로쥐노예

я хочу фрукты.

야 하추 프룩뜨이

Особенно яблоко

아쏘벤노 야블로꼬

35. 누가 창문을 열었습니까 ?

A : 누가 창문을 열었습니까?

B : 제가요.

제가 창문을 열었습니다. 왜냐면
너무 더워서요.

아이스크림 드시지 않겠어요?

A : 저는 아이스크림을 좋아하지
않습니다. 저는 과일을 원합니다.
특히 사과를.

36. Какой сезон вы любите?
까꼬이　세존　브이　류비쩨

A : Какой сезон вы любите?
까꼬이　세존　브이　류비쩨

B : Я люблю зиму.
야　류블류　지무

Потому что, я не умею плавать,
빠따무　쉬또　야　니　우메유　쁠라바찌

но умею кататься на коньках
노　우메유　까따짜　나　꼰까흐

А вы?
아　브이

A : Я тоже зиму.
야　또줴　지무

Я люблю белый снег.
야　류블류　벨르이　스넥

36. 어느 계절을 좋아하십니까?

A : 어느 계절을 좋아하십니까?

B : 저는 겨울을 좋아합니다.
   왜냐면, 전 수영은 못하지만,
   스케이트는 탈 수 있거든요.
   당신은?

A : 저도 역시 겨울입니다.
   저는 흰 눈을 좋아합니다.

🈡 белый : 하얀, 흰
   снег : 눈

37. ТЫ пришёл поздно
뜨이　쁘리숄　뽀즈도노

A : Сергей, уже два часа!
세르게이　우줴　드바　치사

Почему ты пришёл сюда
빠체무　뜨이　쁘리숄　슈다

так поздно?
딱　뽀즈드노

B : Извините, Олег.
이즈비쩨　올렉

Я забыл наше собрание.
야　자브일　나쉐　사브라니예

A : Как всегда?
깍　프시그다

37. 늦게 도착했구나

A : 세르게이, 벌써 두 시야!
　　왜 이렇게 늦게 도착했니?
B : 미안해, 올렉.
　　우리의 약속을 잊고 있었어.
A : 언제나 처럼?

주 забыть : 잊다.
собрание : 만남, 약속

38. Как долго вы ждали меня?
깍　돌거　브이　쥐달리　미냐

A : О, Иван!
오　이반

B : Извините, пожалуйста.
이즈비니쩨　빠좔스따

Как долго вы ждали меня?
깍　돌거　브이　쥐달리　미냐

A : Около тридцати　минут.
오깔로　뜨리드짜찌　미누뜨.

Что с вами?
쉬또　스　바미

B : В дороге я встречал старых
브　다로게　야　브스뜨례찰　스따르이흐

другов. Я спешил, но опоздал.
드루고프　야　스뻬쉴　노　아빠즈달

A : Ничего, не беспокойтесь.
니체보　녜　뻬스빠꼬이쩨시

Куда пойдём?
꾸다　빠이좀

38. 저를 얼마나 오래 기다리셨습니까?

A : 오, 이반!

B : 미안합니다, 정말.

　　얼마나 오래 저를 기다리셨습니까?

A : 약 30분 정도요.

　　무슨 일이 있었나요?

B : 도중에 옛 친구들을 만났습니다.

　　서둘렀지만, 늦었군요.

A : 괜찮아요, 신경 쓰지 마세요.

　　어디로 갈까요?

주　ждать : 기다리다.
　　около (＋생격) 약, ～정도
　　с (＋조격) ～와 함께
　　дорога : 길
　　старый : 늙은, 옛

39. Я изучаю русский язык
야　이주차유　루스끼　이직

А : Что вы изучаете?
쉬또　브이　이주차이쩨

В : Я изучаю русский язык два
야　이주차유　루스끼　이직　드바

года. Это интересно.
고다　에떠　인쩨레스노

А : Сколько времени вы
스꼴꼬　브레메니　브이

изучаете в день?
이주차이쩨　브　젠

В : Три часа.
뜨리　치싸

39. 나는 러시아어를 공부합니다

A : 당신은 무엇을 공부하고 있습니까?

B : 나는 2 년 동안 러시아어를
공부하고 있습니다.
그것은 재미있습니다.

A : 당신은 하루에 몇 시간 공부를
합니까?

B : 세 시간 합니다.

주 язык : 언어

40. Я говорю по-русски
야 가바류 빠 루스끼

A : Можете ли вы говорить
모줴쩨 리 브이 거버리찌

по-русски?
빠 루스끼

B : Я умею разговаривать по-русски.
야 우메유 라즈거바리바찌 빠 루스끼

Я могу читать и писать.
야 마구 치따지 리 삐싸찌

A : Вы понимаете, что я вам говорю?
브이 빠니마이쩨 쉬또 야 밤 거버류

B : Да, теперь.
다 찌뻬리

Если вы говорите слищком
예슬리 브이 거버리쩨 슬리쉬꼼

быстро, в том случае, я не могу
브이스뜨로 브 똠 슬루차예 야 니 마구

понять совсем. Немного медленнее!
빠냐찌 니므노거 메들렌네예

40. 나는 러시아어로 말합니다

A : 러시아어로 말할 수 있습니까?

B : 저는 러시아어로 얘기할 수 있습니다.
읽고 쓸 수도 있습니다.

A : 제가 당신에게 얘기한 것을
이해하십니까?

B : 네, 지금은요.
만약 당신이 너무 빨리 말한다면, 그
경우엔 전혀 이해하지 못합니다.
조금만 느리게 하십시오.

주 мочь : 할수있다.
говорить : 말하다.
разговаривать : 대화하다.
совсем : 전혀
уметь : 할 능력이 있다.
случай : 사건, 경우

41. Вам нравится музей?
밤 느라비짜 무졔이

А : Вы туристы?
브이 뚜리스뜨이

В : Да. Мы русские.
다 므이 루스끼예

А : У вас есть гид?
우 바스 예스찌 기트

В : Нет, у нас не гида.
네뜨 우 나스 네 기다

А : Вам нравится музей?
밤 느라비짜 무졔이

В : Хорошо. Я любуюсь музеями.
하라쇼 야 류부유시 무졔야미

А : Вы хотите, что знать более
브이 하찌쩨 쉬또 즈나찌 볼례예

об истории корейца?
압 이스또리이 까례이짜

41. 박물관이 마음에 드세요 ?

A : 당신들은 여행자들입니까?

B : 네, 우리는 러시아인입니다.

A : 안내자가 있습니까?

B : 아니요, 우리에겐 안내자가 없습니다.

A : 박물관이 마음에 드십니까?

B : 좋은데요. 전 박물관에 매혹되었습니다.

A : 한국인의 역사에 대해 더 알고
    싶으십니까?

✝ у нас не + + 부정 생격 : 존재부정의 의미일 땐 생격사용.

* 인칭 여격 + нравиться + 주격 : 누구에게 무엇이 마음에 들다.

* любоваться + 조격 : ~에 매혹되다.

* об истории : 전치사와 다음 단어에 모음이 겹칠 땐
             자음 첨가. (ex) с ней
             전치사와 다음 단어의 자음이 3 개이상 겹칠땐
             모음 첨가 (ex) со мной

42. За нашу встречу!
자 나슈 프스뜨례추

А : Что вы будете пить : пиво
쉬또 브이 부지쩨 삐찌 삐보

또 или вино?
일리 비노

В : Если можно, вино.
예슬리 모쮜노 비노

А : Конечно можно.
까네쉬노 모쮜노

Сухое вино?
수호예 비노

В : Хорошо.
하라쇼

А : За что?
자 쉬또

В : За нашу встречу!
자 나슈 프스뜨례추

42. 우리의 만남을 위해 !

A : 당신은 무엇을 마시겠습니까 맥주
   혹은 와인 ?

B : 가능하다면, 와인으로요.

A : 물론 가능하죠.
   드라이 와인으로요 ?

B : 좋습니다.

A : 무엇을 건배할까요 ?

B : 우리의 만남을 위해 !

주 *за＋대격 : (건배할 때) ～을 위해
   встреча : 만남.

43. Вы учитесь или работаете?

브이 우치쩨씨 일리 라보따이쩨

A : Вы учитесь или работаете?

브이 우치쩨씨 일리 라보따이쩨

B : Учусь.

우추씨

A : Где? В университете?

그제 브 우니베르시쩨쩨

B : Да.

다

A : На каком факультете вы

나 까꼼 파꿀쩨쩨 브이

учитесь?

우치쩨씨

B : Я учусь на русском литературе.

야 우추씨 나 루스꼼 리쩨라뚜례

факультете.

파꿀쩨 쩨

После окончания университета

뽀슬레 아꼰차니야 우니베르시쩨따

я буду продолжать учиться.

야 부두 쁘로돌좌찌 우치쨔

43. 당신은 학생입니까 아니면 직장인입니까?

A : 당신은 공부를 하십니까 아니면
　　일을 하십니까?

B : 공부를 합니다.

A : 어디에서요? 대학에서요?

B : 네.

A : 무슨 과에서 공부하십니까?

B : 노문학과에서 공부합니다.
　　대학 졸업 후에도 공부를 계속할
　　계획입니다.

주　факультет : 과, 분야
после (＋생격) : ~후에, ~다음에
окончание : 졸업. 종료, 완료.
продолжать : 계속하다.

44. Я окончил техникум
야 　　　아꼰칠 　　　쩨흐니꿈

A : Какой институт вы окончил?
까꼬이 　　　인스찌뚜뜨 　　　브이 　　　아꼰칠

B : Нет, не институт.
녜뜨 　　네 　　　인스찌뚜뜨

Я окончил техникум.
야 　　　아꼰칠 　　　쩨흐니꿈

Теперь я работаю на
찌뼬ㄹ 　　　야 　　　라보따유 　　나

бумажной фабрике.
부마쥐노이 　　　　파브리께

A : Вы любите свою работу?
브이 　　류비쩨 　　　스바유 　　라보뚜

B : Это трудно мне, но я очень
에떠 　　　뜨루드노 　　므녜 　　노 야 　　오첸

люблю.
류블류

44. 저는 직업기술학교를 졸업했습니다

A : 어떤 단과대학을 졸업하셨습니까?

B : 아니요, 단과대학이 아닙니다.
   저는 직업기술학교를 졸업하였습니다.
   지금 저는 제지공장에서 일하고
   있습니다.

A : 자신의 일을 좋아하십니까?

B : 어렵지만, 매우 좋아합니다.

주 бумажный : 종이의

45. Кто он по специальности?
끄또　온　빠　스뻬찌알노스찌

А : Кто он по специальности?
끄또　온　빠　스뻬찌알노스찌

В : Вы значите, Павел?
브이　즈나치쩨　빠벨

А : Да.
다

В : Вы не знаете ещё?
브이　네　즈나이쩨　이쇼

Он инженер.
온　인줴녜르

Он работает в Центральных
온　라보따이뜨　브　쩬뜨랄느이흐

Телеграфе.
찔리그라페

45. 그는 직업이 무엇입니까?

A : 그는 직업이 무엇입니까?

B : 빠벨, 말씀인가요?

A : 네.

B : 아직 모르셨어요?

그는 기사입니다.

그는 중앙 전신국에서 일합니다.

주 специальность : 특수. 전문
значить : 의미하다. 뜻하나.

46. Я не люблю вас
야 녜 류블류 바스

А : Анна, вы не хотите пить
안나 브이 녜 하찌쩨 삐찌

кофе со мной?
꼬폐 사 므노이

В : Я не хочу.
야 니 하추

А : Вы не любите кофе?
브이 녜 류비쩨 꼬폐

В : Я не люблю вас.
야 녜 류블류 바스

46. 당신을 좋아하지 않습니다

A : 안나, 저와 함께 커피 마시지
   않겠어요?

B : 싫은데요.

A : 커피가 싫으세요?

B : 저는 당신이 싫어요.

주 хотеть : 원하다.
пить : 마시다.
любить : 사랑하다. 좋아하다.
＊со мной; с＋мной 에 모음 о 가 첨가.

47. Можно курить здесь?
모쥐노　꾸리찌　즈제시

A : Можно курить здесь?
모쥐노　꾸리찌　즈제시

B : Нет, здесь нельзя курить.
넷　즈제시　닐리쟈　꾸리찌

В аудитории не курят, но
브　아우지또리이　네　꾸랴뜨　노

занимаются.
자니마유짜

Виктор, не нужно так
빅또르　네　누쥐노　딱

много курить.
므노거　꾸리찌

Это вредно.
에떠　브레드노

47. 여기서 담배를 피워도 됩니까?

A : 여기서 담배 피워도 됩니까?

B : 아니오, 여기선 흡연하시면 안됩니다.

강의실에서는 담배를 피우지 않고,

공부를 합니다.

빅또르, 그렇게 많이 담배를 피우지

마십시오.

해롭습니다.

주 нельзя : 금지되다. ～해서는 안된다.

＊курит, занимаютол 등 3인칭 복수형을
통해 일반저 관습을 표현한다.

48. Сколько человек в нём семье?
스꼴꼬 칠라벡 브 뇸 섬예

А : У Виктора есть братья и
우 빅또라 예스찌 브라찌야 이

сёстры?
쇼스뜨르이

В : Наверно есть.
나베르노 예스찌

А : У него есть родители?
우 녜보 예스찌 로지쩰리

В : Да, есть.
다 예스찌

А : Сколько человек в нём семье?
스꼴꼬 칠라벡 브 뇸 셈예

В : Может быть, пять-семь человек.
모줴드 브이찌 빠찌 셈 칠라벡

А : Где живут они?
그제 쥐부뜨 아니

В : Раньше они жили в москве.
란쉐 아니 쥘리 브 마스끄볘

А : Сейчас, где его семья живёт?
시차스 그제 이보 셈야 쥐뵤뜨

В : Я не знаю точно.
야 니 즈냐유 또쉬노

48. 그의 가족은 몇 명입니까 ?

A : 빅또르에겐 형제와 누이가 있습니까?

B : 아마 있을 겁니다.

A : 그에겐 부모님이 계십니까?

B : 네, 계십니다.

A : 그의 가족은 몇 사람입니까?

B : 아마 5 ~ 7 명일 겁니다.

A : 그들은 어디에 삽니까?

B : 전에는 모스크바에서 살았습니다.

A : 지금 그의 가족은 어디에서 삽니까?

B : 잘 모르겠군요.

주 брат : 형제
сестра : 누이
родители : 양친.

49. Мне приходится ездить с пересадкой
므녜 쁘리호지짜 예지쨔 스 삐리사드꼬이

А : Вы ходите на работу пешком
브이 하지쩨 나 라보뚜 삐쉬꼼

    или ездите?
일리 예지쩨

В : Я езжу.
야 예쥬

А : Как вы ездите?
깍 브이 예지쩨

В : Мне приходится ездить с
므녜 쁘리호지쨔 예지찌 스

    пересадкой.
삐리사드꼬이

    Сначала я езжу на четвёртом
스나찰라 야 예쥬 나 치뜨뵤르똠

    автобусе, потом на метро.
압또부셰 빠똠 나 미뜨로

49. 저는 차를 갈아타야만 합니다

A : 당신은 직장까지 걸어서 다니십니까,
아니면 차를 타고 다니십니까?

B : 차를 타고 다닙니다.

A : 어떤 식으로 타고 다니십니까?

B : 저는 차를 갈아타야만 합니다.
우선 저는 4번 버스를 타고,
다음 지하철을 탑니다.

주 ходить : 걸어서 다니다.
пешком : 걸어서
ездить : 타고 다니다.
пересадка : 갈아 타는 것.
приходиться : ～해야 하게 되다.

50. Ползуюсь метро
뽈주유시　　미뜨로

A : Антон! Какая встреча в
안똔　　까까야　　브스뜨례차　브

метро! Куда вы идёте?
미뜨로　　꾸다　브이　이죠쩨

B : В школу.
브　　쉬꼴루

A : Вы часто ездите на метро?
브이　차스또　　예지쩨　나　미뜨로

B : Нет.
녜뜨

Иногда пользуюсь метро.
이노그다　　뽈주유시　　미뜨로

A : Ну, там свободное место!
누　　땀　스바보드노예　　메스떠

50. 지하철을 이용합니다

A : 안톤! 지하철 안에서 만나다니!

　　어디를 가십니까?

B : 학교에 갑니다.

A : 당신은 지하철을 자주 타십니까?

B : 아뇨,

　　가끔씩 지하철을 이용합니다.

A : 음, 저기에 빈 자리가 있군요!

주　метро : 지하철(불변 명사)

В метро : 지하철 안에서

на метро : 지하철을

пользовать ＋조격 : ～을 이용하다.

51. Вы летали на самолёте?
브이 례딸리 나 사말료쩨

A : Вы летали на самолёте?
브이 례딸리 나 사말료쩨

B : Да.
다

A : Куда вы летали последний
꾸다 브이 례딸리 빠슬레드니이

раз?
라스

B : В Чеджу.
브 제주

A : Где продают билеты на
그제 쁘로다유뜨 빌례뜨이 나

самолёт?
사말료뜨

B : В кассе аэропорта.
브 까셰 아에로쁘르따

51. 비행기 타 보셨습니까?

A : 비행기를 타 보셨습니까?

B : 네.

A : 최근에 가신 곳이 어디입니까?

B : 제주도입니다.

A : 비행기 표는 어디에서 팝니까?

B : 공항 매표소에서 팝니다.

주 последний : 마지막
продать : 팔다.

52. Я езжу поездом
야　　예쥬　　　뽀예즈돔

A : Что вы делаете в воскресенье?
쉬또　브이　젤라이쩨　브　　바스끄레센예

B : Если хорошая погода, я езжу
예슬리　하로샤야　　빠고다　야　예쥬

удить рыбу поездом.
우지찌　르이부　　뽀예즈돔

A : Вы любите ездить на поезде?
브이　류비쩨　　예지찌 나　보예제

B : Да. Это удобно.
다　에떠　　우도브노

A : Куда вы обычно ездите?
꾸다　브이　아브이쉬노　　예지쩨

B : За город, на берегу реки.
자　고로트　나　벼례구　　레끼

52. 기차를 타고 갑니다

A : 일요일엔 무엇을 하십니까?

B : 날씨가 좋으면, 기차를 타고
　　낚시하러 갑니다.

A : 기차 타는 걸 좋아하세요?

B : 네. 기차가 편안해요.

A : 주로 어디로 가세요?

B : 교외로, 강가로 갑니다.

주 если : 만약

　　удить : 낚다

　　рыба : 생선

　　рака : 강

53. Мне на стадион
르녜 나 스따지온

А : Такси!
딱시

В : Здравствуйте!
즈드라스부이쩨

А : Мне на стадион
르녜 나 스따지온

В : Хорошо.
하라쇼

А : Прошу вас ехать быстро.
쁘로슈 바스 예하찌

В : Нет, опасно.
녜뜨 아빠스노

Сегодня был дождь, и дорога
시보드냐 브일 도쉬 이 다로가

мокрая.
모끄라야

53. 경기장으로 갑시다

A : 택시!

B : 안녕하세요!

A : 경기장으로 가 주세요.

B : 좋습니다.

A : 빨리 가 주세요.

B : 안됩니다. 위험해요.

오늘은 비가 와서 길이 미끄럽습니다.

주 опасно : 위험하다.

мокрый : 미끄러운

*мне ··· на стадион 에서는 надо пойти 가 생략된 형태

54. Где мне выходить?
그제　　므녜　　브이하지쩨

А : Скажите, пожалуйста, где
스까쥐쩨　　빠좔스따　　그제

мне выходить?
므녜　　브이하지쩨

Мне нужен музеи чехова.
므녜　　누젠　　무졔이　　체호바

В : На следующей остановке.
나　　슬례두유쉐이　　아스따노브께

А : Спасибо.
스빠시바

Вы сходите на следующей
브이　　스하지쩨　　나　　슬례두유쉐이

остановке?
아스따노브께

В : Нет, не схожу
녜뜨　　녜　　스하쥬

А : Пожалуйста. разрешите
빠좔스따　　라즈레쉬쩨

пройти.
쁘로이찌

В : Охотно
아호뜨노

54. 어디에서 제가 내려야 합니까?

A : 제가 어디에서 내려야 하는지 좀
　　가르쳐 주세요.
　　체홉박물관에서 내려야 합니다.
B : 다음 정거장에서 내리십시요.
A : 고맙습니다.
　　당신은 다음 정거장에서 내리십니까?
B : 아니요, 안 내립니다.
A : 좀 지나갑시다.
B : 그러세요.

주 Выходить : 나가다. 떠나다.
сходить : 내려가다, 떠나다.
пройти : 통과하다.

55. Где находится банк?
그제 나호지야쨔 반끄

A : Где находится банк?
그제 나호지쨔 반끄

B : Как раз я собираюсь пойти
깍 라스 야 사비라유시 빠이찌

туда. Он близко отсюда.
뚜다 온 블리즈꼬 아뜨슈다

Вы иностранец?
브이 이노스뜨라녜츠

A : Да, я француз.
다 야 프란추즈

B : Вы говорите по-русски очень
브이 거버리쪠 빠 루스끼 오첸

хорошо.
하라쇼

A : Спасибо.
스빠시바

55. 은행은 어디에 있습니까?

A : 은행은 어디에 위치하고 있습니까?

B : 바로 저도 거기로 가려던 중입니다.

　　 은행은 여기서 가깝습니다.

　　 당신은 외국인입니까?

A : 네,　저는 프랑스인입니다.

B : 당신은 러시아어를 아주 훌륭하게

　　 하시는군요.

A : 고맙습니다.

주　находиться : 위치하다.

　　 как раз : 마침

　　 француз : 프랑스인

　　 иностранец : 외국인

56. Как дойти до почты?
깍　　다이찌　　다　　뽀취떠

А : Извините господин.
이즈비니쩨　　가스빠진

Скажите пожалуйста, как
스까쥐쩨　　빠좔스따　　깍

дойти до ближайшего
다이찌　　다　　블리좌이셰보

почтового отделения. Мне
뽀치또보보　　아뜨젤례니야　　므녜

надо послать телеграмму.
나도　　빠슬라찌　　찔리그람무

В : Пройдите мимо книжного
쁘로이지쩨　　미모　　끄니쥐노보

магазина и перейдите
마가지나　　이　　삐리이지쩨

через улицу,
체레스　　울리추

потом возьмите влево.
빠똠　　빠지미쩨　　블례보

А : Это налево от площади?
에떠　　날례보　　오뜨　　쁠로샤지

В : Да.
다

56. 우체국은 어떻게 갑니까?

A : 실례합니다.
가까운 우체국지부까지는 어떻게
가야합니까?
저는 전보를 쳐야 합니다.

B : 서점 옆을 지나서 거리를 건너가십시오,
다음 왼쪽으로 돌아가십시요.

A : 은행은 광장의 왼쪽에 있습니까?

B : 네.

주 почта : 우체국
отделение : 부서. 지부
мимо (＋생격) 옆을 지나서
от (＋생격) : ～으로부터
налево : 왼쪽에
до (＋생격) : ～까지
через (＋대격) : ～을 가로질러서. ～을 건너서
послать : 부치다.
влево : 왼쪽으로

57. Я как раз сам туда иду
야 깍 라즈 삼 뚜다 이두

А : Далеко ли магазин от вашего
달리꼬 리 마가진 오뜨 바셰보

дома? Я нужно купить хлеб
도마 야 누쥐노 꾸삐찌 홀례프

и молоко, теперь
이 멀라꼬 찌뼬

В : Нет.
녜뜨

Он совсем рядом.
온 삽셈 랴돔

Я как раз сам туда иду, так что
야 깍 라즈 삼 뚜다 이두 딱 쉬또

я мог бы показать вам дорогу
야 목 브이 빠까자찌 밤 다로구

А : Сколько часов в день магазин
스꼴꼬 치숩 브 젠 마가진

работает?
라보따이뜨

В : Магазин работает с восьми часов
마가진 라보따이뜨 스 치숩

утра до шести часов вечера.
우뜨라 다 쉐스찌 치숩 부체라

57. 저도 그리로 가려던 참입니다

A : 가게가 당신의 집으로부터 멀리
　　있습니까?
　　저는 지금 빵과 우유를 사야 합니다.

B : 아니요.
　　가게는 바로 옆에 있습니다.
　　저도 마침 거기로 가려던 참이니,
　　길을 알려 드릴 수 있겠군요.

A : 가게는 하루에 몇 시간 영업합니까?

B : 가게는 아침 8 시부터 저녁 6시
　　까지 영업합니다.

주 　сам : 스스로
　　показать : 보여주다.

58. Вы часто пишите?
브이 차스또 비쉬쩨

А : Ирина. что это?
이리나 쉬또 에떠

В : Это письмо от подруги.
에떠 삐시모 오뜨 빠드루기

А : Вы часто пишите своим
브이 차스또 비쉬쩨 스바임

друзьям?
드루지얌

В : Нет.
녜뜨

Я не люблю писать письма, но
야 녜 류블류 비싸찌 삐시마 노

люблю получать письма
류블류 빨루차찌 삐시마

58. 자주 편지 하십니까?

A : 이리나, 그게 뭐예요?

B : 여자 친구에게서 온 편지예요.

A : 당신은 친구들에게 자주
   편지하나요?

B : 아니예요.
   저는 편지쓰는 걸 좋아하지 않아요,
   하지만 받는 건 좋아하죠.

주 попруга : 여자친구.
друзья : 친구들
письмо : 편지
писать : 쓰다.
свой : 자신의

59. Почему ты не ответил на письмо?
빠체무 뜨이 녜 아드볘찔 나 삐시모

А : Антон, ты получил письмо?
안똔 뜨이 빨루칠 삐시모

В : Да.
다.

А : Тогда, почему ты не ответил
따그다 빠체무 뜨이 녜 아드볘찔

на письмо, которое я тебе
나 삐시모 까또로예 야 찌볘

написал?
나삐쌀

В : Простите.
쁘로스찌쪠

Я не смог.
야 녜 스목

Я был болен.
야 브일 볼롄

А : Как жаль.
깍 좔

59. 왜 편지에 답하지 않았니 ?

A : 안톤, 편지 받았니 ?

B : 응.

A : 그럼, 왜 내가 쓴 편지에 대해 답하

　　지 않았니 ?

B : 미안해.

　　할 수가 없었어.

　　나는 아팠거든.

A : 저런.

주 который : ~한. 관계대명사용법.
написать : 쓰다의 완료형.
болен : 아프다.

60. Как они написали адрес?
깍　아니　나삐쌀리　아드례스

Москва　К-7
마스끄바

пл. Пушкина, д. 9, кв. 21
쁠로샤지 뿌쉬끼나　돔 제비찌 끄바르찌라 드볫낫짜찌 아진

Соколову Павлу Сер еевичу
사깔로부　빠블루　세르게예비추

Адрес отправителя:
아드례스　아뜨쁘라비찔야

г. Ленинград, ул. Садовая,
고로트　레닌그라드　울리짜　사도바야

д. 21,　кв. 5
돔　끄바르찌랴　빠찌

Викторов С. И.
빅또롭

60. 주소를 어떻게 썼습니까 ?

모스크바 K – 7 (우편구역名)

뿌쉬낀 광장 9동 21호

소꼴로프 빠벨 세르게예비치에게

반송주소 :

레닌그라드 시 사도바야거리 21동

5 호

빅또르 С. И.

주 площадь : 광장
дом : 집, 건물, ~동
квартира : 아파트 ~호, 방
город : 도시
улица : 거리

61. Образец письма
아브라제츠　　　삐시마

15　сентября　1988　г.
빠뜨나드짜또예　　센쨔브랴　뜨이샤차 제비찌소뜨 보솀지샤뜨 바시모보 고다

Ленинград
레닌그라드

Моя　дорогая　Мария!
마야　　다로가야　　마리야

Как　живёшь?　Я очень　рад до
깍　　쥐뵤쉬　　야　오첸　　라드　다

слёз.　Наконец я выдержал
슬료츠　　나까네츠　야　브이제르좔

переходный экзамен. Скоро я
삐리호드느이　　엑자멘　　스꼬로　야

поеду к тебе. Привет всем.
빠예두　끄　찌뻬　　쁘리벳　프셈

До　свидания.
다　　스비다니야

Иван.
이반

61. 편지의 견본

1988년 9 월 15일

레닌그라드

나의 소중한 마리야!

어떻게 지내니? 나는 눈물이 날 만큼

매우 기쁘단다. 드디어 나는 진급시험에

합격했다. 곧 너에게로 갈께. 모두에게

안부전해다오.

안녕

이반.

62. На почте
나 뽀취쩨

A : Мне надо послать письма.
므녜 나도 빠슬라찌 삐시마

Дайте, пожалуйста. два
다이쩨 빠좔스따 드바

конверта с марками для
깐베르따 스 마르까미 들랴

авиаписьма.
아비아삐시마

B : Вот.
보뜨

A : Сколько времени идёт
스꼴꼬 브례메니 이죠뜨

письмо в Сеул?
삐시모 브 세울

B : Четыре дня.
치뜨이례 드냐

A : Сколько за всё?
스꼴꼬 자 프쇼

B : Пожалуйста, 22 Копейки
빠좔스따 드밧짜찌 드바 까뻬이끼

62. 우체국에서

A : 전 편지들을 부쳐야 합니다.
　　국제 우편으로 우표가 포함된　봉투
　　2 개를 주십시오.

B : 여기 있습니다.

A : 서울까지 편지는 얼마나 걸립니까?

B : 4 일이요.

A : 모두 얼마죠?

B : 22까뼤이까입니다.

주 конверт : 봉투
마르카 марка : 우표
для (+생격) : ~를 위한
копейка : 꼬뼤이까, 화폐단위

63 Вы часто звоните по телефону?
브이 차스또 즈바니쩨 빠 찔리포누

A : Вы часто звоните по
브이 차스또 즈바니쩨 빠

телефону?
찔리포누

B : Да.
다

A : Какой у вас номер телефона?
까꼬이 우 바스 노몌르 찔리포나

B : У меня нет телефона, а
우 미냐 녜뜨 찔리포나 아

телефон-автомат недалеко
찔리폰 압또마뜨 니달리꼬

от нашего дома.
오뜨 나쉐보 도마

A : Тогда, до субботы
따그다 다 수보뜨이

B : До свидания.
다 스비다니야

63. 당신은 전화를 자주 하십니까?

A : 당신은 자주 전화를 하십니까?

B : 네

A : 전화 번호가 몇 번입니까?

B : 저는 전화가 없습니다, 하지만 전화
   기가 집에서 멀지 않은 곳에 있습니
   다.

A : 그럼, 토요일에 봅시다.

B : 안녕히 가십시요.

주 звонить по телефону : 전화걸다.

64. Попросите, пожалуйста, Катю
빠쁘로시쩨 빠좔스따 까쮸

А : Алло.
알로

В : Алло, попросите, пожалуйста,
알로 빠쁘로시쩨 빠좔스따

Катю.
까쮸

А : Её нет дома.
예요 넷 도마

Она будет дома через час.
아나 부지뜨 도마 체레스 차스

Что её передать?
쉬또 예요 삐리다찌

В : Нет, позвоню опять.
네뜨 빠즈바뉴 아빠찌

А : Хорошо,
하라쇼

64. 까쨔 좀 바꿔 주십시오

A : 여보세요.

B : 여보세요. 까쨔 좀 바꿔주세요.

A : 그녀는 집에 없습니다.

　　1 시간 뒤에는 집에 있을 겁니다.

　　그녀에게 무엇을 전해드릴까요?

B : 다시 전화를 걸겠습니다.

A : 그러십시오.

주　попросите : 바꿔주십시오.

　　передать : 전해주다, 여기선 '전할 말이 있읍니까?'

65. Скажите, что меня нет дома!
스까쥐쩨   쉬또   미냐   녜뜨   도마

A : Катя, если будут звонить,
까쨔   예슬리   부두뜨   즈바니찌

скажи, что меня нет дома.
스까쥐   쉬또   미냐   녜뜨   도마

B : Хорошо, я скажу.
하라쇼   야   스까쥬

－Через несколько минут－
체레스   니스꼴꼬   미누뜨

B : Получай трубку!
빨루차이   뜨루브꾸

A : Разве ты забыла?
라즈볘   뜨이   자브일라

Я просил тебя сказать что
야   쁘로실   찌뱌   스까자찌   쉬또

меня нет дома
미냐   넷   도마

65. 제가 집에 없다고 말해 주십시요 !

A : 까쨔야, 만약 전화가 오면, 내가 집
　　에 없다고 말해줘.
B : 좋아, 말해줄께.
　—몇분 뒤—
B : 전화 받어 !
A : 정말 잊어 버렸니 ?
　　내가 없다고 말해달라고 네게　부탁
　　했었잖아,

주　трубка : 수화기

66. Наш телефон плохо работает
나쉬 　 찔리폰 　 쁠로호 　 라보따이뜨

А : Это мама?
에떠 　 마마

В : Да, это я.
다 　 에떠 　 야

А : Это Андрей.
에떠 　 안드례이

Сегодня вечером я буду
시보드냐 　 볘체롬 　 야 부두

прийти поздно.
쁘리이찌 　 뽀즈드노

В : Что?
쉬또

Я плохо тебя слышу.
야 　 쁠로호 　 찌뺘 　 슬르이슈

Повтори, пожалуйста, что
빱또리 　 빠좔스따 　 쉬또

ты сказал.
뜨이 　 스까잘

Наш телефон плохо работает.
나쉬 　 찔리폰 　 쁠로호 　 라보따이뜨

66. 전화가 잘 안됩니다

A : 엄마세요?

B : 그래, 나다.

A : 안드레이예요.

오늘 저녁에 늦게 들어갈 것 같아요.

B : 뭐라고?

잘 안들리는구나.

다시 말해다오.

우리 전화가 잘 안되는구나.

주 слышить : 들리다.

повторить : 반복하다.

67. Я слушаю
야　슬루샤유

A ： Будьте добры, попросите
붓쩨　다브르이　빠쁘로시쩨

к телефону Лену Смирнову.
끄　찔리포누　레누　스미르노부

B ： Я слушаю. Это я.
야　슬루샤유　에떠　야

A ： Здравствуй, пойдём
즈드라스부이　빠이좀

посмотрим фильм!
빠스모뜨림　필름

A ： С удовольствием.
수다볼스뜨비엠

А когда?
아　꺼그다

A ： Можно сегодня.
모쥐노　시보드냐

B ： Сегодня не могу, а завтра?
시보드냐　네　마구　아　잡뜨라

A ： Хорошо, пока, да встречи!
하라쇼　빠까　다　브스뜨례치

B ： Всего хорошего!
브세보　하로셰보

67. 여보세요

A : 저 레나 스미르노바 좀 바꿔주세요.

B : 여보세요, 전데요.

A : 안녕, 영화 보러 가자.

B : 그러자.

언제 갈까?

A : 가능하다면 오늘.

B : 오늘은 안돼, 내일은?

A : 좋아, 그럼 그때까지 안녕!

B : 안녕!

주 я слушаю : 듣고 있읍니다. 여보세요.
пока : ~할 동안, 그 때 까지

68. Любите ли путешествовать?
류비쩨 리 뿌찌쉐스뜨보바찌

А : Любите ли вы путешествовать?
류비쩨 리 브이 뿌찌쉐스뜨보바찌

В : Очень люблю.
오첸 류블류

А : Были ли вы за границей?
브일리 리 브이 자 그라니체이

В : Нет, некуда не был.
녜뜨 녜꾸다 녜 브일

А : В каких городах вы уже
브 까끼흐 고로다흐 브이 우줴

побывали?
빠브이발리

В : В разных городах: Чеджу,
브 라즈느이흐 고로다흐 제주

Кёнджу, Канхвадо, и так далее.
경주 강화도 이 딱 달례예

А : На чём вы любите ездить,
나 춈 브이 류비쩨 예지찌

когда путешествуете?
꺼그다 뿌찌쉐스뜨부이쩨

В : На поезде.
나 뽀예제

68. 여행을 좋아하십니까?

A : 당신은 여행하는 것을 좋아하십니까?

B : 매우 좋아합니다.

A : 외국으로 나가 보신 적이 있나요?

B : 아니요, 아무데도 못 가 봤습니다.

A : 어떤 도시들을 가 보셨습니까?

B : 여러 도시들을요 : 제주, 경주,
강화도, 기타 등등

A : 여행하실 때 무엇을 타고 가시길
좋아하십니까?

B : 기차요.

за границей : 국외로.

побывать : 방문하다.

и так далее (и. т. д) : 기타 등등

69. Один или с семьей?

아진　일리　스　셈요이

A : Где вы отдыхали в прошлом
그제　브이　아뜨이할리　브　쁘로쉴롬

отпуске?
아뜨뿌스께

B : В Кавказе.
브　까브까졔

A : Один или с семьёй?
아진　일리　스　셈요이

B : С семьёй, и с друзьями.
스　셈요이　이 스　드루지야미

Но в зтом отпуске я хочу
노 브　에떰　아뜨뿌스께 야　하추

отдыхать только один.
아뜨이하쩨　똘꼬　아진

69. 혼자 아니면 가족들과 ?

A : 지난 휴가에 어디에서 쉬셨습니까?

B : 까쁘까즈에서요.

A : 혼자서 아니면 가족들과 ?

B : 가족들과 또 친구들과요.

그러나 이번 휴가는 혼자서만   쉬고

싶어요.

70. Вы Свободны Завтра?
브이　　스바보드느이　　잡뜨라

A : Вы свободны завтра?
브이　　스바보드느이　　잡뜨라

B : Возможно, буду поехать
바즈모쥐노　　부두　　빠예하찌

на Украйну у брата.
나　우끄라이누　우　부라따

У него будет годовщина
우　네보　부지뜨　가도브쉬나

свадьбы.
스바지브이

A : Когда вернётесь?
꺼그다　베르뇨쩨시

B : Думаю, через неделю.
두마유　체레스　니젤유

70. 내일 시간 있으세요?

A : 내일 시간 있으세요?

B : 아마도, 우크라이나에 있는 형에게
가야 할 겁니다.
그의 결혼 기념일이거든요.

A : 언제 돌아오십니까?

B : 일주일 후로 생각하고 있습니다.

주 **свободен** : 한가한, 자유로운, 비어있는

71. Можно к вам?
모쥐노 끄 밤

A : Извините, можно к вам?
이즈비니쩨 모쥐노 끄 밤

B : Да, можно
다 모쥐노

A : Я хочу узнать, были ли в
야 하추 우즈나찌 브일리 리 브

클루뼤 브이 브체라 베쳬롬
клубе вы вчера вечером.
끌루뼤 브이 브체라 베쳬롬

B : Да, я был.
다 야 브일

A : С кем?
스 껨

B : С юрой.
스 유로이

Он плохо чувствовал вчера,
온 쁠로허 춥스뜨보발 부체라

кажется.
까줴짜

71. 당신께 실례해도 될까요?

A : 실례합니다, 당신께 여쭤봐도 될까
요?

B : 네, 그러세요.

A : 어제 저녁에 클럽에 가셨었는지 알고
싶습니다.

B : 네, 갔었습니다.

A : 누구와 갔습니까?

B : 유리와 함께요.
그는 어제 기분이 좋지 않아 보였습
니다.

주 кажется (мне 생략) : ~인 듯 보이다. 느껴지다.

72. Боюсь, что нет
바유시　쉬또　네뜨

A : Откуда вы приехали в Сеул?
오뜨꾸다　브이　쁘리예할리　브　세울

B : Из Москвы.
이즈　마스끄브이

A : Я уверен, что наша команда
야　우베롄　쉬또　나샤　꼬만다

будет выиграть мятч по
부지뜨　브이이그라찌　먀치　빠

футболу. А вы?
풋볼루　아　브이

B : Боюсь, что нет.
바유시　쉬또　네뜨

72. 아닐 것 같습니다

A : 어디에서 서울까지 오셨습니까?

B : 모스끄바에서요.

A : 저는 우리 팀이 축구경기에서
   이길 것이라고 확신합니다.
   당신은요?

B : 아닐 것 같은데요.

боятъся ; 무서워하다. 염려하다.

73. Когда вы встаёте?
꺼끄다 브이 프스따요쩨

A : Когда вы встаёте?
꺼그다 브이 프스따요쩨

B : В половине восьмого
브 빨로비녜 바시모보

A : Вы делаете утреннюю
브이 젤라이쩨 우뜨렌뉴유

зарядку?
자랴드꾸

B : К сожалению, нет.
끄 싸좔레니유 녜뜨

А вы?
아 브이

A : Я делаю по утрам.
야 젤라유 빠 우뜨람

73. 언제 일어나십니까?

A : 당신은 언제 일어나십니까?

B : 7 시 30분에요.

A : 아침 체조를 하십니까?

B : 유감스럽지만 하지 않습니다.

　　당신은요?

A : 저는 아침마다 합니다.

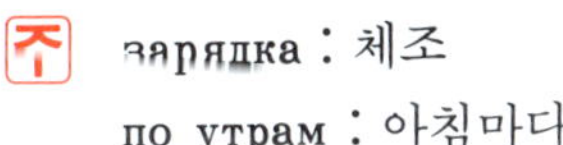

зарядка : 체조

по утрам : 아침마다.

74. Мой любимый вид спорта теннис
모이　류빔므이　비뜨　스뽀르따　쩨니스

A : Ты любишь спорт?
뜨이　류비쉬　스뽀르뜨

B : Очень.
오첸

Мой любимый вид спорта
모이　류빔므이　비뜨　스뽀르따

теннис
쩨니스

A : Как часто занимаешься
깍　차스또　자니마이샤

спортом?
스뽀르똠

B : Два раза в неделю я хожу
드바　라자　브　니젤유　야　하주

на теннисный корт.
나　쩨니스느이　꼬르뜨

74. 제가 좋아하는 스포츠 종류는 테니스입니다

A : 스포츠 좋아하니 ?

B : 굉장히.

　　내가 좋아하는 스포츠는 테니스야.

A : 얼마나 자주 스포츠에 열중하니 ?

B : 일주일에 두번씩 테니스 코트에

　　가고 있어.

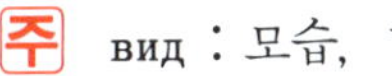
вид : 모습, 형태

75. Пустяки ничего страшного
뿌스쨔끼　　니체보　　스뜨라쉬노보

A : Игорь, ты не хочешь поехать
이고리　　　뜨이 네　　호체쉬　　　빠예하찌

в бассейн завтра?
브　　　바세인　　　잡뜨라

B : Простите, Алексей.
쁘로스찌쩨　　　알렉세이

Завтра я встречусь одного
잡뜨라　　야　　브스뜨레추시　　　아드노보

из своих знакомых.
이즈　　스바이흐　　즈나꼼므이흐

Он обещал прийти ко мне.
온　　아볘샬　　　쁘리이찌　　끄　　므녜

A : Пустяки ничего страшного.
뿌스쨔끼　　　니체보　　　스뜨라쉬노보

Я пообещаю другому другу.
야　　빠아볘샤유　　　드루고무　　　드루구

B : Давай поедем вместе в
다바이　　빠예짐　　　브몌스쩨 브

будущем.
부두솀

A : Хорошо, до свидания.
하라쇼　　다　　스비다니야

75. 아무것도 아닙니다

A : 이고리, 내일 수영장 가지 않겠니 ?

B : 미안해, 알렉세이.

내일 나는 아는 사람 중 한 명을

만날 거야.

그가 내게로 오겠다고 약속했거든.

A : 전혀 신경쓸 것 없어.

나는 다른 친구랑 약속할 거야.

B : 나중에 함께 가자.

A : 그래, 안녕

주 пустяк : 시시한 일. 아무일도 아니다.

страшный : 지독한, 극단적인

76. Я мечтаю стать футболистом
야 메치따유 스따찌 풋볼리스똠

A : Семён, ты не знаешь, где
세몬 뜨이 녜 즈나이쉬 그제

мой мяч?
모이 먀치

B : Кажется, я его видел за
까줴짜 야 이보 비젤 자

шкафом или под шкафом.
쉬까폼 일리 뽀트 쉬까폼

A : Какой вид спорта ты любишь
까꼬이 비뜨 스뽀르따 뜨이 류비쉬

больше всего?
볼쉐 프셰보

B : Футбол, а ты?
풋볼 아 뜨이

A : Я тоже футбол.
야 또줴 풋볼

Я мечтаю стать футболистом.
야 메치따유 스따찌 풋볼리스똠

76. 저는 축구선수가 되는걸 꿈꿉니다

A : 세묜, 내 공이 어디 있는지 모르니?

B : 장롱 뒤인지, 장롱 밑인지에서 본 것
같은데.

A : 어떤 스포츠를 가장 좋아하니?

B : 축구, 넌?

A : 나 역시 축구야.
나는 축구 선수가 되기를 바래.

주 Кажется : ~인 듯 느껴지다.
стать＋조격 : ~이 되다.

77. Вы умеете играть на гитаре?
브이 우메이쩨 이그라찌 나 기따례

A : Вы умеете играть на гитаре?
브이 우메이쩨 이그라찌 나 기따례

B : Не могли бы вы говорить
네 마글리 브이 브이 거버리찌

немного погромче?
니므노거 빠그롬체

A : Охотно, вы умеете играть
아호뜨나 브이 우메이쩨 이그라찌

на гитаре?
나 기따례

B : Нет, я не умею.
네뜨 야 네 우메유

Но я умею играть на рояле.
노 야 우메유 이그라찌 나 로얄례

77. 기타 칠 줄 아세요?

A : 당신은 기타 칠 줄 아세요?

B : 조금 더 크게 얘기해 주실 수 없을까요?

A : 기꺼이, 기타 칠 줄 아세요?

B : 아니요, 전 못해요.

그렇지만 피아노는 칠 수 있어요.

 играть＋на＋전치격 : ～연주하다.

рояль : 피아노

охотно : 기꺼이

78. Какие передачи вы любите?
까끼예　　삐리다치　　브이　류비쩨

A : Виктор, что вы делаете
빅또르　　쉬또　　브이　젤라이쩨

после ужина?
뽀슬례　　우쥐나

B : Обычно, я читал газету
아브이쉬노　　야　　치딸　　가제뚜

или смотрю телевизор.
일리　　스모뜨류　　찔리비조르

A : Какие передачи вы любите
까끼예　　삐리다치　　브이　　류비쩨

смотреть по телевизору?
스모뜨례찌　　빠　　찔리비조루

B : Музыкальные передачи.
무지깔느이예　　삐리다치

78. 어떤 프로그램들을 좋아하십니까?

A : 빅또르, 저녁 식사 후엔 무엇을
　　하세요?

B : 보통, 신문을 읽거나 TV를 봅니다.

A : 어떤 프로그램들을 즐겨 보십니까?

B : 뮤지컬 프로그램들이죠.

주 передача : 프로그램

79. Включите, пожалуйста, телевизор!
브끌류치쩨　　　빠좔스따　　　찔리비조르

A : Что сегодня вечером будут
쉬또　　시보드냐　　베체롬　　부두뜨

передавать по телевизору?
삐리다바찌　　빠　　찔리비조루

B : Включите, пожалуйста,
브끌류치쩨　　　빠좔스따

телевизор. Сейчас будет
찔리비조르　　　시차스　　부지뜨

интересная передача.
인쩨레스나이아야　　삐리다차

A : У вас есть телевизионная
우 바스　　예스찌　　찔리비지온나야

программа?
쁘로그람마

B : Да, есть.
다　　예스찌

A : Покажите мне, пожалуйста.
빠까쥐쩨　　　므녜　　　빠좔스따

79. TV를 켜 주십시오 !

A : 오늘 저녁에는 TV에서 무엇을
    방송합니까?
B : TV를 켜주십시오.
    지금 재미있는 프로그램이 방송될
    겁니다.
A : TV 프로그램을 갖고 계십니까?
B : 네, 있습니다.
A : 제게 좀 보여주십시오.

주 поредавать : 방송하다.
включить : 스위치를 켜다.
телевизионный : TV 의
показать : 보여주다.

80. Можно её взять?
모쥐노 예요 브쟈찌

A : Вы уже прочитали эту
브이 우제 쁘로치딸리 에뚜

газету?
가제뚜

B : Да, прочитал.
다 쁘로치딸

A : Можно её взять?
모쥐노 예요 브쟈찌

B : Возьмите, пожалуйста.
바지미쩨 빠좔스따

A : Спасибо.
스빠시바

80. 가져가도 됩니까?

A : 이 신문 다 보셨습니까?

B : 네, 다 봤습니다.

A : 가져가도 될까요?

B : 가지세요.

A : 고맙습니다.

주 взять : 갖다. 가져가다.

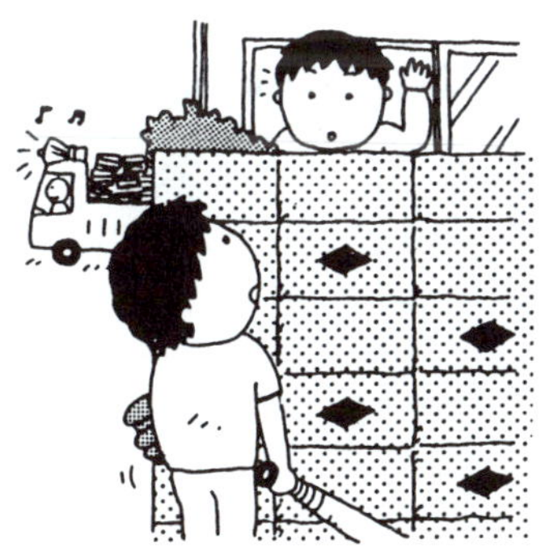

81. Кто же этого не хочет!
히또 줴 에떠보 네 호쳇

A : Вы часто ходите в театр?
브이 차스또 하지쩨 브 찌아뜨르

B : К сожалению не часто.
끄 싸좔례니유 네 차스또

Я занят.
야 자냐뜨

A : Вы не хотите ходить
브이 네 하지쩨 하지찌

в театр?
브 찌아뜨르

B : Кто же этого не хочет!
히또 줴 에떠보 네 호쳇

Конечно, хочу.
까녜쉬노 하추

81. 그 누가 그걸 싫어하겠습니까 !

A : 당신은 자주 극장에 가십니까?

B : 유감스럽게도 자주는 아닙니다.

저는 바빠요.

A : 극장에 가는 걸 좋아하지 않으세요?

B : 누가 좋아하지 않겠어요 !

물론 좋아합니다.

주 театр : 연극극장

82. Кокой фильм идёт?
까꼬이　필름　이죠뜨

A : Что вы будете делать завтра?
쉬또　브이　부지쩨　젤라찌　잡뜨라

B : Ещё не знаю.
이쇼　녜　즈나유

А вы?
아　브이

A : Давайте пойдём на выставку!
다바이쩨　빠이죰　나　브이스따브꾸

B : Нет, Давайте лучше
녜뜨　다바이쩨　루쉐

посмотрим новый фильм.
빠스모뜨림　노브이　필름

A : Какой фильм идёт в кино
까꼬이　필름　이죠뜨 프　끼노

теперь?
찌뻴

B : Я узнаю
야　우즈나유

82. 어떤 영화가 상영됩니까?

A : 내일 뭐 하실 거예요?

B : 아직 모르겠습니다.

　　당신은?

A : 박람회에 갑시다!

B : 아니요, 새로운 영화를 보는 게

　　낫겠습니다.

A : 극장에선 지금 어떤 영화가

　　상영됩니까?

B : 제가 알아보죠.

주 кино : 영화극장

　　узнать : 알다의 완료형

　　*완료의 현재 인칭변화는 быть 보다

　　강한 의지의 미래를 나타낸다.

83. Пойдём завтра в кино!
빠이좀 잡뜨라 프 끼노

А : Оля, пойдём завтра в кино?
올랴 빠이좀 잡뜨라 프 끼노

В : С удовольствием, согласна.
수다볼스뜨비옘 사글라스나

Где мы встретимся?
그제 므이 브스뜨례찜샤

А : Около кинотеатра.
오깔로 끼노쩨아뜨라

Нет, нет, на скамейке
녜뜨 녜뜨 나 스까메이께

напротив памятника.
나쁘로찝 빠먀뜨니까

В : Только не опаздывай!
똘꼬 녜 아빠즈드이바이

Помни, в семь часов.
뽐니 브 셈 치솝

83. 내일 극장 갑시다 !

A : 올랴, 내일 극장 갈래 ?

B : 그래, 그러자.

　　어디서 우리 만날까 ?

A : 영화관 근처에서.

　　아니, 아니. 동상 맞은 편 벤치에서.

B : 절대 늦지마 !

　　기억해, 7 시야.

주　согласен : 동의하다.

скамейк : 벤치

напротив (＋생격) : ~맞은 편에

помятник : 기념물, 동상

84. В котором часу начнётся
브 　 까또롬 　 차수 　 나치뇨쨔

А : В котором часу начнётся
브 　 까또롬 　 차수 　 나치뇨쨔

следующий сеанс?
슬례두유쉬이 　 시안스

В : Двадцать минут второго.
드밧짜찌 　 미누뜨 　 브따로보

А : А билеты ещё есть?
아 　 빌례뜨이 　 이쇼 　 예스찌

В : Есть.
예스찌

Сколько билетов вам нужно?
스꼴꼬 　 빌례똡 　 밤 　 누쥐노

84. 몇 시에 시작됩니까?

A : 몇 시에 다음 상영이 시작됩니까?

B : 1 시 20분입니다.

A : 표가 아직 있습니까?

B : 있습니다.

　　몇 장이 필요하세요?

수 сеанс : 상영

билет : 표

85. Вам скучно?
밤   스꾸치노

A : Вам скучно?
밤   스꾸치노

B : Да, немного.
다   니므노거

A : Почему?
빠체무

Вам не нравится этот фильм?
밤 네 느라비쨔 에떠뜨 필름

B : Потому что, я увидел этот
빠따무 쉬또 야 우비젤 에떠뜨

фильм давно.
필름   다브노

A : Жаль, лучше на стадион!
잘   무쉐 나 스따지온

85. 지루하십니까 ?

A : 지루하세요?

B : 네, 조금.

A : 왜요?

이 영화가 맘에 들지 않으세요?

B : 왜냐면, 오래 전에 이 영화를

봤었거든요.

A : 저런, 경기장에 갈걸 !

 лучше : 더 나은

86. Какие красивые туфли!
까끼예　끄라시브이예　뚜플리

A : Ну, какие красивые домашние
누　까끼예　끄라시브이예　다마쉬니예

туфли!
뚜플리

B : Эти очень мне нравятся
에찌　오첸　므녜　느라뱌쨔

тоже, и эти дешевы.
또줴　이　에찌　졔셰브이

A : Почему вы не купите?
빠체무　브이 녜　꾸삐쩨

B : Потому что, у меня нет денях
빠따무　쉬또 우　미냐　녜드　졔나흐

сейчас.
시：차스

A : Жаль.
좔

86. 정말 예쁜 신발이로군 !

A : 오, 정말 예쁜 실내화로군 !

B : 그건 제 맘에도 들고 또 값도
　　저렴하군요.

A : 왜 사지 않으세요 ?

B : 왜냐면 지금은 돈이 없거든요.

A : 저런.

주　туфли : 신발들(켤레)
　　дешёвый : 저렴한
　　＊какой ＋ 형용사 ＋ 명사 ! : 감탄문

87. Голубой иодойдёт вам
갈루보이　　빠다이죠뜨　　밤

A : Степан, будьте добры, помоги
스쩨빤　　붓쩨　　다브르이　　빠모기

мне выбрать галстук.
므녜　　브이브라찌　　갈스뚝

A : Какой цвет ты хочешь?
까꼬이　　쯔볘뜨　뜨이　　호체쉬

A : Ну, красный?
누　　　끄라스느이

В : Нет, по моему, голубой
녜뜨　　빠　마예무　　갈루보이

подойдёт тебе.
빠다이죠뜨　　찌볘

A : Хорошо, я его возьму.
하라쇼　　야　이보　　바지무

87. 푸른 색이 당신에게 어울립니다

A : 스테판, 넥타이 고르는 것 좀
　　도와주게나.

B : 어떤 색깔을 원하나?

A : 글쎄, 붉은 색?

B : 아니야, 내 생각으론 푸른색이
　　자네에겐 어울리네.

A : 좋아, 난 이걸 갖겠네.

주 выбрать : 고르다.
　　красный : 붉은
　　голубой : 푸른
　　подойти : 어울리다, 적합하다.

88. Покажите мне эту юбку
빠까쥐쩨　　　　므녜　에뚜　유브꾸

А : Покажите мне эту юбку,
빠까쥐쩨　　　　므녜　에뚜　　유브꾸

пожалуйста.
빠좔스따

В : Какой размер?
까꼬이　　　라즈몌르

А : У вас есть юбка 40-го
우　바스　예스찌　유브까　소록꺼보보

размера. третий рост?
라즈몌라　　　뜨례찌이　　　로스뜨

В : Конечно. Вот здесь.
까녜쉬노　　　보뜨　　즈제시

А : Я хочу примерить эта юбка.
야　하추　　쁘리메리찌　　　에따　　유브까

В : Хорошо.
하라쇼

А : Эта юбка широка мне.
에따　유브까　쉬로까　　므녜

Можно посмотреть другая?
모쥐노　　　빠스모뜨례찌　　　드루가야

88. 이 치마를 보여 주세요

A : 이 치마를 좀 보여주세요.

B : 치수가 어떻게 되세요?

A : 40치수, 길이 3인 치마가 있습니까?

B : 물론입니다. 여기 있군요.

A : 전 이 치마를 입어보고 싶은데요.

B. 좋습니다.

A : 이 치마는 제게 통이 크군요.
　　다른 걸로 볼 수 있을까요?

주 примерить : 시도하다.
　　широкий : 넓은

89. Это для меня дорого
에떠 들랴 미냐 다로버

А : Покажите, пожалуйста,
빠까쥐쩨　　빠좔스따

чёрный костюм
쵸르느이　　까스춤

В : Вот.
보뜨

А : Этот мне не идёт. У вас
에떠뜨 므녜　네　이죠뜨 우 바스

есть костюмы другого цвета?
예스찌　까스쮸므이　드루거보　쯔볘따

В : Да, есть и другие. У вас
다　에스찌 이　드루기예 우　바스

зелёные глаза, и вам
젤료느이예　글라자　이　밤

идёт зелёный цвет.
이죠뜨　젤료느이　쯔볘뜨

А : Сколько стоит этот костюм?
스꼴고　　스또이뜨　에떠뜨　까스쯤

В : Пять рублей.
빠찌　　루블례이

А : Это для меня дорого.
에떠　들랴　미냐　다로버

89. 제게는 비싼 값이군요

A : 검은 색 양복 좀 보여주세요.

B : 자 여기 있습니다.

A : 이건 제게 안 어울리는군요.

　　다른 색깔의 양복들도 있습니까?

B : 네 있습니다.

　　당신은 녹색 눈동자를 가졌으므로,

　　녹색이 당신에겐 어울립니다.

A : 이 양복 얼마죠?

B : 5 루블입니다.

A : 제게는 비싼 값이군요.

주 глаз : 눈동자

90. Где можно купить сыр?
그제　모쥐노　꾸삐찌　쓰이르

А : Где можно купить сыр?
그제　모쥐노　꾸삐찌　쓰이르

В : На втором этаже.
나　브따롬　에따줴

Там продуктый магазин.
땀　쁘로둑뜨이　마가진

А : Вы не знаете, сколько
브이　녜　즈나이쩨　스꼴꼬

стоит триста грамм сыру?
스또이뜨　뜨리스따　그람　스이루

В : Я не знаю.
야　니　즈나유

А : Спасибо.
스빠시바

В : Ничего
니체보

90. 치즈는 어디서 살 수 있습니까 ?

A : 치즈는 어디서 살 수 있습니까?

B : 2 층에서요.
　　거기엔 식료품 가게가 있습니다.

A : 치즈 300그램에 얼마나 하는지
　　모르세요 ?

B : 모르겠군요.

A : 감사합니다.

B : 별로요.

주　сыр : 치즈
　　сыру : 치즈의 특수생격.

91. В каком отделе продают яйцо?
브 까꼼 앗젤례 쁘로다유드 이:쬬

А : Скажите, пожалуйста, в каком
스까쥐쪠 빠좔스따 브 까꼼

отделе продают яйцо?
앗젤례 쁘로다유드 이:쬬

В : В мясном отделе.
브 미스놈 앗젤례

А : Спасибо.
스빠시바

А : Дайте полкило масла и
다이쪠 빨낄로 마슬라 이

десяток яиц.
지샤똑 이:츠

Сколько всё это стоит?
스꼴꼬 프쇼 에떠 스또이드

В : Два рубля двадцать копеек.
드바 루블랴 드바드쨔찌 까뻬이끄

Платите в кассу, пожалуйста.
쁠라찌쪠 브 까쑤 빠좔스따

91. 달걀은 어디에서 팝니까?

A : 어느 부서에서 달걀을 파는지 좀
　　애기해 주세요?

B : 육류품 부에서 팝니다.

A : 감사합니다.

A : 버터 반 킬로와 달걀 10개 주세요.
　　모두 얼마입니까?

B : 2 루블 20까뻬이까입니다.
　　카운터에서 지불하시기 바랍니다.

주 продавать : 팔다.
　 масло : 버터, 기름

92. Приятного оппетита!
쁘리야뜨노보 아뻬찌따

A ： Официант, эти места свободны?
아퍼치안뜨 에찌 미스따 스바보드느이

B ： Да, свободны.
다 스바보드느이

A ： Дайте, пожалуйста, меню.
다이쩨 빠좔스따 메뉴

B ： Что вы хотите заказать?
쉬또 브이 하찌쪠 자까자찌

A ： Принесите хлеб, салат,
쁘리녜시쪠 흘례프 살라뜨

и сыр, пожалуйста.
이 쓰이르 빠좔스따

B ： Вот, приятного аппетита!
보뜨 쁘리야뜨노보 아뻬찌따

92. 맛있게 드십시오 !

A : 웨이터, 이 자리가 비었습니까?

B : 네, 비었습니다.

A : 메뉴를 주세요.

B : 무엇을 주문하시겠습니까?

A : 빵, 샐러드, 그리고 치즈를
   갖다주세요.

B : 여기 있습니다. 맛있게 드세요!

주 приятный : 기분이 좋은, 즐거운
   аппетит : 식욕, 흥미

93. Я проголодался
야　　쁘로갈로달샤

А : Я что-то проголодался.
야　쉬또　또　　쁘로갈로달샤

Что вы берёте на первое?
쉬또　브이　베료쩨　나　뻬르보예

Я беру салат.
야　베루　살라뜨

Это очень вкусно здесь.
에떠　오첸　브꾸스노　즈제시

В : Я беру суп.
야　베루　수쁘

Я ем на завтрак только суп.
야　엠　나　잡뜨락　똘고　수쁘

А : Разве?
라즈볘?

93. 난 배가 고팠습니다

A : 난 뭔가 식욕을 느끼는데.

　　우선 무엇부터 드실 겁니까?

　　저는 샐러드를 먹겠습니다.

　　여기선 샐러드가 맛있습니다.

B : 저는 스프를 먹겠습니다.

　　저는 아침식사로 스프만을 먹습니다.

A : 그래요?

주　проголодаться : 식욕이나 시장기를 느끼다.
　　взять . 사시다. (어기서의 뜻은 먹다)
　　вкусно : 맛있다.

94. Вы обедали уже?
브이 아볘달리 우줴

A : Добрый день, Нина!
도브르이 젠 니나

B : Добрый день, Игорь.
도브르이 젠 이고리

Вы обедали уже?
브이 아볘달리 우줴

A : Нет.
네뜨

Я только что собираюсь
야 똘꼬 쉬또 사비라유시

пойти в столовую.
빠이찌 브 스딸로부유

B : Давайте пойдём в столовую
다바이쩨 빠이좀 브 스딸로부유

в углу улицы.
브 우줄루 울리츠이

A : С удовольствием.
수다볼스뜨비옘

94. 벌써 점심 드셨어요?

A : 안녕하세요, 니나!

B : 안녕하세요 이고리!

　　점심식사 하셨어요?

A : 아니요.

　　전 지금 막 식당으로 가려던 참이예요.

B : 거리 모퉁이에 있는 식당으로 가요.

A : 좋습니다.

주 доброе утро : 안녕하세요. (아침인사)

　 добрый день : 안녕하세요. (낮인사)

　 добрый вечер : 안녕하세요 (저녁인사)

95. Здесь большой выбор блюд
즈제시   라즈느이   브이보르   블류드

А : Здесь разный выбор блюд!
즈제시   라즈느이   브이보르   블류드

Что мы закажем?
쉬또   므이   자까젬

В : Какое ваше любимое блюдо?
까꼬예   바쉐   류빔모예   블류더

А : Я люблю рыбные блюда
야   류블류   르이브느이예   블류다

А вы любите рыбные блюда?
아   브이   류비쩨   르이브느이예 블류다

В : Да. очень.
다   오첸

Я буду есть судака по-
야 부두   예스찌   수다까   빠

польски.
뽈스끼

95. 여기는 메뉴 선택이 다양합니다

A : 여긴 메뉴가 다양하군요!

　　뭘 주문할까요?

B : 좋아하는 요리가 어떤 거예요?

A : 저는 생선요리를 좋아합니다.

　　당신은 생선 요리를 좋아하세요?

B : 네, 매우 좋아합니다.

　　저는 폴란드식 수닥을 먹겠습니다.

주 большой : 큰　　　судак : 농어 비슷한 생선.
　выбор : 선택
　блюдо : 요리

96. Я выпью чай
야　브이삐유 차이

A : Садитесь! Это моя комната
싸지쩨시　에떠　마야　꼼나따

　　Вы не хотите пить что-то?
브이　녜　하찌쩨　삐찌　쉬또　또

B : Я выпью чай.
야　브이삐유　차이

A : С лимоном или без лимона?
스　리모놈　일리　베스　리모나

B : С лимоном.
스　리모놈

C : Мне что- нибудь.
므녜　쉬또　니부지

D : А я чёрный кофе, без
아　야　쵸르느이　꼬페　베스

сахара.

Я не люблю сладкого
야　니　류블류　슬라드꼬보

96. 저는 차를 마시겠습니다

A : 앉으세요! 이게 제 방이에요.
　　뭐 좀 마시지 않으시겠어요?

B : 전 차를 마시겠습니다.

A : 레몬을 넣을까요, 넣지 말까요?

B : 넣어 주세요.

C : 제겐 아무거나 주세요.

D : 전 설탕없이 블랙 커피를 마시겠어요.
　　전 단 게 싫어요.

выпить 마시다 пить 의 완료형.

97. В Гостинице
브　　　가스찌니쩨

A : Я бы хотел получить номер
야　브이　하쩰　빨루치찌　노몌르

для одного с ванной
들랴　아드노보　스　반노이

и телефоном.
이　찔리포놈

B : Как долго вы пробудете
깍　　돌거　브이　쁘로부지쩨

здесь?
즈제시

A : Не Знаю точно.
녜　　즈나유　또쉬노

B : Заполните листок, пожалуйста.
자뽈니쩨　　　리스똑　　빠좔스따

Вот ключ от вашего номера.
보뜨　끌류치 오뜨　바쉐보　노몌라

С удобствами.
수도브스뜨바미

A : Спокойной ночи!
스뽀꼬인노이　　노치

97. 호텔에서

A : 욕실과 전화가 딸린 1인용 방 하나를
　　원합니다.

B : 여기서 얼마나 오래 머무실건가요?

A : 정확히는 모르겠군요.

B : 숙박계를 쓰세요.
　　당신방의 열쇠입니다.
　　편안히 지내세요.

A : 편안한 밤이길 !

주　гостиница : 호텔, 여관
　　номер : 방번호
　　ванная : 욕실
　　пробыть : 머물다. 남다.
　　заполнить : 채우다.

98. У врача
우 브라추

A : Что у вас болит?
쉬또 우 바스 볼리뜨

B : Врач, простуда, по-моему.
브라치 쁘로스뚜다 빠 마예무

A : Какая у вас температура?
까까야 우 바스 쩸뻬라뚜라

B : Сегодня утром больше
시보드냐 우뜨롬 볼쉐

тридцати девяти.
볼쉐 뜨리드짜찌 졔비찌

A : Посмотрим.
빠스모뜨림

98. 의사가 방문해서

A : 어디가 아프세요?

B : 제 생각으론 감기입니다. 의사선생님.

A : 열은 어떠세요?

B : 오늘 아침엔 39도를 넘었습니다.

A : 봅시다.

주 врач : 의사

простуда : 감기

99. У зубного врача
우　　주브노버　　브라챠

A : Здравствуйте, доктор.
즈드라스부이쩨　　　독또르

B : Здравствуйте.
즈드라스부이쩨

Садитесь, на что жалуетесь?
자지쩨시　　나　쉬또　　좔루이쩨시

A :Уже несколько дней у меня
우줴　　니스꼴꼬　　드네이 우　미냐

болит зуб.
볼리뜨　주브

B : Раскройте рот, посмотрим
라스끄로이쩨　　로뜨　　빠스모뜨림

ваши зубы. К сожалению,
바쉬　주브이　끄　사좔레니유

придётся удалить. Зайдите ко
쁘리죠쨔　　　우다리찌　　자이지쩨　　까

мне, пожалуйста, завтра.
므네　　빠좔스따　　잡뜨라

A : Завтра пятница···. Херошо.
잡뜨라　　빠뜨니차　　　하라쇼

Спасибо, до свидания, доктор.
스빠시바　다　스비다니야　독또르

99. 치과에서

A : 안녕하세요, 의사 선생님.

B : 안녕하세요.

앉으세요, 어디가 불편하세요?

A : 벌써 며칠 째 이빨이 아파요.

B : 입을 여세요, 당신 이빨을 봅시다.

유감스럽게도, 뽑아야겠군요.

내일 제게 들러주세요.

A : 내일이 금요일……

좋습니다.

고맙습니다. 안녕히 계세요,

의사선생님.

주 жаловаться : 푸념하다, 호소하다.
раскрыть : 열다, 보이다.
прийтися : 적합하다. ~하게 되다.
удалить : 뽑다.

100. В парикмахерской
프　　빠리끄마히르스꼬이

A : Садитесь, пожалуйста.
싸지쩨시　　　　빠좔스따

Что вам угодно?
쉬또　밤　　두고드노

B : Мне надо подстричься.
므녜　　나도　　빠드스뜨리짜

Немного коротко.
니므노거　　　까로뜨꼬

— Через несколько минут -
체레스　　　니스꼴꼬　　　미누뜨

A : Так вам нравится?
딱　밤　　느라비쨔

B : Прекрасно, спасибо.
쁘렉라스나　　　스빠시바

100. 이발소에서

A : 좀 앉으세요.

무엇을 해 드릴까요?

B : 머리를 잘라주세요.

조금 짧게요.

― 몇 분 뒤 ―

A : 맘에 드세요?

B : 훌륭해요, 고맙습니다.

주 парикмахерская : 이발소.
подстричь : 이발하다

101. Я хочу завить волосы
야 하추 자비찌 볼로스이

А : Садитесь, пожалуйста.
싸지쩨시 빠좔스따

А : Мне долго придётся ждать?
므녜 돌거 쁘리죠쨔 쥐다찌

А : Нет, перед вами ещё только
녜뜨 뻬레드 바미 이쇼 똘꼬

один.
아진

Следующая ваша очередь.
슬레두유샤야 바샤 아체롙지

В : Хорошо.
하라쇼

Я хочу завить волосы.
야 하추 자비찌 볼로스이

Перманент.
뻬르마녠뜨

101. 머리를 퍼머하고 싶습니다

A : 좀 앉으세요.

B : 오래 기다려야 하나요?

A : 아닙니다, 당신 앞에는 딱 한 명입니다.
다음이 당신 차례입니다.

B : 좋습니다.
저는 머리를 퍼머하고 싶습니다.

주 очередь : 차례
завить : 퍼머하다 곱슬거리게 하다
перманент : 퍼머넨트

102. Посоветуйте!

빠사볘뚜이쩨

А : Молодец, можно вас на

멀로제츠　　　모쥐노　　바스　나

минутку?

미누뜨꾸

В : Можно

모쥐노

А : Посоветуйте, какую игру

빠사볘뚜이쩨　　　까꾸유　　이그루

смотреть.

스모뜨례찌

В : Очень просто.

오첸　　　쁘로스또

Смотрите игру, можно купить

스모뜨리쩨　　　이그루　　모쥐노　　꾸삐찌

билет еще.

빌례뜨　　이쇼

А : Подержите, пожалуйста,

빠제르쥐쩨　　　빠좔스따

мой чемодан.

모이　　　치마단

Мне надо купить билет.

므녜　　나도　　꾸삐찌　　빌례뜨

102. 충고좀 해주십시오

A : 젊은이, 잠깐만 실례합시다 ?

B : 네.

A : 어떤 경기를 봐야할지 충고좀 해 주시게.

B : 매우 간단합니다.

아직 표를 살 수 있는 경기를

보십시오.

A : 내 가방을 좀 들어주게.

표를 사야겠네.

 чемодан : 여행가방

103. Где олимпийские игры?
그제 올림삐이스끼예 이그르이

A : Вы Знаете, где будут
쁘이 즈나이쩨 그제 부두뜨

следующие олимпийские игры?
슬레두유쉬예 올림삐이스끼예 이그르이

B : В Сеуле.
브 세울례

A : Как часто олимпийские игры
깍 차스또 올림삐이스끼예 이그르이

проходят?
쁘로 호쟈뜨

B : Один раз в каждый четвёрты
아진 라스 브 까쮜드이 치뜨뵤르뜨이

года.
고다

103. 올림픽은 어디에서 열립니까?

A : 다음 올림픽이 어디에서 있는지
　　아십니까?
B : 서울에서 있습니다.
A : 올림픽은 얼마나 자주 열립니까?
B : 매 4 년마다입니다.

주　проходить : 수행하다.

104.　Какой символ у вас?
까꼬이　　심볼　우 바스

A : Какой символ у вас на
까꼬이　　심볼　우 바스 나

слεдующей олимпиаде в Сеуле?
슬레두유쉐이　　올림삐아제　브　세울레

B : У меня тигр.
우 미냐 찌그르

A : Когда начинается олимпиада?
꺼그다　나치나이쨔　올림삐아제

B : В сентябре 1988 года.
브 센쨔브레　뜨이샤차 제비찌소뜨

보셈지샤뜨 바시모보 고다.

104. 상징이 무엇입니까?

A : 다음 서울 올림픽의 상징은
　　무엇입니까?

B : 호랑이입니다.

A : 올림픽은 언제 시작됩니까?

B : 1988년 9월입니다.

105. Добро пожаловатв!
다브로 빠좔로바찌

A : Добро пожаловать!
다브로 빠좔로바찌

Как вы доехали?
깍 브이 다예할리

B : Хорошо, большое спасибо, что
하라쇼 볼쇼예 스빠시바 쉬또

вы пришли нас встретить.
브이 쁘리쉴리 나스 브스뜨레찌찌

A : Желаю вам приятного пребывания
젤라유 밤 쁘리야뜨노보 쁘리브이바니야

в нашей стране!
브 나쉐이 스뜨라녜

B : Благодарю вас за дружеский
블라거다류 바스 자 드루줴스끼이

приём.
쁘리욤

105. 잘 오셨습니다

A : 잘 오셨습니다.
　　오시는 중은 어떠셨습니까?
B : 좋았습니다. 우리를 마중해 주셔서
　　매우 감사합니다.
A : 저희 나라에서 즐거운 체류기간을
　　가지시길 바랍니다.
B : 우정어린 환영에 감사드립니다.

106. Какова площадь СССР?
까꼬바 ｜ 쁠로샤지 ｜ 에세세세르 (에스에스에스에르)

А : Какова площадь СССР?
까꼬바 ｜ 쁠로샤지 ｜ 에세세세르

В : Площадь СССР-
쁠로샤지 ｜ 에세세세르

около двадцати двух целых и
오깔로 ｜ 드밧짜찌 ｜ 드부흐 ｜ 쩰르이흐 이

четырёх десятых миллиона
치뜨이료흐 ｜ 제샤뜨이흐 ｜ 밀리오나

квадратных километров.
끄바드라뜨느이흐 ｜ 낄로미뜨롭

А : Какая большая страна!
까까야 ｜ 볼솨야 ｜ 스뜨라나

Каково население СССР?
까꼬보 ｜ 나셸례니예 ｜ 에세세세르

В : Население СССР
나셸례니예 ｜ 에세세세르

составляет двести шестьдесят
싸스따블랴이뜨 ｜ 드볘스찌 ｜ 쉐스찌지샤뜨

два миллиона четыре ста сорок
드바 ｜ 밀리오나 ｜ 치뜨례 ｜ 스따 ｜ 소록

две тысячи человек.
드볘 ｜ 뜨이샤치 ｜ 칠라벡

106. 소련의 면적은 얼마입니까?

A : 소련의 면적은 얼마입니까?

B : 약 2240만 km²입니다.

A : 오 매우 큰 나라이군요!

소련의 인구는 얼마입니까?

B : 2 억 6244만 2000명입니다.

(1979년 1 월 현재)

107. Я люблю русскую живопись
야 류블류 루스꾸유 쥐보삐시

A : Я люблю русскую живопись.
야 류블류 루스꾸유 쥐보삐시

B : Кто ваш любимый художник?
끄또 바쉬 류빔므이 후도쥐닉?

A : Я люблю Шагала.
야 류블류 샤갈라

Его искусство отражает
이보 이스꾸스뜨보 오뜨라좌이뜨

горе жизни.
고례 쥐즈니

B : Вы не любите русскую музыку?
브이 녜 류비쩨 루스꾸유 무지꾸

A : Нет, тоже люблю.
녜뜨 도줴 류블류

Особенно люблю русские
아쏘벤노 류블류 루스끼예

народные песни.
나로드느이예 삐스니

107. 저는 러시아 그림을 좋아합니다

A : 저는 러시아 그림을 좋아합니다.

B : 어느 화가를 좋아하십니까?

A : 저는 샤갈을 좋아합니다.

그의 예술은 생의 애상을 담고 있습니다.

B : 러시아 음악은 좋아하지 않습니까?

A : 아니오, 역시 좋아합니다.

특히 러시아 민요들을 좋아합니다.

108. Вы верите в бога?
브이　　벼리쩨　브　　보가

A : Вю верите в бога?
브이　　벼리쩨　브　보가

B : Нет, я атеист.
네뜨　야　아쩨이스뜨

　А вы?
아　　브이

A : Я　верю в бога.
야　　벼류　브　　보가

B : Какая у вас вера?
까까야　우　바스　벼라

A : Я христианин.
야　　흐리스쩨아닌

　Я пробую молиться часто.
야　쁘로부유　몰리쨔　차스떠

108. 당신은 신을 믿습니까?

A : 당신은 신을 믿습니까?

B : 아니요, 저는 무신론자입니다.

　　당신은요?

A : 저는 신을 믿습니다.

B : 어떤 종교를 갖고 계세요?

A : 저는 기독교 신자입니다.

　　저는 자주 기도하려고 노력합니다.

109· Этот стадион хорошо оборудован

А : Где будет проходить финальная

игра?

В : В этом стадионе.

А : Сколько зрителей вмещает

этот стадион?

В : Около пятидесяти тысяч

челавеков.

А : Этот стадион хорошо оборудован!

Я хотел бы посмотреть

финальную итру.

109. 이 경기장은 시설이 좋습니다

A : 어디에서 결승전이 열립니까.

B : 이 경기장에서 입니다.

A : 이 경기장엔 관객이 얼마나 들어갈 수
있습니까?

B : 약 5 만입니다.

A : 이 경기장은 시설이 좋습니다 !
결승전을 보고 싶군요.

110. Чья команда выиграла?
치야 꼬만다 브이이그랄라

A : Чья команда выиграла?
치야 꼬만다 브이이그랄라

B : Наша команда выиграла.
나샤 꼬만다 브이이그랄라

A : Какой счёт?
까꼬이 스쵸뜨

B : Со счётом 4:2
사 스쵸똠 치뜨이례 드바

A : Какое место заняла
까꼬예 메스떠 자냘라

ваша команда?
바샤 꼬만다

B : Наша команда завоевал кубок.
나샤 꼬만다 자보예발 꾸복

110.　어느 팀이 이겼습니까?

A : 어느 팀이 이겼습니까?

B : 저희 팀이 이겼습니다.

A : 스코어는요?

B : 4 : 2 로 입니다.

A : 당신네 팀은 몇 위를 차지했습니까?

B : 저희 팀이 우승컵을 차지했습니다.

111. Вы путешествовали по району Кенчжу?

A : Какие места в корее больше всего посещаются туристами?

B : Вы путешествовали по районy Кёнчжу?

Кёнчжу древнейшие города кореи.

A : Какие достапримечательности вы советуете нам осмотреть?

B : Я советую вам есмотреть храм - Вулкук и Сэкулам.

111. 경주를 여행해 보셨습니까

A : 한국에서는 어떤 곳이 주요
　　관광지들입니까?

B : 경주를 여행해 보셨습니까?
　　경주는 한국의 옛도시입니다.

A : 어떤 명소를 구경하라고
　　추천하시겠습니까?

B : 불국사와 석굴암을 추천합니다.

112. Я хочу купить что-нибудь на память
야 하추 꾸삐찌 쉬또 니부지 나 빠먀찌

A : Я хочу купить что-нибудь на
야 하추 꾸삐찌 쉬또 니부지 나

память.
빠먀찌

Что вы рекомендуете мне
쉬또 브이 레꼬몐두이쩨 므녜

купить в качестве сувенира?
꾸삐찌 브 까체스뜨볘 수볘니라

B : Я рекомендую вам купить
야 레꼬몐두유 밤 꾸삐찌

корейскую куклу.
까례이스꾸유 꾸끌루

A : Где я могу сделать покупки
그제 야 마구 스젤라찌 빠꾸쁘끼

на доллары?
나 달라르이

B : Вы можете обменять
브이 모줴쩨 아브몐냐찌

деньги в банке.
젠기 브 반꼐

112. 저는 뭔가 기념될 만한 것을 사고 싶습니다

A : 저는 뭔가 기념될 만한 것을 사고
싶습니다. 제게 기념품으로
무엇을 권하시겠습니까?

B : 한국 인형을 사길 권합니다.

A : 어디에서 달러로 구매를 할 수
있을까요?

B : 은행에서 환전이 가능합니다.

113. Когда вы уезжаете на родину?
꺼그다 브이 우예좌이쩨 나 로지누

A : Когда вы уезжаете на родину?
꺼그다 브이 우예좌이쩨 나 로지두

B : Я уезжаю завтра.
야 우예좌유 잡뜨라

A : Какое впечатление произвела
까꼬예 브뻬차뜰례니예 쁘로이즈벨라

на вас поездка по нашей стране?
나 바스 뽀예즈드까 빠 나쉐이 스뜨라녜

B : Я убедил в дружелюбии и
야 우뻬질 브 드루줼류비이 이

миролюбии корейскго народа.
미로류비이 까례이스꺼보 나로다

A : Да, наш народ хочет жить в
다 나쉬 나로드 호체뜨 쥐찌 브

мире и дружбе с народами
미례 이 드루쥐뼤 스 나로다미

соседних, и прожив ядерного
싸쎄드니흐 이 쁘로찝 야제르노보

оружия и его испытании.
아루쥐야 이 이보 이스쁘이따니이

113. 언제 귀국하십니까

A : 언제 귀국하십니까?

B : 내일 귀국합니다.

A : 저희 나라를 여행한 후 어떤

인상을 받으셨습니까?

B : 저는 한국민족이 우호적이고

평화애호적이라는 걸 확신했었습니다.

A : 그렇습니다. 저희(국민)는 이웃국민들과

평화적이고 우호적으로 지내길 원하며

핵무기와 그 실험에 반대하고 있습니다.

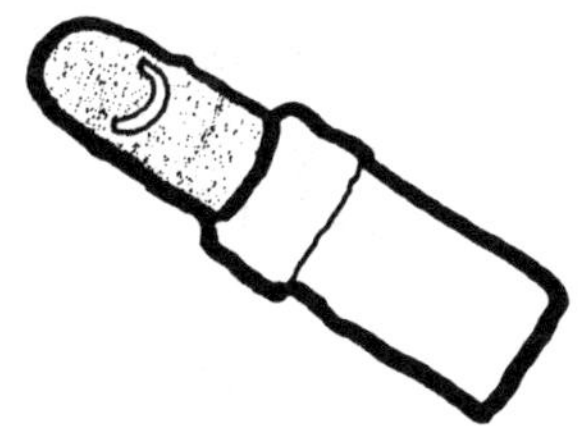

인쇄체의 대·소문자

А а 아	Б б 베	В в 붸
Г г 게	Д д 데	Е е 예
Ё ё 요	Ж ж 줴	З з 제
И и 이	Й й 이 끄라뜨꼬예	К к 까
Л л 엘	М м 엠	Н н 엔
О о 오	П п 뻬	Р р 에르
С с 에쓰	Т т 떼	У у 우
Ф ф 에프	Х х 하	Ц ц 쩨
Ч ч 체	Ш ш 솨	Щ щ 쉬차
Ъ ъ 뜨뵤르 즈닉 (경음부)	Ы ы 의	Ь ь 먀흐끼 즈닉 (연음부)
Э э 에	Ю ю 유	Я я 야

필기체의 대·소문자

Аа 아	*Бб* 베	*Вв* 붸
Гг 게	*Дд* 데	*Ее* 예
Ёё 요	*Жж* 졔	*Зз* 제
Ии 이	*Йй* 이 끄리뜨꼬예	*Кк* 까
Лл 엘	*Мм* 엠	*Нн* 엔
Оо 오	*Пп* 뻬	*Рр* 에르
Сс 에쓰	*Тт* 떼	*Уу* 우
Фф 에프	*Хх* 하	*Цц* 쩨
Чч 체	*Шш* 샤	*Щщ* 쉬차
Ъъ 뜨뵤로딕 즈닉 (경음부)	*Ыы* 의	*Ьь* 먀흐끼 즈닉 (연음부)
Ээ 에	*Юю* 유	*Яя* 야

판 권
본사
소 유

기초 러시아어 회화

2016년 1월 25일 재판
2016년 1월 30일 발행

지은이 / 편　집　부
펴낸이 / 최　상·일

펴낸곳 / 太乙出版社
서울특별시 중구 동화동 52-107
등록 / 1973년 1월10일(제4-10호)

©2001, TAE-EUL publishing Co., printed in Korea
잘못된 책은 구입하신 곳에서 교환해 드립니다.

■ 주문 및 연락처

우편번호 100-456
서울특별시 중구 동화동 52-107 (동아빌딩 내)
전화 / 2237-5577　팩스 / 2233-6166

ISBN 978-89-493-0486-1　　13790